【桃李湖公共管理文库】

  本书由内蒙古大学公共管理学院学科建设经费资助出版
  本书系内蒙古自治区高等学校青年科技英才支持计划（编号：NJYT24016）、内蒙古自治区高等学校科学研究重点项目"民族地区巩固拓展脱贫攻坚成果同乡村振兴有效衔接的内蒙古案例研究"（编号：NJSZ22348）的阶段性成果

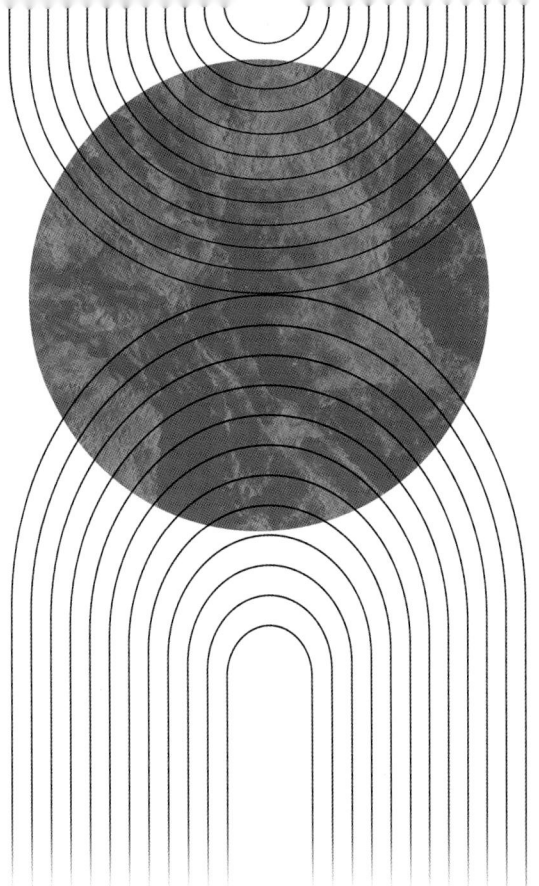

A STUDY ON THE SOCIAL ASSISTANCE
MECHANISM FOR EXPENDING-ORIENTED
POOR FAMILIES
A STUDY BASED ON THE WESTERN REGION

支出型贫困家庭社会救助机制研究
——基于西部地区的考察

安华 ◎ 著

中国社会科学出版社

图书在版编目(CIP)数据

支出型贫困家庭社会救助机制研究：基于西部地区的考察 / 安华著. -- 北京：中国社会科学出版社，2024. 10. -- ISBN 978-7-5227-4314-1

Ⅰ. D632.1

中国国家版本馆 CIP 数据核字第 20243J8A26 号

出 版 人	赵剑英
责任编辑	许　琳
责任校对	苏　颖
责任印制	郝美娜

出　　版	中国社会科学出版社
社　　址	北京鼓楼西大街甲 158 号
邮　　编	100720
网　　址	http://www.csspw.cn
发 行 部	010-84083685
门 市 部	010-84029450
经　　销	新华书店及其他书店

印刷装订	北京君升印刷有限公司
版　　次	2024 年 10 月第 1 版
印　　次	2024 年 10 月第 1 次印刷

开　　本	710×1000　1/16
印　　张	21
字　　数	293 千字
定　　价	128.00 元

凡购买中国社会科学出版社图书，如有质量问题请与本社营销中心联系调换
电话：010-84083683
版权所有　侵权必究

目　录

导　言 ·· (1)

第一章　支出型贫困的概念界定与国内外研究综述 ············ (7)
　　第一节　概念界定 ··· (7)
　　第二节　贫困与社会救助相关理论 ·························· (12)
　　第三节　国内外研究现状 ···································· (18)
　　第四节　问题的提出 ·· (34)

第二章　收入型贫困救助与支出型贫困救助的比较研究 ······ (36)
　　第一节　收入型贫困救助与支出型贫困救助的对比 ········ (36)
　　第二节　西部地区现行收入型贫困救助政策存在的问题 ···· (42)
　　第三节　西部地区支出型贫困家庭产生的原因 ·············· (54)

第三章　支出型贫困家庭社会救助的国内外经验借鉴 ·········· (63)
　　第一节　国内部分地区的实践模式 ·························· (63)
　　第二节　国外救助低收入群体的实践模式 ··················· (75)
　　第三节　国内外经验总结 ···································· (110)

第四章　西部地区支出型贫困家庭教育救助研究 ················ (113)
　　第一节　国家和西部地区教育救助政策梳理 ················ (113)

第二节　西部地区现行教育救助政策的对象范围和
　　　　识别标准……………………………………………（121）
第三节　西部地区教育救助的措施和标准………………（126）
第四节　西部地区教育救助存在的问题…………………（129）
第五节　西部地区支出型贫困家庭教育救助机制的构建……（134）

第五章　西部地区支出型贫困家庭医疗救助研究………（139）
第一节　国家和西部地区医疗救助政策梳理……………（139）
第二节　西部地区现行医疗救助政策的对象范围和
　　　　识别标准……………………………………………（150）
第三节　西部地区医疗救助的保障措施和救助标准………（154）
第四节　西部地区医疗救助实践中存在的问题…………（157）
第五节　西部地区支出型贫困家庭医疗救助机制的构建……（162）

第六章　西部地区支出型贫困家庭住房救助研究………（169）
第一节　国家和西部地区住房政策梳理…………………（170）
第二节　西部地区现行住房救助对象的范围与识别……（178）
第三节　西部地区现行住房救助政策的实施情况………（182）
第四节　西部地区现行住房救助政策存在的问题………（187）
第五节　西部地区支出型贫困家庭住房救助机制的构建……（192）

第七章　西部地区农村支出型贫困家庭社会救助机制研究……（198）
第一节　西部地区农村支出型贫困的类型划分与治理
　　　　思路…………………………………………………（198）
第二节　西部地区农村因灾支出型贫困家庭社会救助
　　　　机制研究……………………………………………（200）
第三节　西部地区农村因病支出型贫困家庭社会救助
　　　　机制研究……………………………………………（217）

第四节 西部地区农村教育支出型贫困家庭社会救助
机制研究 ·· (232)

第八章 其他类型支出型贫困问题 ···································· (248)
第一节 支出型贫困研究领域的可拓展性 ···················· (248)
第二节 支出型贫困残疾人家庭社会救助机制研究 ········ (249)
第三节 农村因婚支出型贫困家庭社会救助机制研究 ····· (266)
第四节 大数据背景下支出型贫困家庭社会救助机制
研究 ·· (280)

第九章 内蒙古社会救助的实证研究 ································ (295)
第一节 内蒙古最低生活保障制度的绩效评估 ·············· (295)
第二节 基于扩展线性支出模型的内蒙古低保标准测算 ······ (314)
第三节 建立内蒙古支出型贫困家庭社会救助机制的
思路 ·· (319)

参考文献 ·· (323)

后　记 ·· (329)

导　　言

2020年底，我国脱贫攻坚战取得了全面胜利，彻底消灭了农村的绝对贫困，社会救助制度随之转向了相对贫困治理阶段。支出型贫困家庭救助是新时代构建分层分类社会救助体系、完善相对贫困治理的重要课题。其救助对象是游离于低保制度之外的刚性支出困难家庭。学术界对于贫困家庭和社会救助制度建设的研究取得了一定成果，这为本书提供了可资借鉴的理论基础、研究方法和政策思路。但现有的研究成果更多的是关注收入型贫困家庭的社会救助问题，对支出型贫困家庭的社会救助机制的研究相对较少，目前尚未检索到对西部地区支出型贫困家庭社会救助的专门研究。西部地区具有特殊的自然、社会和人文环境，致贫因素的复杂性与特殊性决定了相应社会救助机制要具有系统性和针对性，本书试图全面深入地研究西部地区支出型贫困家庭的社会救助机制。

完善西部地区贫困家庭的社会救助制度是贯彻党的十九大、二十大精神，全面践行中央民族工作会议精神的核心工作任务，是今后民政工作的重点任务。同时民生事业也是加强社会建设、创新社会管理和完善社会治理机制的核心内容。促进西部地区社会救助事业的高质量发展，对于保持西部地区经济社会又好又快发展，增强民族团结和边疆稳定，具有重大现实意义和深远历史意义。社会救助事业的发展与创新，应坚持以人为本的发展理念，全面贯彻落实科学发展观，切实保障公民基本权利，促进社会公平正义。通过民生理论的创新和实践的探索，使社会救助制度能够在加强和创新社会管理中发挥着基础作用,在提供和强化社会服务中发挥着支撑作用,努力使全体人民劳有所得、病有所医、老有所养、住有所居。因此,本书具有重大现实意义和实际应用价值,能够促进西部地区社会救助的科学化、精准化发展。

本书研究的是西部地区支出型贫困家庭的社会救助问题,探讨被排斥在现行最低生活保障制度之外的低保边缘户和贫困边缘户的救助机制设计,试图通过体系化、制度化、系统化的机制设计,解决收入高于贫困线而实际刚性支出远大于收入的贫困家庭的基本生活保障问题。本书的课题研究思路如下:首先,通过文献收集与整理,掌握学术界对此问题的研究现状和各级政府实践探索中的经验与教训,作为本书开展的基础;其次,对支出型贫困救助进行理论分析,分析引入该制度的必要性与可行性;再次,对国内外支出型贫困救助的理论与实践进行客观分析,结合西部地区的实际,找到可供借鉴之处;最后,设计西部地区支出型贫困家庭社会救助机制,包括救助对象界定、救助标准设定和基于收入与支出对比的补助标准的设计。针对目前贫困家庭社会救助存在的问题,建议尽快将支出型贫困家庭纳入基本生活救助体系,改变以往仅仅根据收入核准是否享受社会救助的办法,以家庭实际生活支出和医疗、教育等重大刚性支出为指标,形成新的核准指标体系和操作办法,尽快使支出型贫困家庭的救助形成政策性安排和制度保障。通过收入型贫困与支出型贫困救助的有机结合,为贫困家庭提供全面保障。

本书提出如下几个核心的重要观点。

第一,阐释了西部地区支出型贫困家庭产生的一般原因和特殊原因。造成西部地区支出型贫困家庭产生的原因既包括一般原因,又包括西部地区的特殊原因。从一般意义上看,造成支出型贫困主要有三大原因:一是因病致贫;二是因学致贫;三是因灾致贫。因西部地区具有特殊的自然风险与社会风险特征,加之特殊的生育政策、教育政策,使得家庭应对自然风险与社会风险的刚性支出急剧增加,极易造成支出型贫困,而现行政策给予贫困边缘群体的保障是十分有限的,而且带有极大的临时性、随意性和不确定性,很容易造成西部地区贫困家庭脱贫后再次返贫。

第二,提出了建立基于收入与支出双重标准的西部地区支出型贫困的核贫与识别机制。本书对西部地区贫困家庭社会救助的发展与改革进行了全面梳理,提出了社会救助机制优化的改革构想。认为支出型贫困家庭的社会救助是现行社会救助体系的重要组成部分,支出型贫困救助机制的设计不能脱离现有的收入型救助政策的体系和框架,需要将低保等生活救助政策及教育、住房、医疗等专项救助政策纳入支出型贫困的分析框架进行系统性设计,形成政策间的无缝衔接,避免交叉重叠,筑牢民生保障的安全网。应建立基于收入核对、支出核对与收支比对相结合的支出型贫困核贫方式,以及基于收支差额的救助补偿标准。

第三,对西部地区农村的支出型贫困问题进行了重点分析。与西部地区的城市相比,西部地区的农村特色文化与传统习俗保留更为完整,同时也面临着诸多自然风险,其社会救助问题需要给予特别的关注。本书系统论证了西部地区农村支出型贫困的表现形式、致贫原因,并提出治理对策。指出西部地区农村有着特殊的自然地理特征和文化特征,教育、医疗和自然灾害是导致其贫困的主要原因。解决此类支出型贫困问题,需要中央和西部地区给予重视并提供差别化的倾斜政策。

第四,探讨了支出型贫困的可拓展性问题。支出型贫困问题错综复杂,存在多种表现形式。基于不同群体的特殊问题和不同致贫原因都可以延伸出支出型贫困问题新的研究领域。本书以残疾人的支出型贫困问题和因婚支出型贫困问题为例进行了探讨。同时,提出大数据和现代信息技术的使用,能够为支出型贫困救助的科学化与精细化管理提供新的思维和技术上的支持。

本书提出了如下几个政策建议。

第一，摸清支出型贫困救助对象的数量。与传统的以最低生活保障制度为主体的收入型贫困救助制度不同，西部地区支出型贫困救助对象的范围和数量难以准确测量与估算。支出型贫困救助对象的认定标准可以在现行低保标准的基础上进行调整，或者以低保救助标准作为支出型贫困救助的重要参考依据。综合国内外支出型贫困救助的经验，可以将低保标准、贫困线的1.5倍或者2倍作为收入标准，再辅之以贫困家庭的支出标准，综合确定救助对象的范围，在此基础上进行救助对象规模的测算。

第二，准确划分支出型贫困的类型。支出型贫困是基于发展型社会救助的理念对现有社会救助的补充和完善，随着经济社会的发展，支出型贫困的类型也会不断丰富和拓展。作为西部地区，较为普遍的支出型贫困类型有因病支出型贫困、因灾支出型贫困、教育支出型贫困、住房支出型贫困等类型。不同类型支出型贫困在致贫原因和救助方式方面均存在较大的差异，需要通过差异化的手段精准施策。

第三，支出型贫困救助的模式选择。综观国内外解决支出型贫困问题的理论与实践举措，可以归结为两种思路。一种是将支出型贫困纳入现有的生活救助范畴，例如扩大现有的低保救助对象范围，为支出型贫困家庭提供基本生活救助，对于支出型贫困家庭的特殊支出需求，通过专项救助、临时救助和救急难政策予以满足。另一种思路是专门建立一套针对支出型贫困家庭社会救助的体系和机制，实行专门的救助。例如上海、浙江、江苏、河北等地的政策，将支出型贫困作为一类救助对象专门进行管理，量身定做救助方案。作为西部地区，可以在两种思路中选择一套进行试点，必要时进行调整，在准确评估实施效果和成本收益与投入产出分析后，确定最终的实施方案。支出型贫困的致贫原因具有多样性、复合型的特征，单独制定政策较为复杂。当前，可以先按照第一种思路进行试点，利用现有的社会救助资源和机制，扩大救助范围，将支出型贫困对象纳入基本生活救助和专项救助的范围，实施组合救助。

第四，建立支出型贫困救助与收入型贫困救助的衔接机制。支出型贫困作为一种新型的贫困类型，在贫困识别和贫困救助手段方面，与收入型贫困既有区别又有联系，而支出型贫困救助理念和政策的发展与创新必须以收入型贫困救助为基础，只有科学建立二者间的衔接机制，才能确保社会救助的系统性、完整性与精准性。具体而言，二者的衔接体现在如下几个方面。一是救助识别方面，支出型贫困救助对象采用收入和支出双重核贫标准，以收入型贫困线之上的一定范围，作为救助的门槛，再辅之以支出核算，最终确定是否纳入救助范畴。二是救助待遇确定方面，支出型贫困救助包含基本生活救助和基于支出型贫困产生原因的专项救助。可以将剔除刚性支出后的家庭人均收入与低保线比较，适时纳入基本生活救助，也可以采取生活救助与专项救助相结合的方式，满足救助对象不同类别和层次的生活需求。

第五，建立支出型贫困救助的资金保障机制。现在的社会救助与社会保险最大的区别就是资金来源，社会救助通常由政府财政负担，同时吸纳社会捐赠，但实际中，政府拨款是社会救助筹资的主体。支出型贫困救助机制的建立，将会在一定程度上扩大社会救助的对象范围，提高社会救助的待遇水平，势必需要调整财政收支预算，确保支出型贫困社会救助有稳定和可持续的资金来源和物质支持。对于西部地区而言，经济发展相对滞后，地方财政收入不足，需要中央财政通过一般转移支出和西部地区专项转移支出予以支持，同时也需要发达省份的对口支援。支出型贫困救助带有发展型社会政策的理念，是由绝对贫困救助到相对贫困救助的过渡，是满足西部地区居民对美好生活向往的重要制度保障。

现有政策对于贫困家庭的认定是以人均收入为标准进行划分的，能够得到救助的仅是收入型贫困家庭，而对于那些因特殊情况陷入支出型贫困的家庭还缺乏切实有效的救助措施。因此，只有探索建立支出型贫困家庭综合救助办法和救助机制，才能从根本上解决支出型贫困家庭的实际困难。尽管已有一些学者开始关注支出型贫困救助政策，但更多的是从概念引入和宏观角度研究其意义，对支出型贫困进行致贫原因分析、救助对象识别机制设计、救助标准科学设计的研究很罕见，也少有专门针对西部地区支出型贫困家庭救助问题的研究。从学术价值上看，研究西部地区支出型贫困家庭的社会救助机制，不仅是对现有贫困理论和社会保障理论的丰富和发展，也是对公共政策理论的深化与完善。

促进西部地区社会救助事业的发展，对于保持西部地区经济社会又好又快发展，增强民族团结和边疆稳定，具有重大现实意义和深远历史意义。通过创新发展支出型贫困家庭社会救助机制，弥补西部地区社会救助的短板和社会安全网的不足，能够切实保障西部地区居民的基本生存权利，促进社会公平正义，使社会救助制度能够在加强和创新社会管理中发挥着基础作用，在提供和强化社会服务中发挥着支撑作用。因此，本课题的研究具有重大现实意义和实际应用价值，能够促进西部地区社会救助的科学化、精细化发展。

在研究中，作者所在地区民政部门高度重视，给予了全力配合，相关社会救助管理部门十分期待成果的转化和应用。研究取得的阶段性成果，部分以学术论文的形式发表，被学界广泛下载和引用。阶段性研究成果获得省级哲学社会科学优秀成果政府奖二等奖。因此，有理由相信本书专著的出版将对我国建立分层分类社会救助机制和多层次社会保障体系产生深远影响。

第一章 支出型贫困的概念界定与国内外研究综述

第一节 概念界定

贫困根据不同的分类标准、测量依据和救助范围可以划分若干类别,并形成诸多相近的定义,厘清不同贫困的概念,有利于清晰把握本书的核心对象——支出型贫困的内涵与外延。

一 贫困

国外学者对贫困的概念有各自不同的表达。布什和特朗里指出如果凭借一个家庭的总收入无法获得维持体能所需最低数量的必需品,那么这个家庭就处于绝对贫困的生活状态。[1] 汤森提出缺乏获取各种必要食物和参加各类社会活动的群体,以及缺乏最基本的生活基础和社交条件的个人或家庭就可以认为是生活在贫困状态。[2] 奥本海默认为贫困是包括物质和精神层次以及社会情感层面上的匮乏,不仅仅是食品和衣物等开支低于社会平均水平的物质层面的短缺。[3] 世界银行给出的贫困定义是贫困不仅是低收入、低消费,还有教育机会缺失、

---

[1] Booth, C., *Labor and Life of the People*, London: Williams and Norgate, 1989, pp. 33 – 35.
[2] Townsend, P., *Poverty in the Kingdom: A Study of the Household Resource and Living Standard*, London: Allen Lane and Penguin Books, 1979, pp. 37 – 39.
[3] Oppenheim, C., *Poverty: The Facts*, London: Child Poverty Action Group, 1993, p. 82.

营养不良、健康状况差。贫困意味着没有发言权和恐惧等。① 阿马蒂亚·森认为,广义的贫困既包括收入和资产的贫困,也包括能力和权利的贫困,导致贫困的原因通常主要是获取收入的能力不足和机会缺失。②

国内关于贫困的定义主要是依据国外学者的探讨,结合我国实际情况提出来的。屈锡华、左齐认为贫困是由于个体或群体的生存与发展面临各种障碍和制约因素,因资源不足造成生存危机与生活困境,作为一种社会状态的贫困,如不能被及时纠正,就会诱发贫困的恶性循环。③ 国家统计局"中国城镇居民贫困问题研究"课题组从物质层面对贫困进行定义,认为生活物资欠缺到使一个家庭的生活水平无法达到社会所能接受和认可的最低生存标准,即为贫困。④

综上所述,贫困不仅仅是因物质资源匮乏与短缺,而无法达到维持生活的最低标准,使生活陷入困境;贫困也包括因权力和能力的匮乏而产生的发展性障碍和难以摆脱的贫困的恶性循环和长期存在的生存困境。

二　收入型贫困

收入型贫困是指家庭人均收入低于当地贫困线或者最低生活保障线所划定的收入标准,家庭物质生活处于贫困状态。收入型贫困是目前界定贫困的主要方式,根据官方制定出的贫困线衡量该家庭是否贫困,是否应当纳入经济扶贫和社会救助的保障范围。

---

① 《2000/2001 年世界发展报告》编写组:《2000/2001 年世界发展报告:与贫困作斗争》,世界发展报告翻译组译,中国财政经济出版社 2001 年版,第 10—44 页。
② [印度] 阿马蒂亚·森:《以自由看待发展》,任赜、于真译,中国人民大学出版社 2012 年版,第 85—110 页。
③ 屈锡华、左齐:《贫困与反贫困》,《社会学研究》1997 年第 3 期。
④ 国家统计局"中国城镇居民贫困问题研究"课题组:《中国城镇居民贫困问题研究》,《统计研究》1991 年第 6 期。

城市就业者的收入型贫困可以分为就业不足型贫困和职业型贫困。就业不足型贫困指的是没有正式就业或者没有签订正式就业合同所导致的贫困；职业型贫困指的是职工所在单位经济效益差导致的贫困。

三 支出型贫困

支出型贫困最早是由上海市民政局提出的，关于支出型贫困的定义，学者们的意见比较一致。段培新对支出型贫困的界定是因家庭成员存在看病、就学与应对突发事件等刚性支出超过了家庭基于收入的支付能力而陷入生活困境，认为支出型贫困是一种绝对性贫困。[1] 阮雯理解的支出型贫困是在一定的时期内或某种特殊情况下，家庭面临大额的开支使得家庭经济状况入不敷出，庞大的支出超过了家庭的承受能力，导致家庭的实际生活质量急剧下降到贫困线以下。[2]

本书对支出型贫困的定义是家庭因重大疾病、子女就学、突发事件等情况，导致家庭所必要的财务支出大大超出了实际可以承受的能力范围，造成了生活上的绝对贫困。支出型贫困和收入型贫困相对应，区别是它不是依据收入界定贫困，而是根据生活支出情况来衡量贫困。

四 低保户

低保户是指家庭人均收入低于当地最低生活标准，可以享受最低生活保障制度所提供的待遇和相应政策的家庭。这是从社会救助的角度对贫困的一种定义，是对救助对象的识别依据。

---

[1] 段培新：《支出型贫困救助——一种新型救助模式的探索》，《社会保障研究》2013年第1期。

[2] 阮雯：《城市贫困家庭社会救助模式创新研究》，《中共杭州市委党校学报》2014年第1期。

在我国的《城市居民最低生活保障条例》中，将城市低保户界定为家庭人均收入低于低保标准的城市居民。在我国《关于在全国建立农村最低生活保障制度的通知》中，农村低保户的范围也是按照低保线来划分的，主要包括是因身体原因丧失劳动能力的老弱病残群体，和因自然环境和生存条件等原因造成的农业收入较低、生活无保障的农民群体。

五　低保边缘户

低保边缘户最早是由盘锦市总工会提出的，是指因为条件没有达到最低生活保障标准，无法享受低保待遇，但是由于医疗、教育等因素导致生活比低保户还要困难的家庭。[①]

目前，低保边缘户还没有一个标准的概念界定。沈苏燕、李放认为，城市低保边缘户是指在城市居民中，那些人均收入高于低保线一定比例的，并且由于低收入导致缺乏生活必要的基本物质和服务以及没有发展机会和手段的人群。[②] 卫洁指出城市中存在一部分家庭人均收入比低保标准略高的群体，但是因为享受不到低保对象能够享受的种种优惠政策和待遇，得不到教育、医疗、住房等方面的救助，缺乏相关就业指导，他们的实际生活比低保户还要困难，这类人群叫作"低保边缘群体"。[③]

综上所述，本书认为低保边缘户应该是那些人均收入略高于当地低保线（但在低保线的1.5—2倍以内），无法享受低保相应配套政策和低保待遇，由于医疗、教育、住房、突发灾难等原因，使得家庭实际生活水平低于低保户生活水平的困难家庭。低保边缘户与支出型贫困家庭的概念有一定的相似之处，但二者仍然是有区别的，不能将二者等同。低

[①] 韩克庆、刘喜堂：《城市低保制度的研究现状、问题与制度》，《社会科学》2008年第11期。

[②] 沈苏燕、李放：《关于城市低保边缘人群生存现状的思考》，《城市问题》2007年第10期。

[③] 卫洁：《低保边缘户群体的现状及思考》，《人口与经济》2008年第4期。

保边缘户仍然是以收入作为衡量标准,但在一定程度上也考虑了家庭支出因素。而支出型贫困是以支出作为衡量贫困的主要标准,在一定程度上参考收入标准来界定和划分救助对象的范围,以及确定救助的力度。

六 贫困群体

城市贫困群体是指在城市工作和生活,在经济、文化、体能、智能和社会处境等方面处于不利地位的社会群体和特殊社会阶层。表现形式主要有经济贫困、难以进入主流社会、能力不足等。[①] 城市中的贫困治理主要通过就业政策以及相关的收入政策和人力资源政策来统筹解决。在农村,贫困群体即贫困户,主要是指建档立卡的扶贫开发的对象,是从收入角度对其定义,并通过经济手段的干预,帮助其发展生产、增加收入、改善生活。

七 贫困边缘群体

贫困边缘群体是指收入没有进入贫困线或者低保线以内,没有享受到国家扶贫开发和就业扶持政策,以及在住房、医疗、子女教育、煤气水电等方面的补贴,导致他们的生活十分无助与匮乏,长期徘徊于贫困的边缘,依靠自身努力很难彻底摆脱贫困。在这种现实情况和政策条件下,一些边缘群体可能会为了能够有机会享受扶贫政策、低保待遇和相应的配套优惠政策,通过消极就业和消极生产的方式人为降低自己的收入,主动创造条件满足贫困的相关认定标准,进而享受相应的待遇和政策优惠。[②] 还有一些贫困边缘群体的人,因政策刚性,始终没有办法获得救助和帮扶,生活处于长期贫困状态。

[①] 许光:《福利转型:城市贫困的治理实践与范式创新》,浙江大学出版社2014年版,第50—51页。

[②] 杨静慧:《论边缘贫困群体的形成原因及其扶助对策》,《北京电子科技学院学报》2007年第1期。

八　低收入家庭

低收入家庭是指在某个时间段内，该家庭的家庭收入和家庭财产符合当地政府低收入标准的家庭。目前我国低收入家庭的收入标准没有统一的规定，主要制定依据有根据上年度居民月可支配收入、当地最低生活保障标准、当地家庭比例、综合多种标准。通常低收入标准是低保标准的1.5—2倍，这部分群体虽然不能享受低保待遇，但可以享受部分专项救助和补贴。低收入家庭与低保边缘户有一定的交叉和重叠，但低收入家庭的范围比低保边缘户更大，涉及的相关救助政策和配套措施更为复杂。

九　困难家庭

困难家庭是指由于种种原因使得生活困难，无法保障基本生活的家庭。我国困难家庭主要包括享受低保的困难家庭、没有享受低保的低收入家庭和城市流动人口。困难家庭的界定较为模糊，不像低保认定和扶贫中的建档立卡那样精准，对其采取的社会政策措施主要是临时救助。

目前我国城乡困难家庭主要面临的困境有家庭主要劳动力缺乏工作机会、家庭成员没有劳动能力、就业的家庭成员工资支付得不到保障等收入型障碍；家庭成员疾病负担重且需要长期照料、家庭子女教育支出负担重、家庭发生意外变故或遭遇自然灾害等支出型问题。

第二节　贫困与社会救助相关理论

一　贫困文化理论

贫困文化理论是由美国人类学家奥斯卡·刘易斯提出的。[1] 贫困

---

[1] 陈雪：《"贫困文化"和"文化贫困"》，《中国扶贫》2013年第3期。

文化较为抽象，是基于贫困阶层长期特有的生活方式而逐步形成的。贫困文化包括贫困群体的群体性行为方式、风俗习惯、心理和思维定式、价值判断与生活态度等非物质的表现形式。[①] 穷人因为贫困有着独特的居住方式，从而促进了穷人间的交流，穷人之间的相处使得他们脱离了主流文化形成了一种贫困亚文化。这种文化的主要特征有安于现状、听天由命、容易满足、缺乏斗志、缺乏远见和规划等。贫困文化的表现往往是消极的，贫困群体在与主流社会相处时容易产生问题。这样的贫困文化一旦形成，将很难打破，并且会在家庭内部代际传递。贫困文化代际传递，贫困子女很有可能形成新的贫困群体，反贫困的难度将会加大。

二 贫困代际传递理论

贫困代际传递是社会学家基于代际流动理论而提出的用于解释贫困产生原因的一个理论解释，包括贫困文化对贫困传递的影响等内容。[②] 贫困的代际传递具体指贫困状态以及导致贫困的相关条件与要素由父辈传递给子辈，子女成年后继续向下一代传递这种贫困遗传信息，进而形成了贫困的代际流动和恶性循环，也包括在一定的社区或阶层范围内贫困以及导致贫困相关条件和因素在代际延续，使后代重复前代的贫困境遇。[③] 贫困的代际传递是贫困再生的一种情况，容易让贫困者对福利产生依赖。

三 能力贫困理论

阿马蒂亚·森在《以自由看待发展》一书中提出了能力贫困的概念和相关理论，他认为贫困的表现与原因应该包括基本的可行能力被

[①] 吴理财、张旋：《社会急剧转型中农村老年丧偶女性的生存样态——基于山东省济宁市G村的个案调查》，《山西农业大学学报》（社会科学版）2020年第2期。

[②] 李晓明：《贫困代际传递理论述评》，《广西青年干部学院学报》2006年第2期。

[③] 刘羽田、韦吉飞、贾政立：《家长参与阻断贫困代际传递——基于学生非认知能力视角》，《西昌学院学报》（社会科学版）2020年第1期。

剥夺的状态。① 可行能力是一个人有可能自己掌控和实现的多种功能性活动组合。②

阿马蒂亚·森给出了三条理由说明他使用可行能力方法衡量贫困③。第一，用可行能力的被剥夺程度可以合理识别和评估贫困，能力剥夺是贫困的主因，收入低下作为衡量指标只具有工具理性意义。第二，收入只是产生可行能力的工具之一，可行能力的剥夺还受许多其他因素的影响。第三，低收入和低可行能力之间，根据个人、家庭和地域的变化，其工具性联系是可变的。④ 虽然把可行能力贫困和收入贫困进行了区分，但是这两种视角是相互联系的。可行能力和收入之间的工具性联系，可以很好地帮助消除贫困。⑤

阿马蒂亚·森认为我们可以绝对判断出一个人是否丧失某些可行能力，这种判断并不需要同社会其他人相比较。收入的不平等、性别歧视、医疗保健和公共教育设施的匮乏、高生育率、失业乃至家庭内部收入分配的不均、政府公共政策的取向等因素都会严重弱化甚至剥夺人的可行能力，从而使人陷入贫困之中。

根据阿马蒂亚·森的观点，想要彻底解决贫困问题，就应该消除可行能力贫困。首先，社会保障应当是有公众参与的整体性活动。社会保障应当发挥其应有的功能，避免生活水平下降进而提高生活质量，扩大人们的基本能力。其次，提高可行能力应当增强五种工具性自由。它们分别是政治参与的自由、经济能力与条件、社会机会与环

---

① 王小川：《城镇化快速推进背景下新生代农民工的贫困问题研究》，硕士学位论文，西南财经大学，2018年。

② ［印度］阿马蒂亚·森：《以自由看待发展》，任赜、于真译，中国人民大学出版社2012年版，第63页。

③ 方劲：《可行能力视野下的新阶段农村贫困及其政策调整》，《经济体制改革》2011年第1期。

④ ［印度］阿马蒂亚·森：《以自由看待发展》，任赜、于真译，中国人民大学出版社2012年版，第86页。

⑤ 李晓云：《我国贫困治理中的主体性构造研究》，《经济研究导刊》2020年第6期。

境、透明性规则保障和防护性制度保障等。①

四 权利贫困理论

阿马蒂亚·森在《贫困与饥荒》一书中提出饥饿是人类关于食物所有权的体现，因此必须研究所有权的结构才能说明饥饿现象。所有权关系属于权利关系，饥饿问题要放在权利关系体系中进行分析探讨。出现饥荒的直接原因是交换权利的下降或者交换权利的丧失。权利体系分为四个方面：第一，以贸易为基础的权利；第二，以生产为基础的权利；第三，自己劳动的权利；第四，继承和转移权利。② 交换权利与人们的生活水平呈正相关，交换权利不足产生贫困。③ 一个人免予饥饿的权利依赖三种体系④：第一，政治体系，也就是指政府能否提供明确的产权保护；第二，经济体系，是否有充分竞争的市场秩序，能否维持稳定的经济环境；第三，社会体系，包括家庭内部的分工、传统观念中对交换权利和互惠权利的规定等，这些都会影响到权利的分配，并决定着不同的群体在面对饥饿和饥荒时的不同命运。⑤

五 社会排斥理论

法国学者勒内·勒努瓦最早提出社会排斥这一概念，指当时法国有十分之一的人被排斥在经济和社会发展以外，他们享受不到社会保障，而且被称为社会适应不良的人。⑥ 英国政府认为社会排斥是指遭

---

① 高进云、乔荣锋、张安录：《农地城市流转前后农户福利变化的模糊评价——基于森的可行能力理论》，《管理世界》2007年第6期。
② 刘晓靖：《阿马蒂亚·森以"权利"和"可行能力"看待贫困思想论析》，《郑州大学学报》（哲学社会科学版）2011年第1期。
③ ［印度］阿马蒂亚·森：《贫困与饥荒》，王宇、王文玉译，商务印书馆2014年版，第5页。
④ 郑智航：《论免于贫困的权利在中国的实现——以中国的反贫困政策为中心的分析》，《法商研究》2013年第2期。
⑤ 马新文：《阿马蒂亚·森的权利贫困理论与方法述评》，《国外社会科学》2008年第2期。
⑥ 代利凤：《社会排斥理论综述》，《当代经理人》2006年第4期。

遇例如失业、低收入、无房、健康受损、丧失发展机会、家庭破裂等混合在一起的多种不利因素时所产生的心理现象。① 随着社会排斥理论的自身发展，以及经济社会发展中出现的一些新的排斥问题，社会排斥的概念内涵也在不断发展变化，至今仍然没有一个完全统一的界定。但学者对其内涵的认知和特点的认识逐渐清晰。

社会排斥有以下五个方面。第一，结构性的社会排斥与功能性的社会排斥。结构性排斥指的是社会结构分层和社会等级带来的排斥，例如社会阶级之间的排斥；功能性排斥是指自身功能欠缺带来的排斥，例如残疾人因为自身缺陷不能完全像正常人进行工作和生活。第二，经济层面的社会排斥、政治层面的社会排斥与文化层面的社会排斥。第三，客观的社会排斥与主观的社会排斥。第四，显性的社会排斥与隐性的社会排斥。显性社会排斥主要有制度、法律、习俗等排斥了一部分人的权利，隐性社会排斥主要是价值观、认识偏见等观念上的不同产生的排斥。第五，被动的社会排斥与主动的社会排斥。②

六 贫困恶性循环理论

美国的纳克斯在1953年提出贫困恶性循环这一理论，他认为发展中国家经济停滞、收入低下、生活贫困的主要原因不是缺乏资源，而是这些发展中国家的经济系统自身存在"恶性循环系统"。其中，"贫困恶性循环"起着主要的作用，具体体现在供给和需求方面。从供给方面来讲，低收入导致储蓄不足，从而导致资本存量较低，意味着生产率较低，形成了低产出和低收入；从需求方面来讲，低收入导致购买力下降，进一步导致投资不足，资本存量较低，生产率较低，形成了低产出和低收入。因此，发展中国家要增加储蓄，扩大投资。③

---

① 李希：《农村残疾人的社会排斥研究综述》，《才智》2011年第1期。
② 汪恭敬：《进城农民工子女教育边缘化问题研究》，硕士学位论文，安徽师范大学，2010年。
③ 李瑞华：《贫困与反贫困的经济学研究》，中央编译出版社2014年版，第24页。

七 低水平均衡陷阱理论

美国经济学家纳尔逊在1956年提出发展中国家存在"低水平均衡陷阱",表现为人均收入情况属于维持或者接近于维持生命的低水平状态。在最低人均收入水平增长率与认可增长率人均收入水平之间,存在一个"低水平均衡陷阱",人口增长会把那些超过最低水平的人均收入的增长抵消掉。如果其他条件不变,这种均衡会保持稳定。如果没有外力有效推动,贫困再生现象将持续出现。因此,要大规模地进行资本投资。[①]

八 阶梯式社会救助理论

阶梯式社会救助理论通过定性和定量分析,对贫困等级进行界定。根据不同的贫困群体,采取不用的救助方式。贫困群体具体分为永久性贫困人群、绝对贫困人群、相对贫困人群和临时突发性人群。永久性贫困人群是指可能终生无法脱贫,主要包括"三无"人员、重大残疾人群和重大疾病患者。这部分人属于低保制度当中的分类救助人群,救助标准可高于当地最低生活保障标准。绝对贫困人群是指收入处于贫困线以下,难以维持基本生活的群体。这类群体需要定期定量地救助,救助标准为当地最低生活保障标准。相对贫困人群是指人均生活水平高于当地最低生活保障标准,但由于医疗、住房、教育等问题其实际生活水平低于低保户,这类人群的救助方式是专项救助。临时突发性贫困人群是指受到突发灾害、突发疾病和重大事故后,成为贫困者。救助方式应该根据实际情况进行调整。阶梯式社会救助理论强调救助标准和程序明确界定,并且实行联动机制对贫困群体进行救助。[②]

[①] 李瑞华:《贫困与反贫困的经济学研究》,中央编译出版社2014年版,第25页。
[②] 梁万福:《阶梯式社会救助制度研究》,《中国民政》2006年第10期。

第三节 国内外研究现状

一 关于贫困的概念界定与测量

贫困从不同的角度出发，定义的内容也有所差别。第一，绝对贫困和相对贫困。绝对贫困的定义最早是英国的朗特里提出来的，他在1901年出版的《贫困：城镇生活研究》中指出：一个家庭的贫困状态是由于拥有的收入不能够维持生理功能的最低需要，这种最低需要包括食品、住房、穿着和其他生活必需品。[①] 20世纪60年代，学者相继提出了相对贫困的概念并阐释了其理论内涵。美国学者Fuchs Victor最早提出了相对贫困的概念，并且制定出了相对贫困线，即全国人口收入中位数的百分之五十。[②] 英国的汤森随即进一步对相对贫困进行研究。第二，客观贫困和主观贫困。客观贫困是对维持参与社会正常活动需要的商品进行评估，根据商品组合识别个体获得的效用水平。[③] 主观贫困是根据个体在社会中与其他群体的比较，主观判断出生活的最低标准。第三，能力贫困。世界银行认为无法获得最低生活标准的能力就是贫困。[④]

贫困线的测量包括多种方法，大部分方法在各国实践中广泛使用，但也有一些方法至今仍然停留在理论探讨阶段，因可操作性问题导致实际使用中存在诸多障碍。市场菜篮法是最早确定贫困线的一种方法，需要列出一张维持基本生活必需品的清单，包括必需品的种类和数量，然后根据市场价格计算出维持基本生活所需的总金额，这个

[①] Rowntree Benjamin S., *Poverty: A Study of Town Life*, London: Macmillan, 1901, p. 103.

[②] Fuchs Victor, "Redefining Poverty and Redistributing Income", *The Public Interest*, No. 8, 1967, pp. 55–56.

[③] 杨国涛、周慧杰、李芸霞：《贫困概念的内涵、演进与发展述评》，《宁夏大学学报》(人文社会科学版) 2012年第6期。

[④] 本书编写组：《1990年世界发展报告》，中国财政经济出版社1990年版，第52页。

金额就是贫困线。恩格尔系数法是国际上常用的一种测算贫困的方法。19世纪，德国统计学家恩格尔根据统计结果对消费结构的变化提出了恩格尔定律：居民的收入越低，食品消费占总生活消费的比例越大。因此，一个国家越贫穷，国民的食物支出占总支出的比例越大。反映这一规律的系数称作恩格尔系数，其计算公式为：恩格尔系数＝食物支出金额÷总支出金额×100%。国际上往往用恩格尔系数来评估一个国家或一个家庭的富裕程度。联合国粮农组织提出的标准是：恩格尔系数达59%以上为贫困，50%—59%为温饱，40%—50%为小康，30%—40%为富裕，低于30%为最富裕。[1] 国际贫困标准法是国际经济合作与发展组织（OECD）在1976年提出的，之后被国际社会贫困研究者广泛使用的贫困认定方法。它实际上是收入比例法，贫困线是一个国家或地区的中位收入或平均收入的50%或60%。生活形态法是英国的汤森在60年代创造出来的，又称遗缺指标法。从人们的生活方式、消费行为等生活形态入手，对被调查者提出有关贫困家庭生活形态的描述问题，然后从中选出直接的剥夺性指标，然后结合被调查者的实际生活状况确定贫困者资格认定与识别，根据分析贫困者被剥夺的需求、消费和收入，计算贫困线。[2] 马丁法认为，贫困线有一高一低两条线。贫困线由食物支出和非食物支出组成，食物支出是指维持生存所需的食物支出，非食物支出是指刚能够支付食物支出，自愿放弃基本食物去购买非食物的支出。低贫困线由食物贫困线和刚好有能力达到食物贫困线的非食物贫困支出组成，高贫困线由达到食物贫困线住户的总支出而定。中国学者唐钧综合了市场菜篮法、恩格尔系数法、国际贫困标准法和生活形态法，提出了一个综合测量贫困线的方法，即唐钧综合法。[3] 这种方法分三个步骤：第一步，

---

[1] 高进云、乔荣锋、张安录：《农地城市流转前后农户福利变化的模糊评价——基于森的可行能力理论》，《管理世界》2007年第6期。
[2] 原新利、龚向和：《我国公民物质帮助权的基本权利功能分析》，《山东社会科学》2020年第2期。
[3] 周丽、林远明：《"低保"制度研究文献回顾》，《经济研究导刊》2013年第36期。

用生活形态法找出具体的贫困人群；第二步，市场菜篮法列出生活必需品清单，分析普通居民与贫困人群的收入和消费情况，根据市场价格水平算出最低生活保障线；第三步，将贫困线和社会平均收入挂钩，算出当地贫困人群的恩格尔系数，对最低生活保障线进行调整。

此外，除了上述测量贫困的传统方法以外，又出现了一些结合经济理论、统计技术和数学方法的新型贫困测量方法，如扩展线性支出模型法和能力测量法。

扩展线性支出模型法（ELES）是经济学家朗茨在1973年提出来的。在某一时期，居民对各种商品需求数量是由其收入和商品价格决定的，消费需求可以分为基本消费需求和超额需求。当居民满足了基本消费需求，才会将剩余收入进行超额需求的消费。基本消费需求的金额就是贫困线。函数形式如下：

$$p_i q_i = r_i p_i + b_i (I - \sum_{i=1}^{n} r_i p_i)$$

其中，p_i表示第i种商品的价格，q_i表示第i种商品的需求量，r_i表示第i种商品的基本需求量。$p_i q_i$表示第i种商品的总消费量，$r_i p_i$表示第i种商品的基本消费量。I表示可支配收入，b_i表示第i种商品在预算约束中所占的份额，即除基本需求外，消费者在可支配收入中还会用多大比例去购买该种商品。用PL表示贫困线，则$PL = \sum_{i=1}^{n} r_i p_1$。

基于能力的贫困测量法由阿马蒂亚·森提出，他认为贫困是权利的缺失或者可行能力不足造成的，这与传统的收入低下判断贫困程度不同。贫困的概念需要识别贫困和加总贫困这两个必要条件，识别贫困是用一些方法将穷人识别出来，加总贫困是反映穷人这一群体的整体特征。

为了更好地反映贫困，阿马蒂亚·森建立了森指数，表达式为：

$$P = H[I + (1 - I)G]$$

在指数表达式中，P表示贫困程度，H表示贫困发生率，I表示贫困距，G 表示穷人之间收入分配的基尼系数。这个指标能够反映贫困人数、贫困缺口总数和贫困线以下收入分配的不平等。①

二 反贫困策略与社会救助体系设计

（一）美国

随着政策的不断完善，美国的社会保障制度成为美国反贫困政策中重要的一部分。享受的人群主要是没有投保的并且低于法定贫困线的个人或家庭，他们不需要履行经济上的义务。符合条件的个人或家庭需要提交申请，社会福利机构的工作人员要对申请者进行调查，通过资格审核才能享受相应的社会救助。美国社会救助主要包括项目救助和专项救助。

在现金救助方面，主要有临时救助和补充性收入保障计划。贫困家庭临时援助（TANF）项目是由未成年子女家庭补助（AFDC）发展而来的，受益家庭户主多为女性，主要是单亲家庭或者父母一方无劳动能力或长期失业。费用由联邦政府和州政府共同承担。TANF 项目把工作重点放在了失业者的就业方面，督促和帮助失业者再就业。受益者参加的福利工作种类和时间会根据不同的家庭情况加以区分。美国社会救助制裁十分严厉，救助者拒绝一次就业机会就会失去 25% 的救助资格，达到一定次数就会丧失救助资格，得不到救助金。② 通过这些办法一方面能够帮助受助者摆脱贫困，另一方面避免福利依赖。补充性保障收入（SSI）项目的救助对象主要是 65 岁及以上的老人、盲人、伤残者，会对其资产和收入进行核对，经费由联邦政府拨款。

在非现金救助方面，食品券（FS）发放的对象是无收入或低收入的老人、残疾人、失业者，这些食品券要在指定的食品零售商店才

---

① 范明林：《城市贫困家庭治理政策研究》，广西师范大学出版社 2012 年版，第 77—78 页。

② 徐驰：《美国 TANF 项目及其对我国的启示》，《胜利油田党校学报》2014 年第 5 期。

能够使用。医疗援助（Medicaid）的对象主要是低收入的妇女儿童、残疾人和老年人，补充保障收入计划（SSI）的受助者也可以享受医疗援助。费用由联邦政府和州政府共同承担。住房补助（House Relief）的主要人群是住房短缺或者住房条件差的低收入人群。救助办法主要有提供低租金公共房、租金补助、税收减免。

美国社会救助制度设计的基本理念之一是救助项目的多重受益性[①]，针对不同人群建立不同的社会救助项目，这些内容相互补充，形成系统的社会救助模式。美国的社会救助制度注重权利和义务的对等性，强调受助者工作的重要性，有效地减轻了受助者对社会福利的依赖。社会救助变得有时限性，超过时限需要重新申请。

（二）英国

1998年开始，英国政府开始执行一系列的"从福利到工作"（Welfare to Work）政策，由"新政策措施"（New Deal）和"为工作付报酬"（Make Work Pay）两部分组成。"新政策措施"主要是根据受助者的类型发放就业补贴、进行就业培训、工作收入税减免等措施，改善就业态度，并且明确规定了受助者领取"求职津贴"的期限。"为工作付报酬"强调权利和个人责任并重，通过税收和福利政策上的优惠，激励受助者积极地利用所提供的工作机会。2012年3月，英国女王签署《2012年福利改革法案》，成为英国近60年来规模最大的社会保障改革。这项改革简化了以前的福利体系，激励人们积极工作，摆脱福利依赖。[②] 英国的社会救助政策主要是从解决就业的层面进行反贫困，改变了我们对英国"从摇篮到坟墓"的社会福利的认识。

（三）日本

日本的社会救助称作社会救济，又称为生活保障制度。它的保障对象是运用自己的资产和能力仍然不能够维持基本生活的个人或家

[①] 王中芳：《美国社会救助体系建设及其启示》，《中国民政》2009年第5期。
[②] 苑仲达：《英国积极救助制度及其借鉴启示》，《国家行政学院学报》2016年第4期。

庭，国家帮助其自立，"维持健康的有文化的生活水平"。[①] 申请社会救济要对申请人的家庭进行财产调查，符合条件才能够享受。社会救济的内容有八种，具体种类和范围如下。[②]（1）生活救助。包括基本生活费：第一类是饮食、服装、娱乐费等，第二类是水电气费；还包括各种追加费用，主要针对残疾人、单亲母子、孕妇等。（2）教育救助。向贫困户儿童提供义务教育的教科书、必要的学习用品、学校伙食。（3）住宅救助。提供房租等费用或者在需要整修住宅时提供救助费。（4）医疗救助。贫困户在需要药品、治疗、手术、住院等帮助时提供救助。（5）分娩救助。提供贫困者分娩相关服务及医药卫生材料。（6）就业救助。向贫困者提供自主营业时所需的资金、器材、资料等，或者提供就业技能培训方面的费用。（7）照护救助。向生活不能自理的贫困者提供居家护理、护理用具、住宅改造等相关救助。（8）丧葬救助。在贫困户家人去世后，提供举行葬礼的相关费用。除此以外，日本还向社会低收入者提供生活福利贷款。

（四）中国香港特别行政区

中国香港特别行政区的社会救助体系由三部分构成，分别是普通救助、特殊救助和专项救助。在长期社会保险缺失和发展不足的社会背景下，社会救助发挥了重要的风险保障作用。

普通救助主要是指综合社会保障计划，一般又称为综援计划。综援计划类似于我国的最低生活保障制度，它的救助对象是那些经济困难，无法维持基本生活的个人或家庭。申请者需要接受经济情况调查，月收入和家庭资产符合申请标准才能享受相应的救助。综援计划救助金额分三类：第一类是标准金额，用于维持基本生活，只要是受助者都可以得到；第二类是补助金，向高龄老人提供长期个案补助金，向残障人士提供社区生活补助金，向单亲家庭提供单亲补助金；

[①] 范明林：《城市贫困家庭治理政策研究》，广西师范大学出版社2012年版，第112页。
[②] 吕学静：《日本社会救助制度的最新改革及对中国的启示》，《苏州大学学报》2016年第3期。

第三类是特别津贴,当个人或家庭有特别需要时向其发放。综援计划还包括两个特别计划:第一个是自力更生支援计划,目的是帮助有劳动能力的受助人就业,它包括积极就业援助计划、社区工作和豁免计算入息;第二个是综援长者广东及福建省养老计划,主要是为选择在广东省或福建省养老的受助者提供现金援助。这些受助者每月发放一次标准金额,每年发放一次长期个案补助金,但是他们不可以享受特别津贴和其他援助金。①

特殊救助由公共福利金计划和三个意外赔偿计划组成。公共福利金计划向严重残疾或者65岁及以上的香港居民提供现金救助,津贴包括四种:向个人和收入符合规定标准的65—69岁老人提供的普通高额津贴;全香港年龄在70岁及以上的老年人都可以得到的高额高龄津贴;向医生证明为严重残疾,失去劳动能力的残疾人提供的普通伤残津贴;向确保长期有人照顾的严重残疾人士提供的高额伤残津贴。三个意外赔偿计划如下所示。第一,暴力及执法伤亡赔偿计划。向因暴力罪行或执法行动而受伤、残疾或者死亡的受害人或遗属提供现金援助,不需要进行经济审查。第二,交通意外伤亡援助计划。向交通意外的伤者或死者遗属提供即时的现金援助,不需要进行经济审查。第三,紧急救济。社会福利署在天灾人祸时给灾民提供紧急救济,提供食物、生活必需品等物资和一些救济金。因灾难而造成的受伤、残疾和死亡,紧急救援基金会将向受害人和死者遗属发放伤亡补助。

专项救助主要是公屋、公共医疗和公共教育等方面的救助,救助对象是收入或财产低于一定水平的有需要的人士。

此外,非政府组织在香港的社会救助中起着非常重要的作用,香港政府积极支持非政府组织的社会救助活动,并且提供相应的资金。香港的社会救助重视帮助救助者自立。"积极就业援助计划"是社会福利署与劳工处、雇员再培训局合作,给受助人制订符合个人实际情

---

① 刘祖云、刘敏:《香港的贫困及救助:从理论到现实的探讨》,《中南民族大学学报》(人文社会科学版)2009年第4期。

况的就业计划，并且提供就业信息和就业培训。豁免计算入息鼓励受助者积极就业，避免福利依赖。[1]

三 支出型贫困的相关研究

（一）国外关于支出型贫困的研究

Hannan Pradhan 研究了孟加拉国的社会救助水平对减贫水平影响。作者通过孟加拉国 1996—2010 年的救助支出水平和贫困率数据的统计，分析并且指出社会救助开支和贫困率之间存在负相关关系。[2] Mark Schreiner 以孟加拉人口统计与健康调查为基础，为孟加拉国提出了一种简单的贫困积分卡，其允许研究人员预估支出低于给定贫困线的可能性，使用孟加拉国 2004 年的人口与健康调查（DHS）和 2005 年的家庭收入和支出调查中较易收集的指标因素。从平衡计分卡中预估贫困，随后与 DHS 中使用固定资产指标预估贫困进行比较。作者认为使用支出型贫困也许会使 DHS 有更高的政策相关性。[3]

M. Asghar Zaidi 和 Klaas de Vos 介绍了 20 世纪 80 年代欧盟的九个成员国的贫困和不平等趋势，使用消费支出作为衡量资源。基于收入基准，意大利、德国、英国和法国的贫困和不平等增长，西班牙减少。其中一个特例就是在研究期间，荷兰基于收入的贫困和不平等增长。最后作者认为在欧盟范围内使用家庭预算调查的国际比较，基于支出的结果应该比收入为基础的结果更可靠。[4] Chack-Kie wong 和 Hung Wong 以香港为范例，试图构建一条贫困线，使其在东亚社会与社会和经济现实相容。依据人口普查、家庭收入和支出数据的比较研

---

[1] 刘祖云、刘敏：《香港的贫困及救助：从理论到现实的探讨》，《中南民族大学学报》（人文社会科学版）2009 年第 4 期。

[2] Hannan, Pradhan, "An Investigation of Social Safety Net Programs as Means of Poverty Alleviation in Bangladesh", *Asian Social Science*, Vol. 9, No. 2, 2013, p. 105.

[3] Mark, Schreiner, "Estimating Expenditure-Based Poverty from the Bangladesh Demographic and Health Survey", *Bangladesh Decelopment Studies*, No. 4, 2011, pp. 54 – 57.

[4] M. Asghar Zaidi, Klaas de Vos, "Trends in consumption-based poverty and inequality in the European Union during the 1980s", *Population Economics*, Vol. 14, No. 2, 2011, p. 89.

究，作者随后讨论了在新兴经济中使用支出型贫困线，支出型贫困线在同一尺度中捕捉了贫穷的绝对和相对要素。最后，作者提出对东亚社会而言，支出型贫困线更可信赖且更为敏感，因为此区域的人有更高的储蓄率。① Michael D. Hurd 和 Susann Rohwedder 使用健康与退休研究（HRS）消费数据计算支出型贫困率，研究收入型贫困和支出型贫困的关系，得出的结果是支出型贫困率低于消费型贫困率。作者发现支出型贫困率远远低于消费型贫困率，尤其是对于单身人士。当贫困状况从收入型贫困转移到支出型贫困上时，贫困状况的差异不仅是由于房屋所有权和住房衍生服务的变化，人们支出大于收入的情况也相当重要。②

Joachim Merz，Thesia Garner，Timothy M. Smeeding，Jürgen Faik 和 David Johnson 使用微观数据为西德和美国估计基于显示性偏好的消费方式的等价尺度，并且回顾了几种方法，依靠一个完整的需求系统的方法，这个方法提供了基于等价尺度使用扩展线性支出系统（ELES）的不变效用。③ Peter Saunders，Jonathan Bradshaw，Michael Hirst 用家庭支出进行贫困的测量和划分，使用的方法和估算措施说明了探索收入贫困和支出贫困之间关联的意义，关于数据的限制且识别将来的研究需要。④ Richard Bavier 运用消费者支出调查（CE）对美国支出型贫困进行测量。⑤

---

① Chack-Kie wong & Hung Wong, "The case for an expenditure-based poverty line for the newly industrialized East Asian societies", *Issues&Studies*, Vol. 40, No. 2, 2004, pp. 103 – 104.

② Michael D., Susam Rohwedder, "Economic Well-Being at Older Ages: Income-and Consumption-Based Poverty Measures in the HRS", *Ssrn Electronic Journal*, No. 132, 2006, p. 67.

③ Joachim Merz & Thesia Garner & Timothy M., Smeeding&Jürgen Faik&David Johnson, "Two scales, One Methology-Expenditure Based Equivalence Scales for the United States and Germany", *FFB Disscussion Paper*, April 8, 1994.

④ Peter, Saunders & Jonathan, Bradshaw & Michael, Hirst, "Using Household Expenditure to Develop an Income Poverty Line", *Social Policy & Administration*, Vol. 36, No. 3, 2002, p. 90.

⑤ Richevrd Bavier, "Recent Trends in U. S. Income and Expenditure Pocerty", *Journal of Policy Analysis & Management*, Vol. 33, No. 3, 2014, pp. 78 – 81.

M. Mahmud Khan 和 David Hotchkiss 对快速识别穷人的办法、评估医疗改革活动影响的办法、干预措施对贫困人口健康状况影响的方法进行概述。作者提供了快速评估的两份调查问卷，结合两份问卷，评估者应该能够在较短的时间内评估健康项目及其对穷人健康的影响。尽管该问卷可以在快速评估方面得到较好的应用，进一步的研究仍需要验证该方法在快速评估卫生改革活动对穷人健康状况影响方面的功用。[1]

（二）国内关于支出型贫困的研究

梁德阔、徐大慰指出支出型贫困主要体现在三个方面：贫困的度量以支出为标准、救助目标以风险预防为主、救助对象以家庭为单位。之后，对上海支出型贫困救助模式进行了详细介绍，总结了上海支出型贫困的救助经验：第一，构建信息平台，建立对支出型贫困群体的发现、监控和预警机制；第二，建立社区市民综合帮扶机制，多方参与社会救助；第三，分类施保，提供"保基本、可叠加、多组合"的救助套餐；第四，健全"四环联动"，确保各类社会保障制度无缝衔接。[2] 胡晶梵从上海支出型贫困救助得到的启示有：第一，明确相关法律，做到有法可依；第二，政府加大投入力度，鼓励民间力量参与救助；第三，制定科学的标准和待遇；第四，建立有效的准入、退出机制。[3] 结合山西省万荣县的情况，作者提出以下建议：第一，加强法律法规建设，制定地方性实施方案；第二，建立救助对象认定机制和健全救助复审与监督机制；第三，提升救助队伍整体水平，培养救助人才；第四，加大政府投入力度，鼓励非政府组织参与救助。

---

[1] M. Mahmud Khan & David Hotchkiss, "How Effective are Health Systems Strengthening Programs in Reaching the Poor? A papid Assessments Approach", *The Public Interest*, No. 3, 2006, p. 53.

[2] 梁德阔、徐大慰：《上海支出型贫困家庭的救助模式分析》，《人口与发展》2012年第4期。

[3] 胡晶梵：《社会救助视野下的支出型贫困救助研究——基于山西省万荣县的实地调查》，硕士学位论文，山西财经大学，2015年。

段培新指出当前贫困研究不仅仅考虑收入,也考虑受助者的基本需求,贫困救助变为"需求导向型"。① 接着,作者对支出型贫困的本质和衡量标准进行分析,将支出型贫困与收入型贫困进行对比。然后,结合我国支出型贫困救助经验,指出我国支出型贫困在认定、评估、救助标准和期限存在难点,提出了一种改进支出型贫困的模型和支出型贫困评估流程,并建议用CIPP模式对实施效果动态进行监测。李博指出支出型贫困的重点和难点:工作核心是提高被帮扶对象的参与能力,首要任务是提高工作效率,完善实施效果的动态监测,提高相关人员的工作素质。结合长春实际情况,作者提出了"四六三"救助模式,即四分类、六联动、三法规。四分类是指根据四类情况进行分类救助,即致贫原因、贫困程度、帮扶对象和贫困预期周期的不同进行救助。六联动是指政府部门(民政部门)、人力保障部门、财政和金融部门、医疗部门、教育部门、福利机构之间相互配合。三法规是指制定相关的法律法规,做到有法可依。这三法规分别是关于相关主体方面的法规,对于贫困线制定和贫困监测系统方面的法规以及对于帮扶资金统筹和管理相关的法律法规。②

王轶洁对上海市静安区的支出型贫困政策和执行情况进行分析,指出现行政策的救助理念落后,支出型政策不足。根据这些问题,作者提出了完善建议:单一型致贫的贫困者应纳入专项救助;综合型致贫的贫困者应纳入最低生活保障制度;健全具体实现机制,健全社会救助监督机制,健全非政府组织与志愿者的引入机制,健全社区服务机制。③

杨天和都芦花对支出型贫困救助政策提出相关建议:第一,完善

---

① 段培新:《支出型贫困救助——一种新型社会救助模式的探索》,《社会保障研究》2013年第1期。
② 李博:《长春市支出型贫困家庭救助模式研究》,硕士学位论文,长春工业大学,2015年。
③ 王轶洁:《支出型贫困的现行救助政策分析与对策研究——以上海市静安区为例》,硕士学位论文,上海交通大学,2014年。

顶层设计，使救助体系内外联动；第二，鼓励社会力量参与，形成联动帮扶机制；第三，增加"第一供给"，提高边缘人员的脱贫能力和生活品质。杨天提出要建立科学、量化的评估指标体系[①]，都芦花建议进行分项救助和开展多项救助[②]。杨威、范鑫磊指出制度设计要全面衔接，政府部门主动进行社会救助。[③]

与支出型贫困相类似的群体有低保边缘户和贫困边缘群体，他们实际情况都是没有享受到低保待遇，由于种种原因实际生活水平低于低保户。因此，在研究支出型贫困时，也应该对这两个群体进行了解。

杨静慧指出这种情况形成的原因首先是就业不稳定，我国城市大规模的企业改革，产生了大规模的失业、下岗人员。这些人年龄偏大，文化程度低、缺少职业技能，很难找到稳定的工作。[④] 灵活的就业造成收入来源不稳定，不一定能够享受低保待遇。其次是突发灾害，天灾人祸这种突发事件让本来经济能力就弱的家庭无力招架，这些边缘贫困家庭解困能力较弱，如果没有一定的救助措施帮助，这些家庭很可能陷入贫困。最后是我国低保标准界定的单一化，低保标准仅仅是从收入确定，这一界定标准不够科学。贫困不一定是收入低下，很大程度上是支出较高。患有重病、残疾、子女教育费用高、单亲家庭等都会导致贫困，而目前这些实际困难都没有列入衡量贫困的尺度中，这些问题也没有得到解决。伍鑫认为对低保边缘群体的界定缺乏合理、科学的收入核查标准。[⑤]

王磊、潘敏、杨静慧、许艳艳、徐洪林等人提出推行"发展型社会政策"。政府在帮助时不能只提供经济上的支持，还应该提供非物

[①] 杨天：《支出型贫困家庭社会救助制度探究》，《学理论》2015年第13期。
[②] 都芦花：《关于支出型贫困家庭救助的相关思考》，《现代妇女》（下旬）2014年第4期。
[③] 杨威、范鑫磊：《支出型贫困家庭救助研究》，《企业研究》2014年第16期。
[④] 杨静慧：《论边缘贫困群体的形成原因及其扶助对策》，《北京电子科技学院学报》2007年第1期。
[⑤] 伍鑫：《城市低保边缘人群的社会救助问题研究——以长株潭地区为例》，硕士学位论文，湖南师范大学，2013年。

质性的帮助。杨静慧指出，最重要的措施就是帮助受助者就业，通过"赋以权能"来增强受助者自身的"造血"能力，改变当前的"输血"机制。[①] 徐洪林认为反贫困和提高国家竞争力的根本措施是人力资本投资，社会救助应该以提供工作岗位和就业为中心。[②] 许艳艳提出政府应该通过宏观调控，大力发展二、三产业，从而增加就业岗位，吸纳更多收入者就业。[③]

杨静慧、徐洪林建议实行差别救助，根据需要救助对象的不同情况，采用不同的对策，对边缘贫困群体应该进行分类施保，一些家庭的特殊情况也应该纳入救助机制的设计。何银银、艾楚涵、潘卫民认为应该建立专项救助金，针对不同救助对象进行救助。[④] 刘海迅、陈祖华、刘芸提出要对低保户实行分类管理和差额低保，根据收入分为A、B、C三类，并且制定A、B、C类低保金。水、电、气是判断用户类别的一个标准，隐性收入可以从消耗程度体现出来。[⑤]

杨静慧提出要发展配套措施，低保受助者有一定的配套措施，边缘贫困群体也应该发展配套措施。这些措施不一定是民政局负责，当地政府和社会力量也应该参与进来。许艳艳提出要完善"低保—低保边缘"双线救助模式，对低保边缘户以专项救助为主。专项救助形成斜坡式救助模式，将专项救助与低保配套制度分离，让更多人得到救助。与此同时，根据贫困实际情况实施救助，制定救助期限。[⑥] 刘同

[①] 杨静慧：《论边缘贫困群体的形成原因及其扶助对策》，《北京电子科技学院学报》2007年第1期。

[②] 徐洪林：《城市低保边缘户社会救助制度研究》，硕士学位论文，南京师范大学，2012年。

[③] 许艳艳：《中国城镇低保边缘群体社会救助制度研究》，硕士学位论文，河南大学，2011年。

[④] 何银银、艾楚涵、潘卫民：《阜新市城市低保边缘户社会救助匮乏问题研究——基于低保群体的对比分析》，《科技风》2012年第15期。

[⑤] 刘海迅、陈祖华、刘芸：《论对低保户进行分类管理的必要性与可行性》，《社会保障研究》2010年第3期。

[⑥] 许艳艳：《中国城镇低保边缘群体社会救助制度研究》，硕士学位论文，河南大学，2011年。

芎、郭健美、李笃武提出要建立健全农村社会救助体系，最低生活保障为主要地位，政策扶持、临时救济和社会互助辅助进行，灾害救助、"五保"救助、医疗救助、教育救助、住房救助、法律援助、老年人救助、残疾人救助对各种情况进行救助，形成一个完整的体系。[1]张翠平也提出，要建立多元化的农村社会救济体系。

杨静慧、徐洪林、许艳艳提倡积极发挥社区援助功效。社区可以通过政府获得政策支持，也可以通过民间渠道获得社会各界的帮助。积极发挥社区的功能，受助者可以直接享受到各个方面的援助，除了经济物质上的支持，还提供一些精神慰藉。这样不仅可以丰富低保救助内容，还可以增加受助者对社区的归属感。

张海峰提出要建立居民经济核对系统，调整认定标准，特别是边缘人群。部门之间做到信息共享，明确法律责任，做好退出管理。[2]徐洪林认为应该及时建立针对城市低保边缘群体的信息数据库，城市每个低保边缘户都应该有详细的救助档案，记录生活状况、致贫原因、经济情况、个人需求等内容，方便相关部门了解当地贫困规模、有针对性地进行救助。[3]刘同芎、郭健美、李笃武提出建立低保边缘群体的信息，数据库管理机制，加快社会救助的立法。王磊、潘敏提出应该科学制定识别标准，在依据收入水平的基础上，增加一些其他的衡量标准或者额外的附加条件。例如在附加条件中，可增加设置劳动能力、家庭人口规模、残疾与疾病程度等常量。[4]

徐洪林提出可以借鉴国外经验，建立收入豁免制度，建立弹性的低保标准；或者学习重庆市的"就业与低保联动"的政策，对放弃

---

[1] 刘同芎、郭健美、李笃武：《农村低保边缘群体社会救助困境与政策建议》，《中国农村小康科技》2011年第1期。

[2] 张海峰：《安徽贫困边缘人群医疗救助机制及问题分析——基于省内五城市的调查研究》，《黄山学院学报》2014年第1期。

[3] 徐洪林：《城市低保边缘户社会救助制度研究》，硕士学位论文，南京师范大学，2012年。

[4] 王磊、潘敏：《完善辽宁低保边缘群体救助制度的对策建议》，《辽宁经济》2008年第9期。

低保选择就业的人员发放3年就业补贴，激发就业愿望。张海峰提出要加强宣传力度，让困难群众了解救助政策。强化非正式社会支持网络，利用媒体的传播能力，积极发动广大志愿者对这一群体进行救助。

张海峰、伍鑫和许艳艳提出要对基层社会救助工作人员进行培训，提高其业务素质和职业素养。提高基层工作者的待遇，提高其工作积极性，建立起一支专业性强、素质高的团队。

（三）中国的支出型贫困救助政策试点与实践探索

目前，上海、江苏、河北等地已经施行了支出型贫困救助。上海民政局提出了支出型贫困的概念，率先施行了相关救助，江苏、河北陆续施行了该政策。

1. 上海

2007年底，上海静安区建立了"五四三二一"综合帮扶救助体系框架，即"五项帮扶补贴、四项福利措施、三级工作网络、两个评议制度、一个系统整合"，并且实施"个案帮扶、项目帮扶、特定帮扶"政策。

2010年，上海长宁区民政、财政、卫生、医疗保障等四部门联合出台了"四医联动"的社会救助措施，推出了"基本医疗保险+基本医疗服务+政府医疗救助+社会组织医疗帮扶"的基本医疗保障模式。这种模式将医疗保险基金、社会救助资金和慈善资金合并在一起，本区的受助者先享受医疗保险基金，剩余部分再根据情况有比例地使用社会救助资金和慈善资金。①

上海市虹口区采取四项帮扶机制，即发现机制、锁定机制、核准机制、反馈机制。发现机制就是从居委、街道、民政局三个部门，充分利用区实有人口信息化管理网络平台，形成发现、监控和预警机制；锁定机制就是街道社区事务受理服务中心运用信息软件锁定"支

---

① 《长宁推行"四医联动"医疗保障模式》，上海市长宁区人民政府，2011年2月10日，http://shzw.eastday.com/shzw/G/20110210/userobject1ai34936.html，2023年2月10日。

出型"贫困家庭，建立"支出型"贫困家庭档案，了解"支出型"贫困家庭的救助动态和趋势，反馈到区社会救助事务中心，及时实施帮困救助。核准机制是对各类对象的收入和支出情况进行有效辨别，增强收入核对准确"支出型"贫困标准线；督查机制指的是街道、居委及时做好"支出型"贫困家庭帮扶后的信息反馈工作，通过得到的相关信息，对产生的问题进行解决，进而完善帮扶机制，提高帮扶资金的使用效益。

2009年，上海市徐汇区采取"五可"帮困救助模式，即可分类、可组合、可叠加、可联动、可进出。可分类是根据需要救助的内容和贫困程度的不同进行分层救助；可组合是困难家庭既可以在享受低保金的同时，享受医疗、教育、住房、生活等需要的救助。可叠加是在实施了帮困救助后，救助者还没有摆脱困境或者有所好转，则可采取叠加救助的方式，实施"应帮即帮"。可联动指的是政府部门要和民间救助组织相互联系，共同帮困。救助联动要通过区救助帮困"一口上下"信息管理系统，实施社会救助"一口上下"运作管理机制，民政综合管理服务，劳动保障、教育、房地、卫生（医保）等部门各自发挥其职能，互相配合。可进出是指要严格依法行事，针对低保、低收入对象收入变化情况及时进行调整，做到"应进即进、应出须出"。[①]

2014年，上海市人民政府出台了《上海市因病支出型贫困家庭生活救助办法（试行）》。对因病支出型贫困家庭作出定义和相应的规定。

2. 江苏

2013年，江苏省海门市出台《因病支出型贫困家庭救助办法》，明确了支出型贫困家庭的概念，列出了认定条件和认定程序、待遇发

---

① 《徐汇区社会救助帮困"五可"运作方式的指导意见》，上海市徐汇区人民政府门户网站，2009年9月12日，http://xh.shmzj.gov.cn/gb/mzxhq/xxgk/zxgkxx/userobject1ai159.html，2023年02月12日。

放标准。对受助家庭进行属地化管理、动态化保障,采用生活救助与医疗救助相结合的救助模式。坚持政府保障、社会帮扶、劳动自救相结合。

2015年,杭州市出台《杭州市支出型贫困家庭基本生活救助办法(试行)》,该办法也是全国首部支出型贫困家庭救助地方性政策。继而,江苏省内各地方政府开始实施相关政策。2016年5月,建德市施行《支出型贫困家庭基本生活救助办法》;2016年6月,嘉善县开始实施《嘉善县支出型贫困家庭基本生活救助办法》;2016年7月,绍兴市上虞区出台了《上虞区支出型贫困家庭基本生活救助办法(试行)》。

3. 河北

2011年,河北省廊坊市人民政府出台了《廊坊市支出型贫困家庭救助暂行办法》。该办法对支出型贫困家庭、刚性支出、家庭收入、家庭成员等做出了明确的界定,并且列出了家庭条件、家庭待遇的条件,并成立了村(居委会)、乡镇(街道办)、县级民政部门三级申请、审批程序和监管机制。[①]

"支出型"贫困家庭可享受以下待遇:以当地城乡最低生活保障标准作为参照,实际生活水平低于标准的,差额部分发放生活补助。符合城乡居民医疗救助条件的,纳入城乡困难群众医疗救助范围、城乡困难群众临时救助范围、城乡困难群众助学范围;符合就业安置条件的家庭成员,优先安排其就业。[②]

第四节　问题的提出

近些年来,国内外的学者开始关注支出型贫困这一现象,并且对

[①] 贾树敏:《我市在全省率先建立"支出型"贫困家庭救助制度》,《廊坊日报》2011年6月9日。

[②] 《〈廊坊市支出型贫困家庭救助暂行办法〉出台》,河北新闻网,2011年6月12日,http://hebei.hebnews.cn/2011-06/22/content_2099416.htm,2023年2月16日。

此进行了各方面的研究，取得了一定的成果。贫困不应只从低收入考虑，更要结合支出情况进行评判，低收入高支出和高收入高支出也有可能产生贫困。关于支出型贫困的定义，国外学者没有提出一个准确概念，国内对支出型贫困的界定非常一致，即家庭成员由于重大疾病、子女就学、突发事件等原因，导致家庭财产的支出远远超出其承受能力，实际生活处于一种贫困状态。学者结合研究地区的实际情况，分析得出造成支出型贫困的主要原因有不稳定的灵活就业、突发情况、以收入为标准的界定方式等。我国的学者针对支出型贫困问题，在政策建设上提出了详细的建议：建立相关法律法规，进行专项救助，制定科学的界定标准和待遇，鼓励民间力量参与救助，建立监督机制等。国外关于支出型贫困的文献在贫困的测量、评估指标和评估模型上十分详细，论述清晰，其中使用的评估方法值得借鉴。

在支出型贫困的研究上，收集到的文献资料比较少。和支出型贫困相关的文献中，最低生活保障制度的研究会对低保边缘户有所涉及，贫困边缘户的文献也比较少。研究角度比较单一，主要是从制度建设的角度出发，提出相应的对策。对策建议较为笼统，没有详细的流程。支出型贫困的理论研究、支出型贫困的评估指标、计算模型等内容都缺乏详尽的研究。国外关于支出型贫困的指标建构与我国实际情况有所出入，我国的文献缺乏在评估计算方法方面的探讨，研究的对象基本上是城市支出型贫困，农村方面的研究较少。以上说明了本书的研究具有创新性和前沿性。本书将对现行的救助制度进行研究，结合西部地区支出型贫困的实际情况进行分析，提出有建设性的对策，完善我国的社会救助制度；并且对家庭支出贫困线进行测算，建立评估机制和标准，弥补我国支出型贫困研究领域的空白。

第二章 收入型贫困救助与支出型贫困救助的比较研究

第一节 收入型贫困救助与支出型贫困救助的对比

我国现行的收入型贫困救助制度主要是以低保制度为核心而建立的社会救助制度,自1993年在上海成功建立城市居民最低生活保障制度以来,低保制度在全国得到了迅速推广,并逐步形成了一套覆盖城市和农村地区,结合了医疗专项救助、住房保障救助、教育专项救助等各项分类救助制度的综合性社会救助制度体系。低保制度作为我国主要的社会救助制度,在我国经济社会发展的过程当中发挥了积极的作用,对于维持社会的稳定,促进经济发展做出了贡献。

在2014年下发的《社会救助暂行办法》(以下简称《办法》)整合了城市和农村低保制度,《办法》中对于低保制度的保障对象做出了规定:"国家对共同生活的家庭成员人均收入低于当地最低生活保障标准,且符合当地最低生活保障家庭财产状况规定的家庭,给予最低生活保障。"同时,《办法》对于保障标准也做出了相应的规定:"最低生活保障标准,由省、自治区、直辖市或者设区的市级人民政府按照当地居民生活必需的费用确定、公布,并根据当地经济社会发展水平和物价变动情况适时调整。"由此可见,我国现行的低保制度是一套主要以收入作为衡量标准的社会救助制度,其核心是制定一条"收入线",通过对家庭成员的人均收入进行考察，将人均收入在低保线以下的家庭纳入低保制度。我国现行的低保制度主要采用了"市场菜篮"法来确定标准，该方法又称标准预算法，该方法首先确定每个社会成员能够维持最起码最低水平生活的必需物品和用品的种类和数量，再根据市场价格来计算购买这些必需品所需要的现金，由此来确定贫困线和低保救助线，该方法关注的主要是公民最基本的生存问题，满足公民的温饱需求，保障其最基本的生存权利。对于获得最低生活保障的家庭，《办法》规定按照共同生活的家庭成员人均收入低于当地最低生活保障标准的差额，按月发给最低生活保障金。除此之外，《办法》还规定了低保制度的申请程序，一般由个人向乡镇人民政府或街道办事处提出申请，由乡镇人民政府或街道办事处对于申请人的家庭收入情况和财产状况进行调查，在公示后报县级人民政府民政部进行审批，县级人民政府的民政部门在审查无误后，对符合条件的家庭进行审批公示。

随着我国经济的发展，人民的生活水平的不断提高，衣、食等满足个人基本生活需求的支出占家庭支出的比例越来越少，与此同时，教育、医疗、住房等满足个人发展的支出占家庭支出的比例越来越高。以往的低保制度不能满足家庭的发展需求，不能有效增强家庭抵御风险的能力。针对这样的情况，产生了"支出型贫困"这一新的概念与定义。关于"支出型贫困"的提法与理念最早是由上海市民政局提出的，并探索建立起相关的社会救助制度，将"支出型贫困"家庭纳入了社会救助体系当中。[①] "支出型贫困"改变了以往以收入作为衡量贫困的标准，将家庭的支出纳入衡量标准之中。这种新型的贫困认定理念，关注家庭的社会发展需求，提高其抵御风险的能力。

"支出型贫困"社会救助制度是一种风险预防的制度，其目的是让那些处于社会救助体系边缘的家庭具备抵抗突发性风险的能力，相

[①] 《上海市人民政府关于印发〈上海市因病支出型贫困家庭生活救助办法（试行）〉的通知》，上海市民政局，2013年7月24日，https://mzj.sh.gov.cn/MZ_zhuzhan261_0-2-8-15-55-229/20200519/MZ_zhuzhan261_36177.html，2023年2月10日。

比现行的以低保制度为核心的社会救助制度，其重要的意义是将处于贫困边缘的家庭纳入社会救助体系之中，对社会救助制度做出完善和补充。其突出的特征包含以下几个方面。

第一，在贫困认定和救助标准方面引入了"支出"这一衡量标准。社会救助政策的目标群体是贫困人群，但是对于贫困的定义却又存在着诸多的差异，究竟什么是贫困？以何种指标来衡量贫困？一直是在制定社会救助政策过程当中的一个关键性问题，也是制定政策过程当中的难点。在日常的生活当中，我们常常简单地将贫困定义成一种低收入的状态。然而，收入水平低仅仅是贫困的一个方面，事实上贫困可以表现在多个方面，包括教育、医疗、住房等各方面的资源匮乏。阿马蒂亚·森说，一切形式的贫困无非是剥夺了一个人的"基本可行能力"即"一切个人所拥有的、享受自己有理由珍视的那种生活的实质自由"。[①] 按照阿马蒂亚·森的理解，贫困被定义为一个多维度的概念和生活状态，但是由于对于"基本可行动能力"的不同见解，关于贫困的定义还是存在着诸多的分歧。无论是家庭经济收入还是其他物质资产和社会生活条件与要素，其充足与匮乏的判断永远是一个相对概念，而贫困则是指在某种特定情形下的资源匮乏。对于"特定情形"的定义，最为常见的是将其定义为维持"最低的""起码的""基本的"生活水平和生存状态。[②] 而现阶段，我国对于这种"特定情形"的主要衡量标准是收入，以收入作为衡量标准在实际的操作过程当中具有简单易行的特点，关于家庭的收入状况可以通过各种的调查方式得到，但是在实际的测算过程当中，以收入作为衡量标准得到的信息往往不太准确。在调查的过程当中，被调查者往往不能如实地报备其收入，从而导致对于贫困家庭的识别出现误差与偏差，救助的目标靶向性受到制约。

---

① ［印度］阿马蒂亚·森：《以自由看待发展》，任赜、于真译，中国人民大学出版社2002年版，第85页。

② 顾昕：《贫困度量的国际探索与中国贫困线的确定》，《天津社会科学》2011年第1期。

第二章　收入型贫困救助与支出型贫困救助的比较研究

"支出型贫困"救助制度不再以收入作为衡量贫困的单一标准，而是引入了"支出"这一衡量指标。通过对于家庭收入和支出的综合性考量，来确定救助家庭的准入条件。现行的社会救助制度是通过家计调查的方式对于家庭的收入进行测算，来确定救助资格和补偿标准，家庭收入的测量是现行的社会救助制度的一个核心环节，虽然以收入作为衡量贫困的标准在操作过程当中具有简单、客观等特点，但是由于没有考虑家庭的支出因素，所以容易忽视因意外性的大额支出而陷入贫困的家庭。将支出作为贫困家庭的一个衡量的标准，在实际操作中具有显著的优势和特点。首先，支出要比收入更加容易度量。相比收入，支出更加稳定且更易得到相关的信息。其次，支出环节作为人们消费的最终环节，可以更加客观地反映人们的实际生活水平，同时也可以清晰地了解贫困家庭的消费倾向。"支出型贫困"社会救助政策在家庭支出方面，除了考量衣、食、住、行这些满足生存需要的基本支出外，还将医疗、教育等为了满足社会发展需要的人力资本性支出统筹予以考虑。支出型贫困的社会救助政策已经将关注点从收入延伸到了与生活、发展密切相关的更为广阔的领域。对医疗健康、教育培训与贫困的相关关系和相互影响的关注始于古典经济学家马尔萨斯、李嘉图。[1] 健康和教育水平的匮乏是贫困的一种表现形式，已经为国际社会所普遍性认可。随着人力资本理论从传统经济理论中独立出来并快速发展，其对于个人素质和能力发展的重视，更凸显了教育和健康在扶贫和社会救助领域的重要作用。同时，支出型贫困救助在对贫困家庭的补助标准方面，也充分考虑了支出这一因素，并划分为不同的标准和等级。在上海市印发的《上海市因病支出型贫困家庭生活救助办法（试行）》规定："在提出申请之月前3个月内，家庭医疗费用支出超过家庭可支配收入的，按照本市城乡居民最低生活保障标准，给予全额救助。在提出申请之月前3个月内，家庭医疗费用支出未超过家庭可支配收入，但家庭可支配收入扣除

---

[1]《2000/2001年世界发展报告》编写组：《2000/2001年世界发展报告：与贫困做斗争》，世界发展报告翻译组译，中国财政经济出版社2001年版，第18页。

家庭医疗费用支出后，月人均可支配收入低于本市城乡居民最低生活保障标准的，按照低于本市城乡居民最低生活保障标准的差额，给予救助。"上海市的做法考虑了家庭在不同支出情况下面临的不同生活困境和生存环境，将"支出型贫困"的社会救助制度与原来的低保制度进行了衔接。将支出纳入评估贫困家庭的指标，提高了贫困识别的精准度，更好地评估贫困家庭的状况，并确定合理的补偿标准。通过将支出纳入社会救助制度的衡量指标，使社会救助由目前单一的"收入型贫困"向"支出型贫困"转变，扩大了贫困救助的内涵与外延，提高了贫困救助的公平性与可及性。

第二，制度设计的理念和目标以预防风险为主。"支出型贫困"社会救助制度是一种风险防范机制，其目标是增强贫困边缘家庭抵御风险的能力。由于处于贫困边缘的家庭未被纳入以低保制度为核心的社会救助制度，所以当面对疾病、灾害等意外支出时，不能享受现有的社会救助政策，其实际的生活状态往往会变得比低保户更加艰难，甚至会因为这些意外风险而滑落到贫困线之下，陷入贫困之中。"支出型贫困"社会救助制度的核心就在于"风险预防"，通过将贫困边缘的家庭纳入社会救助的体系当中，当其发生疾病、灾害等意外时，给予相应的社会救助政策，避免了更多的家庭因突发性的风险而陷入贫困。因此，"支出型贫困"的社会救助政策所关注的更多是家庭的未来预期，而不仅仅是家庭的现状。现行的以低保制度为核心的社会救助政策不能给予贫困边缘的家庭一个良好的发展预期，所以处于贫困边缘的家庭更倾向于进行储蓄，对于家庭发展的投入较少，导致家庭难以摆脱贫困的状态。"支出型贫困"社会救助政策给予贫困家庭一个良好的发展预期，对于提高家庭的发展能力，摆脱贫困的状态具有积极的意义。

将社会救助的目标转向风险预防具有积极意义。其一，将贫困边缘的家庭纳入了社会救助体系，扩大了社会救助的范围更有利于稳定社会秩序，巩固社会制度。其二，由于处于贫困的家庭在遭受意外风险时可以获得经济上、物质上的补助，有效保障了其基本生活和必要的发展型需求，减轻了家庭的负担，有助于劳动力再生产的顺利进行。其三，由于"支出型贫困"社会救助政策给予了贫困家庭良好的未来预期，所以有助于贫困家庭提高其消费的能力，促进经济的发展。

第三，救助理念倾向于满足家庭的发展需求。区别以低保制度为核心，主要以满足家庭衣、食、住、行等基本生活需求的传统救助制度，"支出型贫困"救助制度主要的关注点聚焦于医疗、教育、住房资产建设等满足家庭发展性需求的刚性支出方面，救助理念不再限于满足家庭的生存需要，而是更倾向于促进家庭的进一步发展，提高其生活的水平和质量。传统的救助理念倾向于将贫困定义为绝对贫困，经济合作与发展组织（Organisation for Economic Co-operation and Development, OECD）关于绝对贫困的定义，即"一种最低需要的水平，生活水平低于这一标准的民众就被认为是穷人"。[1] 这种思路将贫困的原因归结为因收入不足而导致的物质生活水平的低下，缺乏最基本的生存保障。绝对贫困的理念和概念试图寻找一个绝对化的贫困标准来界定和认定贫困，但这个绝对的贫困标准是否存在，是一个长期存在争议的问题。并且绝对的概念本身也在发展变化，本身就带有一定的相对性。可以说，"支出型贫困"社会救助政策的积极救助理念更有利于家庭的长久发展，获得平等竞争的发展机会与社会地位，同时也促进着社会的良性运行。将救助理念倾向于满足家庭的发展需求，更有利于家庭摆脱贫困的现状，提高其脱贫的能力，减少贫困人口。同时，支出型贫困救助也能够提高贫困人口的综合素质。随着人力资本理论的发展，社会对于人口素质的重视程度和要求越来越高，素质的高低决定了其家庭成员在社会中的竞争能力与地位。所以提高家庭成员的素质，有利于增强其竞争能力，打破社会阶层的固化，促进社会的流动。

第四，救助对象以家庭为单位。家庭是生存单位，也是社会发展

---

[1] OECD, public expenditure on income maintenance programmmes, pairs: organisation for economic co-operation and development, 1976, p. 69

单位。在中国传统的观念当中，家庭是社会保障的基础，兼具养老、医疗、教育、救助、福利等多种功能。在当今的社会，家庭仍然是社会救助，乃至是社会保障中重要的一个环节。"支出型贫困"社会救助政策是通过综合考量家庭的支出和收入状况来认定救助家庭和确认救助标准的。现行的"支出型贫困"社会救助对象的家庭类型主要包括：由于处于贫困边缘，因各种原因陷入贫困当中，却无法享受现行各类社会救助政策的家庭和经过现行的以低保为核心的社会救助制度救助之后仍然十分困难的家庭。对于"支出型贫困"家庭的认定，必须同时具备以下条件：一是共同生活的家庭成员中存在身患重大疾病、子女就学困难、突发性事件等情况；二是家庭短期内刚性支出过大，远远超出家庭实际收入；三是家庭实际生活水平低于当地城乡居民最低生活保障标准。[①] 对于"支出型贫困"家庭的认定，各地做法尽管不完全一致，但也存在极大的相似性。例如都将家庭财产作为救助认定的否定性指标，家庭财产超过规定的标准，就无法享受支出型贫困救助。"支出型贫困"家庭的认定还包括收入和支出双重标准，通常是以低保标准的一定倍数或者人均可支配收入作为衡量标准。将家庭作为社会救助的单位，可以更加客观地考量家庭的贫困现状，根据家庭面临的不同问题，提供相应的社会救助政策，提高家庭的发展能力。以家庭作为社会的救助的单位，根据不同家庭的不同支出结构来制定不同的贫困标准，将不同层次的贫困家庭纳入社会救助体系当中来，提高社会救助管理和服务的精细化水平。

第二节 西部地区现行收入型贫困救助政策存在的问题

现行的西部地区的社会救助政策主要是以收入型救助政策为主，

[①] 徐大慰：《上海支出型贫困家庭的救助模式和经验启示》，《华东经济管理》2012年第9期。

而现行的收入型救助政策主要是以低保制度为核心的而建立起的救助政策。1993年6月经过相应的研究和讨论之后，上海市率先启动了城市居民最低生活保障制度的试点，对于低于最低生活保障标准的贫困居民开始实行救助，成为我国社会救助制度的起点。1997年9月，国务院颁布了《国务院关于在各地建立城市居民最低生活保障制度的通知》，同时要求在1999年底之前全国各地的城市辖区和县政府所在的镇都要建立起这项制度。经过2年的试点和推广，1999年9月，国务院颁布了《城市居民最低生活保障条例》，并于10月1日正式开始实行，标志着我国低保制度走上了法制化的道路。在此之后，低保制度持续地发展和改善，对于我国经济的发展起到了积极的促进作用，对市场经济的发展起到了保驾护航的作用，使绝大部分的贫困人口得到了有效的制度化保障，进而起到了社会"稳定器"的作用。

西部地区以低保制度为核心的社会救助制度至今已经走过了20余年的历程，在此期间，我国的经济也取得了巨大的发展。低保制度建立之初的1993年，我国的GDP为35524亿元，人均GDP为3014.5元；1999年我国的GDP为90188亿元，人均GDP达7199.3元；2011年中国的GDP达484124亿元，人均GDP达到了36017.6元，在经济总量上超越了日本，正式成为仅次于美国的全球第二大经济体。[①] 但是，随着经济发展伴随而产生的是中国的贫富差距越来越大，社会矛盾凸显。根据中国社科院经济所课题组基于两次抽样调查的测算，我国的基尼系数已经由20世纪80年代末的0.382上升到了2002年的0.454。[②] 因此，解决西部地区的收入分配问题，必须利用社会保障特别是社会救助的收入再分配功能，通过精细化的制度对困难群体的基本生存权利进行有效保护。

[①] 《经济普查后中国GDP数据解读之一：GDP总量、增长速度及人均GDP》，国家统计局，2006年3月8日，https://www.stats.gov.cn/zt_18555/zdtjgz/zgjjpc/dycjjpc/cgfb/202303/t20230306_1935036.htm，2023年2月10日。

[②] 段美枝：《中国城镇居民最低生活保障制度运行效果研究》，博士学位论文，首都经济贸易大学，2013年。

除此之外，西部地区的贫困现状也有着自身的特点。国家民委发布的《2011年西部地区农村贫困监测结果》显示，内蒙古、广西、贵州、云南、西藏、宁夏、青海、新疆八省份农村贫困人口有3917万，占全国农村贫困人口的32%，八省份贫困发生率为26.5%，比全国平均贫困发生率12.7%高出13.8%个百分点。[①] 可以说，西部地区的贫困状况相较于我国其他地区来讲更加严重。以内蒙古自治区为例，在2012年国家公布的扶贫开发工作重点工作县当中，内蒙古有31个旗县入围。截至2011年，内蒙古贫困人口总数为266.67万人，占全区总人口的10.75%。我国西部地区生态环境脆弱，产业类型单一，基础设施和教育落后，除此之外，西部地区的经济发展水平相对较低，地方的财政实力较弱。这些客观条件就决定了在西部地区推行最低生活社会保障制度的必要性和困难性。我国现行的收入型救助政策和扶贫政策虽然在西部地区起到了巨大的作用，但是仍然还存在着诸多问题，其具体表现在以下几点。

第一，减贫防贫能力弱。低保制度在我国的经济建设和社会发展过程当中确实起到了"稳定器"的作用，对促进社会经济的可持续发展起到了巨大推动和促进作用，尤其在促进西部地区经济社会发展的过程中起到了超越社会政策本身的巨大推动与发展作用。同时，国家对于低保制度的财政投入也在不断地提高。以内蒙古自治区为例，2010年内蒙古自治区用于城市居民最低生活保障制度的资金来源中财政的投入为259327万元，用于农村居民最低生活保障制度的资金来源中的财政投入为156447万元；2014年用于城市居民和农村居民低保的财政性投入分别增长到了375517万元和317529万元，分别增长了45%和103%。[②]

---

① 《国家民委：2011年少数民族地区农村贫困监测结果》，中国政府网，2012年11月28日，http://www.gov.cn/gzdt/2012-11/28/content_2277545.htm，2023年2月10日。
② 《内蒙古自治区2014年国民经济和社会发展统计公报》，内蒙古自治区人民政府，2015年3月13日，https://www.nmg.gov.cn/tjsj/sjfb/tjsj/tjgb/202102/t20210209_886003.html?slb=true，2023年2月10日。

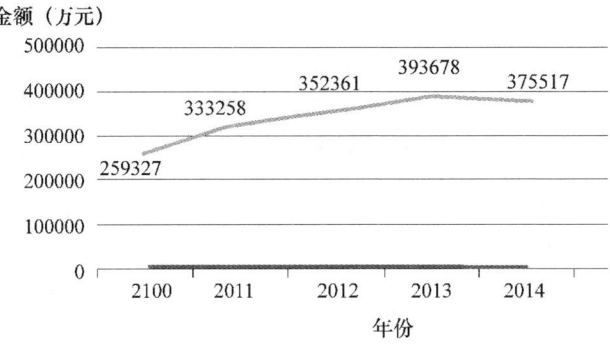

图 2-1　内蒙古自治区财政用于城市居民最低生活保障制度的投入

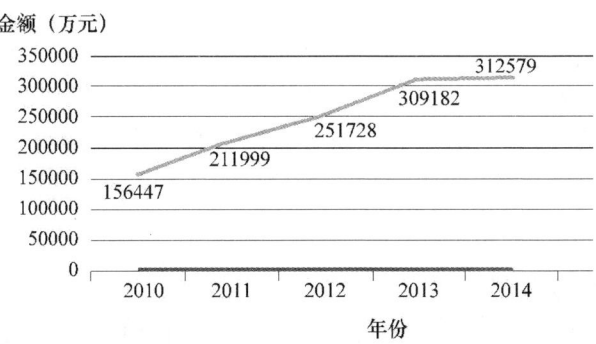

图 2-2　内蒙古自治区财政用于农村居民最低生活保障制度的投入

同时，我们也看到，尽管各级财政用于低保制度的投入在不断地增加，但是由于现行的以低保制度为核心的社会救助制度的核心理念是为了满足居民最基本的生活需求，所以其减贫和防贫的能力较弱，不能有效地预防和减少贫困人口。2010 年内蒙古自治区享受城市居民最低生活保障制度的人数为 853700 人，农村居民最低生活保障制度的人数为 1155700 人，2014 年享受城市居民低保制度的人数减少到了 705833 人，减少了 17%；而享受农村居民低保制度的人数则上升到了

1221501人，增长了5.7%。① 由此可见，以低保制度为核心的社会救助制度虽然起到了稳定社会的作用，保障了贫困人口基本的生存权益，但其本质是一种消极的社会救助制度，对于贫困人口的脱贫能力有限。究其原因，一方面是由于低保制度是一种生活救助制度，目的在于维持被救助者的基本生存，对于贫困人口脱离贫困所起到的作用有限；另一方面是因为现行的低保政策与其他的社会救助政策绑定造成的，且脱贫的激励措施有限。我国的低保制度往往与医疗救助、教育救助、住房救助、就业救助等其他专项社会救助措施相绑定，叠加救助。这些综合性的救助政策对于提高贫困家庭的生活水平起到了巨大的作用，但同时也降低了被救助者脱贫的意愿。当被救助者不再享受低保政策的补贴时，也同样无法享受其他的专项社会救助政策，甚至导致家庭的实际生活水平的急剧下降，不及享受低保待遇时的消费水平和生活质量，所以享受低保政策的人口便没有主观脱贫的意愿，产生了福利依赖思想。《中国城乡困难家庭社会政策支持系统建筑研究报告(2013)》显示，在城市受访对象中有38.4%的被访者认为对于解决家庭实际困难，低保配套优惠政策（如医疗、教育、住房、就业救助）比低保金的作用还要大，而在农村受访者当中，这个比例达到了42.9%。此外，关于最需要哪些方面的救助，49.6%的城市被访者将低保救助金放在了第一位，而分别有21.7%、11.3%、7.4%、5%的被访者将医疗救助、教育救助、住房救助以及就业帮扶作为最需要获得的救助类型，农村的情况也与城市基本类似。② 而且，现行的低保制度采用的是差额救助的形式，即低保家庭领取的救助金为低保标准扣除现有收入的差额，所以当家庭处于低保线之下时家庭收入的增加并不会带来实际收入的真实增加，因此低保家庭往往会陷入贫困陷阱与

---

① 《内蒙古自治区2014年国民经济和社会发展统计公报》，内蒙古自治区人民政府，2015年3月13日，https://www.nmg.gov.cn/tjsj/sjfb/tjsj/tjgb/202102/t20210209_886003.html?slb=true，2023年2月10日。

② 民政部政策研究中心：《中国城乡困难家庭社会政策支持系统建设研究报告(2013)》，中国社会出版社2015年版，第98—105页。

福利依赖当中，参与社会经济的动力不足。

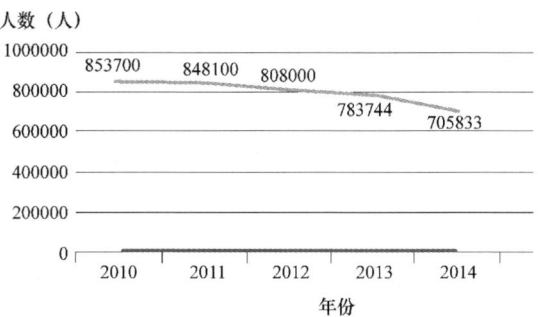

图2-3　内蒙古自治区享受城市居民最低生活保障制度人数

第二，低保标准制定不规范。我国现行的城乡低保标准的制定主要是由地方的人民政府负责执行，1999年颁布的《城市居民最低生活保障条例》规定，直辖市、设区的市的城市居民最低生活保障标准，由市人民政府民政部门会同财政、统计、物价等部门制定，报本级人民政府批准并公布执行；县（县级市）的城市居民最低生活保障标准，由县（县级市）人民政府民政部门会同财政、统计、物价等部门制定，报本级人民政府批准并报上一级人民政府备案后公布执行。[1] 2007年颁布的《关于在全国建立农村最低生活保障制度的通知》也规定农村最低生活保障标准由县级以上地方人民政府按照能够维持当地农村居民全年基本生活所必需的吃饭、穿衣、用水、用电等费用确定，并报上一级地方人民政府备案后公布执行。[2] 由于低保制度建立之初是将低保金的筹集和管理职能下放到了基层地方政府，所以制定低保标准的权力也同时由地方政府来确定。另外，由于我国的疆域辽阔，各地的经济发展水

---

[1]《城市居民最低生活保障条例》，中国政府网，2005年8月4日，http://www.gov.cn/banshi/2005-08/04/content_20243.htm，2023年2月18日。
[2]《国务院关于在全国建立农村最低生活保障的通知》，中国政府网，2007年8月14日，http://www.gov.cn/zwgk/2007-08/14/content_716621.htm，2023年2月18日。

平也存在着差异，实行统一的低保标准存在难度，将制定低保标准的权力下放到地方政府，有利于地方政府根据自己管辖地区的实际情况来确定低保标准，精确地定位需要救助的贫困人口。

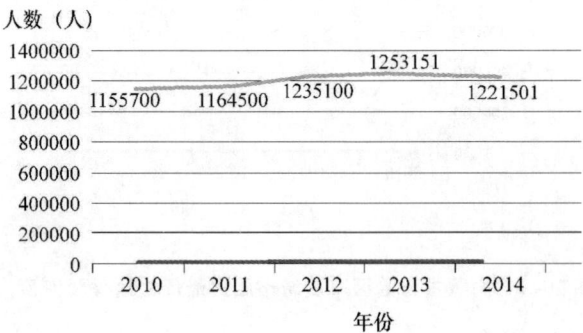

图2-4 内蒙古自治区享受农村居民最低生活保障制度人数

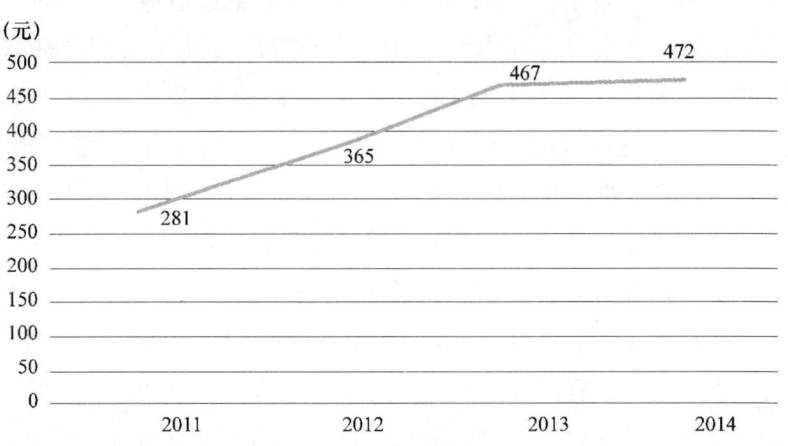

图2-5 内蒙古自治区2011年到2014年低保平均标准①

---

① 《内蒙古统计年鉴2014》，内蒙古自治区统计局，2014年3月，https：//tj. nmg. gov. cn/files_ pub/files_ nmg_ zl/html/nmgtjnj/2014/indexch. htm，2023年2月19日。

但是，现行的低保标准的制定方式在实际的操作过程当中却发生了许多的问题。一方面，由于低保标准由各地的政府负责制定，所以在制定的过程当中就导致了各地在低保标准的巨大差异。以 2014 年的城镇低保标准为例，2014 年北京城市居民的低保标准为 650 元/月，而河南的低保标准为 460 元/月，内蒙古自治区的低保标准为 472 元/月。随着中央财政对于中西部地区的投入逐年的增加，中西部地区的财政能力有所加强，理论上讲，会提高中西部地区的低保标准。但从现实的情况来看，中西部地区的低保标准与东部发达地区仍有较大的差距，尤其对于西部地区来讲，其低保标准更是落后于其他地区。另一方面，由于将制定低保标准的权力下放到了地方的政府，但是地方政府却不能按照科学有效的方法制定低保标准，在制定过程当中存在着极大的主观性和随意性，出现了超越或者落后于当地经济发展水平的低保标准。例如，对于内蒙古自治区自身来讲，由于区位上自身东西跨度较大，横跨东北、华北、西北三大区域，各地的经济发展水平存在着较大差异，同时由于自身地理条件复杂，更加剧了制定统一低保标准的难度。除此之外，很多西部地区低保标准的制定和调整往往滞后于经济的发展水平和物价水平，当居民的生活必需品价格上涨时，低保标准不能够进行及时的调整，适应新的物价发展水平，这就使低保政策难以保障贫困家庭的基本生活。对此，各地也在尝试进行相应的调整，主要措施包括如下的跟随价格和收入调整等。价格上涨对于低保对象的生活有着最为直接和显著的影响，因而低保对象对于物价上涨较为敏感。在低保待遇尚未调整的情况下，单纯的物价上涨对于低保户而言，意味着生活水平和生活质量的降低，同样数额的低保金能够买到的生活物品却越来越少。各地在调整低保标准时，通常将价格因素作为首要的制度调整参数来考量。在具体操作上，通常将低保线和人均补偿标准按照 CPI 价格指数的增幅来调整，保证低保救助金的实际购买力不因价格波动而下降。也有部分地区建立了低保标准与地区收入水平的调整机制，其实质是一种社会分享机制，能够让低保对象及时分享国家和地区经济发展成果,是一种自然增长机制。在具体操作上,可以参考当地平均工资、最低工资或者可支配收入的增幅对低保标准进行挂钩调整或参数化的比例调整。[①] 虽然西部地区对低保标准设定和调整进行了积极的探索,完善了低保标准的制定和增长机制,但是由于缺乏统一的低保标准的计算方法和调整公式,各地在实际的操作过程当中缺乏科学依据,具有主观的随意性,面对多变的市场状况,还是不能够做出及时的反应和调整,使西部地区贫困家庭的生活水平因物价和社会平均工资波动而下降。

第三,忽视低保边缘群体的利益。我国现阶段对于贫困的理解是将贫困理解为衣、食、住等物质生活方面的困难,这实质上是一种绝对贫困的认识。绝对贫困是指在一定时间内,家庭劳动就业收入、资产性收入和其他合法收入之和,无法维持家庭基本生存需要,家庭经济收不抵支的生活状态。可见,绝对贫困是从收入角度按照维持基本生存的标准设计的识别方式,将满足人的生存需要及与之对应的经济开支作为最重要的衡量指标。一般的发展中国家都是以绝对贫困线作为衡量贫困的标准。处在绝对贫困线之下的生活状态就被视为绝对贫困。目前,世行通行的绝对贫困标准是以维持最低生存每人每天需要2千大卡热量所对应的食品支出为基础,食品支出占总支出的比例按60%计算,以此确定一个国家或者地区的绝对贫困标准。采取绝对贫困线的方法认定贫困人口,虽然在认定过程当中操作比较简易,但是由于绝对贫困线是通过确定一条明确的贫困线来衡量贫困人口,所以,由于贫困线缺乏弹性,在实际的操作过程当中,往往忽视了贫困边缘群体的利益。由于现行的补充性的专项社会救助政策(如医疗、教育、住房)与低保政策相绑定,所以处于贫困边缘的群体不能够享受现有的生活救助和专项救助等社会救助政策,因而当其遇到突发性的意外风险(如医疗、教育、灾害)时,往往会陷入临时性的贫困

---

① 杨立雄:《城镇居民最低生活保障标准调整机制研究》,《中国软科学》2010年第9期。

或长期的深度贫困。造成家庭生活贫困和经济脆弱性风险的原因是多种多样的，涉及政治、经济、文化、心理、生理各个方面。1995 年联合国在丹麦召开的"社会发展问题世界首脑会议"上发表了一份行动宣言，首次提出了"总体贫困"的概念。①"总体贫困"包含多种形态和表现形式，包括"缺乏收入和生产资源以确保持续的生计，饥饿与营养不良，健康不良，教育和其他基本服务的可获得性有限甚至匮乏，由于疾病而导致的病态和死亡的增加，无家可归或者缺乏合适的住所，环境的不安全，社会歧视和社会排斥。"② 如果单纯地把维持基本的生存需求作为贫困衡量的主要标准甚至是唯一标准，必然会忽视贫困的多维性特征以及其他诸多复杂因素对于贫困人口生计和发展的影响。

第四，低保资格审查难。在低保对象的资格审核确认工作中，最大的难点是收入调查与核实问题，特别是隐性收入和部门非货币化收入难以进行准确的识别与测算。③ 模糊性的评价与认定必然会造成错保漏保，导致群众不满和救助资源的浪费。社会救助是社会再分配的一个重要环节，其根本目的是将社会资源分配给那些在社会中处于弱势的群体，以此来达到反贫困和缩小收入差距的社会政策目标。西部地区现行的对于贫困人群的认定和识别的最主要方法就是居民家计调查和收入核对。无论是社会救助还是精准扶贫，家计调查都是政策执行的核心环节和重要工作步骤。根据家计调查的结果，对贫困人口和非贫困人口进行识别，了解贫困人口的贫困程度。只有通过家计调查的方式确定了贫困人口，才可以在此基础上进一步实施相应的社会救助政策。从制度设计的初衷来讲，是希望可以通过家计调查这种方式

---

① 张培源、郭景涛：《中央与地方关系视角下精准扶贫困境及对策》，《沈阳大学学报》（社会科学版）2017 年第 4 期。

② United Nation, The Copenhagen Declaration and Programme for Action: Word Summit for Social Development 6 – 12 March 1995, New York: United Nations Department of Publication, 1995, p, 57.

③ 王增文：《我国农村实施"低保"存在的问题及对策》，《经济纵横》2007 年第 13 期。

对家庭的收入状况进行摸底测算,准确地识别出贫困人口。并且,现在国际上大多数国家用来确定贫困的人口的方法也大都是通过家计调查的方式来进行的,我国的最低生活保障制度也不例外。但是,在实际的操作过程当中,通过家计调查的方式来确定低保对象,却出现了诸多问题。首先,家计调查的目的是获取家庭的收入和财产信息,而这些信息通常属于个人隐私加以保密,信息的获取受到多种因素的制约和阻碍。在城市里,有稳定就业和工作单位的人,通常经济收入也较为稳定,不属于救助的主要对象,申请低保救助或者纳入救助范围通常是就业和收入都不稳定的群体,部分群体在非正规部门非正规就业或者隐性就业,如果本人不能诚信申报,其收入调查和获取的难度可见一斑。对于农村地区来讲,尤其是对西部地区的农牧区来讲,家计调查的难度更大,一方面,农牧区的居民的收入以实物为主,且季节的差异性较大,对其进行一种量化的测算难度较大;另一方面,由于西部地区农牧区居民分布稀疏,且自然环境复杂,这就为家计调查工作增加了难度和工作成本。除了家计调查这一量化方法之外,西部地区普遍运用的方法还有通过社区居民的参与和监督来确定低保资格。通过居民委员会或者村民委员会对低保资质进行审查,在社区内进行公告来确定低保资格。由于基层的自治组织对于本区域内家庭的状况比较了解,所以在确定低保资格的过程当中可能会更加有效。但是在实际的操作过程当中,由于这种方式的基于人为因素的主观性意愿比较强,加之基层的自治组织缺乏有效的民主运行机制,所以导致少数人滥用职权,将真正贫困的人员排除在社会救助体系之外,而使社会关系较好、社会资本较多的非贫困人员得到低保资格,导致有限社会救助资源的逆向分配。其次,由于缺乏监督和广泛的参与机制,对于农牧区来讲,随着城镇化的发展,大量的青年外出务工或者求学,导致留在农牧区的基本上以老人和儿童较多,其参与意识较弱。在城市里,除了单位制社区以外,普通社区居民之间异质性较高,构成较为复杂,平时互相接触较少,相互了解程度极为有限。城市社区普通居民对于低保资格审查的参与积极性和参与深度很低,对低保对象和低保认定工作的监督更是漠不关心。可见,社区参与监督在城乡低保资格认定中能够起到的作用微不足道。因此,现行的以家计调查和社区参与作为确定贫困人口的方法在实施的过程当中存在着诸多的困难,并不能精准地识别贫困人口。由此带来的后果是,低保制度的错保率和漏保率较高。根据2010年中国城市劳动力调查数据计算可知,我国城市低保领取者中的84%属于低收入户,11%属于中低收入户,3.4%属于中等收入户,0.3%来自高收入户。[①] 少部分中高收入者领取低保,显现出低保的治理能力和治理体系需要进一步改进。

第五,低保制度的筹资机制有待完善。1999年出台的《城镇居民最低生活保障条例》规定城市低保制度实行地方各级政府负责制。中央只负责低保政策的总体纲要和指导性意见的制定,具体的管理工作主要由地方政府负责实施。这也就意味着低保制度的筹资责任主要在地方政府。地方政府一方面承担着繁重的低保制度的管理职责,但是另一方面又缺乏相应的资金配合。这使中央政府和地方政府在低保政策上的财权与事权出现分裂,制约了低保制度的发展。尤其对于西部地区来讲更是严重,由于西部地区普遍的发展水平较低,但却存在着大量的贫困人口,这就使西部地区的财政背负上了巨大的压力,低保制度的发展受到了限制。为了缓解地方政府的压力,中央政府逐步加大了对于地方的低保金的转移支付力度。随着中央转移支付逐步的扩大,超过了地方支出的规模,中央政府在社会救助体系中扮演了主要的角色。这种转变缓解了地方政府的财政压力和地区之间经济发展不平衡的制约。但是,由于缺乏详细的制度安排,我国现阶段政府之间财权分配体系还不够完善,中央政府对于地方政府的资金投入具有不确定性。中央财政提供了大量的财政投入,但是没有形成制度化的安排,各级政府财权、财力和事权、责任之间难以形成合理且稳定的

[①] 曹艳春:《我国城市"低保"制度的靶向精准度实证研究》,《中央财经大学学报》2016年第7期。

关系，并出现了因中央财政投入不足而导致一些地方社会救助对象数量偏少的现象。① 对于西部地区来说，虽然中央财政增加了对于这些地区的财政投入，但是由于从各省（自治区）各市区的财政转移也缺乏合理的机制，经济发展落后的市县贫困人口较多，但地方财政基础较薄弱，经济落后地区的财政资金需求难以得到满足。同时，在中央加大地方财政投入力度的同时，有些地方为了减轻自身的责任，而夸大本地区的贫困状况以获取更多的中央财政投入的现象也难以杜绝。总之，由于现行的低保制度在财权和事权上的划分得不明确，导致了在实际的投入和分配过程当中存在着诸多的问题，阻碍了低保制度的进一步发展，同时也减弱了其对于贫困人群的救助能力。

第三节　西部地区支出型贫困家庭产生的原因

支出型贫困家庭产生的原因来自各个方面，支出型贫困救助政策的提出是社会救助体系不断完善的结果。随着社会对于贫困内涵理解的不断深化，支出型贫困越来越引起社会的广泛关注。支出型贫困产生的原因主要有以下两方面：一方面，由于社会生产力的不断发展，家庭对于发展性生活资料的需求不断增加，同时突发性的事件也导致家庭短期内支出不断扩大，出现收不抵支的财务危机；另一方面，在目前高风险社会环境下，现行社会救助体系存在漏洞，"低保金"含金量过大，过度救助与救助不足并存。② 现行的专项社会救助政策与低保挂钩，导致处于贫困边缘的群体，无法享受各项应对影响生活开支和突发事件的专项的社会救助政策，从而导致了支出型贫困家庭的产生。对于西部地区来讲，由于其经济发展水平和消费结构的差异，

---

① 关信平：《完善我国综合性社会救助体系的基本原则和主要议题》，《中国人民大学学报》2010年第5期。

② 都芦花：《关于支出型贫困家庭救助的相关思考》，《现代妇女（下旬）》2014年第4期。

其支出型贫困家庭的产生又具有其特殊性。西部地区支出型贫困产生的原因具体有以下几个方面。

第一，现行的专项社会救助政策与低保政策绑定实施，造成救助过渡与救助不足并存。我国现行的各项专项社会救助政策，包括医疗、住房、教育等各项社会救助政策都与低保政策绑定实行，西部地区也不例外。专项救助政策与低保政策绑定实施，导致低保身份具有极高的附加价值，而处于贫困边缘的家庭往往因未能纳入低保政策的辐射范围，无法享受各项扶贫与救助政策。当低收入家庭的刚性需求增加时，如教育、医疗、住房方面的需求增加，或者发生突发性情况时，这部分家庭的经济状况往往变得比低保家庭更加贫困。例如，2015年内蒙古自治区下发的《内蒙古自治区社会救助办法》就规定了享受教育救助和住房救助，以获得低保资格为前提，对于医疗救助的受助对象，适当有所放宽，将低保之外的困难人群也分类纳入，但在享受救助待遇时，采取了与低保对象有差别的救助标准。[①] 专项社会救助政策与低保政策的绑定是支出型贫困产生的一个主要原因，对于政府部门来讲，这种管理方式更加简单、便捷、容易操作，但是却损害了许多处于贫困边缘的家庭的利益，使他们随时有滑向贫困的风险，违背了社会救助制度设计的初衷，不利于制度长期的有效运行。

第二，制度变迁和体制改革的深入推进，医疗、教育成本逐步向个人和家庭转移。随着市场经济的发展，消费成为拉动经济增长的重要引擎。经济制度和市场政策的变化，推动了教育医疗体制市场化改革的步伐，有可能导致居民家庭教育和医疗费用的上升。医疗体制改革以来，医疗服务成本的上升，我国医疗的费用大幅度上升，个人则经历了从公费医疗到个人自费的转变，医疗费用的居高不下是产生支出型贫困的一个重要因素。同时，对于教育方面来说，尽管国家在大

---

① 《内蒙古自治区社会救助办法》，鄂尔多斯市人民政府，2015年10月22日，http://www.ordos.gov.cn/gk_128120/zcfg/zcjd/201511/t20151111_2455350.html，2023年2月19日。

力推进免除义务教育阶段的学杂费,并且逐步增加义务教育的年限。但是,自高等教育改革以后,大学以上的高等教育费用不断增加。同时,由于社会竞争的日趋激烈和对于素质教育的重视,学校之外的教育投资逐步增加,这导致教育的支出费用直线上升。医疗和教育方面的支出增加,都有可能导致支出型贫困。

第三,西部地区消费水平与消费结构的特殊性,导致低收入人群生活成本上升。随着经济的发展,社会总体的消费水平也在不断地上升。以内蒙古自治区为例,2005年内蒙古自治区的人均消费是4967元/人,农村居民的人均消费是2426元/人,城镇居民的人均消费为7887元/人。到了2014年,内蒙古自治区的人均消费达到了19827元/人,农村居民的人均消费达到了11070元/人,城市居民的人均消费达到了25885元/人。总体水平较2005年接近翻了3番,农村居民的消费水平翻了4.5番多,城市居民的消费水平也翻了2番多。① 消费支出的普遍性增加和消费结构由生存性需求向发展型需求的转移,导致西部地区低收入人群的消费支出,特别是发展型消费支出逐年增加,与较低的收入水平不相匹配,出现了收不抵支或者刚性支出挤占基本生活支出的现象。

社会消费水平的不断提高体现的是居民个人需求的不断增加,尤其是对于教育、医疗、住房方面的需求不断增加。教育作为一种准公共产品,在国家投入的基础上,也需要接受教育的个人支付一部分学费,特别是在高等教育和在职教育领域,教育被看作一种人力资本的投资,正是基于对未来个人发展和收入增加的良好预期,才使得人们对于教育的投资和支出逐年增加,教育需求的潜能得到空前释放。特别是对于西部地区而言,教育是地区发展和个人发展的基础,是改变西部地区贫困落后状态的重要渠道。同样,医疗作为具有正外部效能的准公共产品,在政府投入的基础上也需要个人支付一定的就医费

---

① 《内蒙古统计年鉴2014》,内蒙古自治区统计局,2014年3月,https://tj.nmg.gov.cn/files_pub/files_nmg_zl/html/nmgtjnj/2014/indexch.htm,2023年2月20日。

表2-1　　　　内蒙古自治区2005—2014年消费水平变化

时间	绝对数（元/人）			指数（上年=100）			指数（1952=100）		
	全部居民	农村居民	城镇居民	全部居民指数（上年=100）	农村居民指数（上年=100）	城镇居民指数（上年=100）	全部居民指数（1952=100）	农村居民指数（1952=100）	城镇居民指数（1952=100）
2005	4967	2426	7887	110.2	114.6	106.9	1085.9	660.7	981.1
2006	5746	2816	8930	113.4	113.7	111	1231.4	751.2	1089
2007	7062	3286	10930	118.1	110.9	118	1454.3	833.1	1285
2008	8354	3673	12863	109.1	112.5	105.8	1586.6	937.2	1359.6
2009	9460	4072	14323	115	105.3	115.3	1824.6	986.9	1567.6
2010	10925	4692	16136	111.1	114.9	107.4	2027.2	1134	1683.6
2011	13264	5945	18996	114.3	117.6	111.2	2317.1	1333.5	1872.1
2012	15196	7032	21308	111.6	113.9	109.6	2585.8	1518.9	2051.8
2013	17917	10076	23543	109.1	113.7	107.7	2841.8	1727	2209.8
2014	19827	11070	25885	108.7	108.6	107.8	3089	1875.5	2382.2

用。随着社会经济的发展，人们的生活条件逐步改善，预期寿命也在不断提高，人们接受医疗服务的需求与意识也不断增强。[1] 对于西部地区而言，有一些地域性的普遍疾病和因生活习惯导致的慢性病时常发生，西部地区居民的医疗支出在消费支出中的比重较大。居民的消费结构的不断改变，使满足居民发展性需求的消费支出增加。以内蒙古自治区为例，城镇居民在教育文化娱乐方面的支出占总支出的比重为10.4%，农村居民为13.2%。城镇居民在医疗方面的支出占总支出的比重为7%，农村居民为11.2%。[2] 教育和医疗在居民的消费结

---

[1] 路锦非、曹艳春：《支出型贫困家庭致贫因素的微观视角分析和社会救助机制研究》，《财贸研究》2011年第2期。
[2] 根据《内蒙古统计年鉴2014》原始数据计算得到，内蒙古自治区统计局，2014年3月，https://tj.nmg.gov.cn/files_pub/files_nmg_zl/html/nmgtjnj/2014/indexch.htm，2023年2月20日。

构当中占据了相当大的比重，客观上增加了居民的消费支出，尤其对于贫困家庭来说，教育和医疗方面的支出是一个沉重的负担。而且随着社会经济的发展，教育和医疗作为刚性支出只会逐步扩大，如果不能保障贫困家庭在教育和医疗方面的支出需求，势必会影响贫困家庭的发展，甚至有可能导致其陷入贫困陷阱。

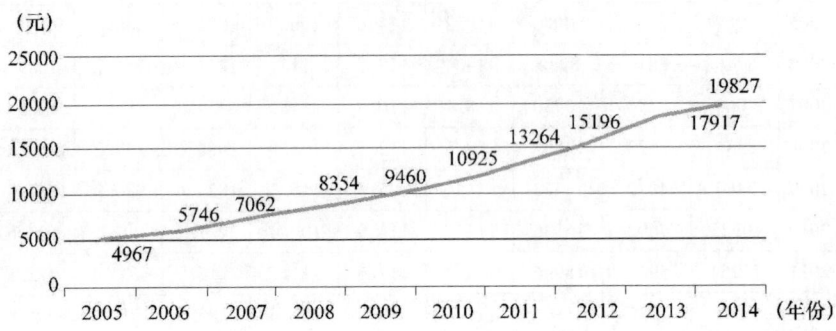

图 2-6　内蒙古自治区 2005—2014 年消费水平变化①

表 2-2　　　　　　　　内蒙古自治区居民消费结构

指标	城镇居民消费结构（元）	农牧区居民消费结构（元）
消费性支出	20885	9972
食品	6003	3039
衣着	2395	728
居住	3619	1676
生活用品及服务	1437	428
交通和通信	3095	1468
教育文化娱乐	2178	1318
医疗保健	1471	1114
其他商品和服务	688	202

---

① 《内蒙古统计年鉴 2014》，内蒙古自治区统计局，2014 年 3 月，https：// tj. nmg. gov. cn/files_ pub/files_ nmg_ zl/html/nmgtjnj/2014/indexch. htm，2023 年 2 月 20 日。

第二章 收入型贫困救助与支出型贫困救助的比较研究

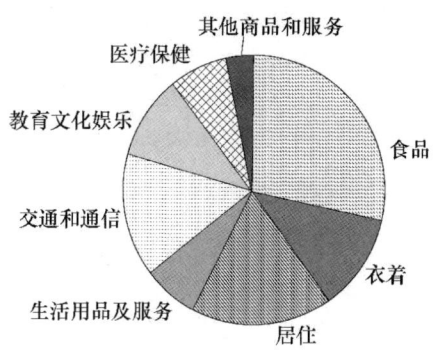

图2-7 内蒙古自治区城镇居民消费结构

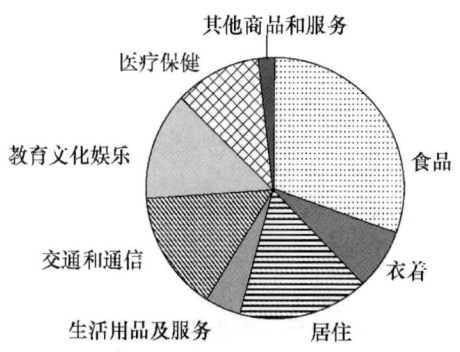

图2-8 内蒙古自治区农村居民消费结构

首先由于西部地区居民具有独特的风俗习惯，包括饮食习惯、住房习惯等特征，决定了其在生活必需品方面的支出较高。其次由于其聚居地较为偏远，较高的运输成本又增加了其生活成本的负担。因此，在西部地区支出型贫困产生的原因受西部地区居民自身风俗习惯的影响。首先，在西部地区居民的饮食习惯方面，牧区生活的居民主要以肉食和奶制品作为主要的饮食，且获取蔬菜、水果等产品的途径有限，成本较高；对于信仰伊斯兰教的穆斯林群众来讲，由于受宗教的影响，其对饮食又有很高的要求，这些方面都增加了西部地区居民

59

在饮食方面的支出。其次，在西部地区居民的衣着和住房方面，同样由于其风俗习惯，会增加相应的支出。最后，由于西部地区居民自身的一些特殊节日，在这些节日中的开支无疑又增加了他们的经济负担。

表2-3　内蒙古家庭平均每人主要消费品消费量与全国比较

消费支出项目	全国平均	内蒙古城镇居民平均	内蒙古农牧区居民平均
粮食	148.7	104.23	196.73
蔬菜	97.5	104.36	75.97
食油	12.7	7.65	6.29
猪牛羊肉	26.3	28.74	28.92
家禽	6.4	5.18	3.6
蛋及制品	8.2	8.41	6.05
水产品	10.4	6.14	3.03
食糖	5.5	1.25	4.68

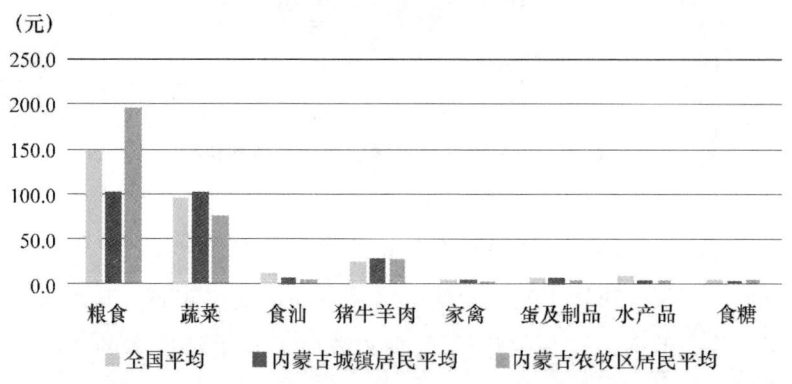

图2-9　内蒙古家庭平均每人主要消费品数量与全国比较①

---

① 依据2013年的数据比较，根据《中国统计年鉴2014》和《内蒙古统计年鉴2014》相关数据整理，内蒙古自治区统计局，2014年3月，https://tj.nmg.gov.cn/files_pub/files_nmg_zl/html/nmgtjnj/2014/indexch.htm，2023年2月21日。

此外，西部地区支出型贫困家庭产生的原因还包括西部地区的自然地理状况与经济发展的制约与影响。由于西部农牧地区远离城市的核心区域，其教育和医疗水平相对落后，为了获取更好的教育和医疗资源，他们不得不离开家乡去更发达的地区获取优质的教育和医疗资源。同时，由于西部地区农村牧区耕地草场面积较大，农牧民的劳作量非常大，加之当地的气候条件恶劣，增加了西部地区居民各类疾病的发生率。这些因素都加大了农牧民在教育和医疗方面的支出。除此之外，由于西部地区多处于自然灾害多发且生态脆弱的地区，且主要以第一产业为主，极易受到自然灾害的影响。我国西部地区农牧区基本上都分布在生态脆弱带，包括熔岩地区、丘陵地区、高原地区和荒漠地区。[1] 其遭受意外性灾害的可能性较高，且遭遇灾害后的自救能力弱，十分需要政府提供相应的社会救助政策和服务支持。以青海省为例，河湟谷地春旱发生的频率平均在45%以上，夏旱出现的频率平均在20%以上。[2] 上述的分析表明，西部地区居民在多个方面的消费支出数量较大，结构和项目较多，且自身获取相关资源的能力有限，这些因素是西部地区支出型贫困产生的重要原因。

第四，西部地区的财政实力制约保障标准的提高。由于西部地区的经济发展水平较低，导致西部地区财政收入少，财政实力弱。但是西部地区却存在着大量的贫困人口，而现行的社会救助制度实行的地方政府负责制，低保标准的制定又缺乏统一的标准。地方政府受制于自身的经济发展水平无力支付庞大的低保金开支，并且其筹资渠道有限，只能制定较低的低保标准。越是贫困的地区，经济发展水平越低，贫困人口越多，低保标准越低，越难以解决贫困问题，这样就形成恶性循环的体系，从而陷入了贫困陷阱。较低的低保标准又把许多实际上处于贫困状态的家庭排除在了社会救助体系之外，增加了处于

---

[1] 姚俊开、李春斌：《社会救助法视野下民族地区农村最低生活保障制度研究》，《社会科学家》2008年第3期。

[2] 张伟：《中国西部开发信息百科（青海卷）》，青海人民出版社2003年版，第33页。

贫困边缘群体的人口数量，这部分群体的利益难以得到保障，导致了西部地区支出型贫困的产生。

第五，社会排斥现象导致的西部地区支出型贫困的产生。现行的低保制度在低保资格认定的环节中存在着民主评议这一方式，要通过申请人所在地的村委会或居委会对申请人的资格进行评定，并做出公示。而我国西部地区居民分布的特点是"大杂居，小聚居"，在民主评议上，受名额限制和利益分配的影响，导致部分弱势群体不能应保尽保，其社会保障权利遭到侵害。社会排斥现象是西部地区需要考虑的一个重要因素，如果不考虑社会排斥的现象，就会损害贫困群体的利益。由于社会排斥现象的存在，在了解被救助者家庭情况的过程中，就不能客观准确地了解被救助者的家庭经济条件、生活状况和实际需求，制定合理的社会救助政策，为被救助的家庭提供合理、精准、有效的服务。西部地区的社会排斥现象导致了现行的以低保为核心的社会救助政策在定位贫困人群的过程当中出现了偏差，从而使部分贫困群体未被纳入社会救助的体系当中，自身利益得不到保障，当发生教育、医疗等方面的支出时陷入支出型贫困的状况。

第三章　支出型贫困家庭社会救助的国内外经验借鉴

目前，我国的社会救助理念由单一的"收入型贫困"救助向多元化、多维度的"支出型贫困"救助发展，救助瞄准群体大幅增加，救助工作更加人性化、科学化。随着低保标准的稳步提高和专项救助配套设施的完善，"收入型贫困"家庭的生活水平得到一定程度的提升，基本达到应保尽保的目标。然而，"收入型"低保政策存在着本质的缺陷，单一的划分标准，不仅造成各类救助模式的简单叠加，而且导致低保标签化的现象。基于此，"支出型贫困"家庭社会救助模式应运而生。在"十二五"和"十三五"时期，我国部分省市就对于"支出型贫困"这一群体的救助问题开展了有益的实践探索和政策调整，国外也针对贫困边缘户配备和实施了专项的救助措施，积累了"支出型贫困"救助的相关经验。但是，"支出型贫困"的核准标准较难确定，救助水平难以量化，尚未在全国大范围普及。因此，西部地区在开展"支出型贫困"家庭社会救助机制时，可以分析先行地区的实践模式，因地制宜地开展理论研究与政策设计。

第一节　国内部分地区的实践模式

一　上海模式

上海市在全国范围内率先提出"支出型贫困"的概念，具有重要的理论意义和实践意义。2014年，上海市人民政府印发《上海市因病支出型贫困家庭生活救助办法（试行）》，面向全市低保制度尚未覆盖到的、因患病导致自负医疗费用支出较大、实际生活水平低于本市最低生活保障标准的城乡居民家庭，构建相应的社会救助机制。[①]与此同时，上海市各区积极探索"支出型贫困"群体的综合帮扶模式，在改革的试水阶段，其经验与做法值得借鉴。

（一）徐汇区"五可"帮困救助模式

徐汇区探索建立"五可"帮扶模式，即采取可分类、可组合、可叠加、可联动、可进出的救助手段。一为可分类，政府部门以家庭的困难程度和救助需求的多样化为划分依据，将救助群体划分为老弱病残低保家庭、普通低保家庭、低收入困难家庭和其他困难家庭，构建多层次、多样化、多类型的救助机制，以便做到兼顾多数群体的同时，为特殊群体提供针对性、差异性的救助。二为可组合，由于"支出型贫困"家庭的致贫因素组成较为多元，诸如医疗、教育、住房等，因此，政府在对这部分群体进行救助时，应着重考虑其主要硬性支出，辅之以配套设施，最大限度地解决群众的困难。三为可叠加，是指救助群体在享受相应的帮困救助后，其生活困难仍未缓解抑或有部分缓解，但仍旧处于贫困状态，可采用叠加性的救助措施。四为可联动，即坚持"一口上下"的运行机制，政府发挥基础性的作用，变政府主导为政府引导，积极推动相关部门的配合，鼓励社会力量参与，将社区作为综合帮扶的物质载体，依托社团进行运作，充分调动各方力量，实现帮扶资源的有效整合。五为可进出，政府部门依据政策法规，对救助对象进行严格管理。建立信息反馈机制及动态调整机制，及时掌握救助群体的生活情况，对于符合救助要求的群体做到"应保尽保"，对于复审中不符合救助要求的群体，做到"应退须

[①] 《上海市因病支出型贫困家庭生活救助办法（试行）》第二条，上海市民政局，2014年10月14日，https：//mzj.sh.gov.cn/sg-zcfg/20200515/MZ_SGW78_366.html，2023年2月21日。

退",同时鼓励其采用就业等手段解决自身困难。可以说,徐汇区的"五可"帮扶救助模式对救助群体进行分类瞄准,采用多项措施组合的叠加救助方式,整合各方力量,建立联动机制,使得救助的正面效应最大化。

(二) 长宁区"四医联动"医疗保障模式

长宁区对于"支出型贫困"群体的救助主要集中于医疗卫生领域,救助对象为六类困难群体(民政特殊救济对象、低保人员、低保残疾和大重病人非本区户籍配偶、低收入大重病人员、65周岁以上无业老人和因病致贫人员),救助项目包括门诊、住院等,实行"一揽子"式保障模式。所谓"四医联动",是指整合医保、财政、卫生及民政四部门,提供基本医疗保险、医疗服务、政府医疗救助和社会医疗帮扶服务,统筹医保基金、救助基金、社会捐赠等,形成合力,最大限度地保障贫困人员的医疗权利。救助群体的医疗费用先由医保基金进行支付,自负部分可以享受医疗救助和临时救助,救助比例高达90%。此外,针对全年自负费用超过封顶线(1000元)的人群,长宁区通过个案帮扶的形式,鼓励社会慈善组织提供帮助。

(三) 虹口区四项帮扶模式

虹口区积极探索"发现机制+锁定机制+核准机制+反馈机制"的四项帮扶模式,发挥基层人员的作用,发现所在辖区的"支出型贫困"群体,进而利用各项核准机制,锁定救助群体,并构建督查机制,及时进行信息的反馈。一是发现机制,社区工作人员在日常工作中有效利用人口信息化、网络化管理平台,就居委会、街道办事处和民政局三个层面,进行"支出型贫困"家庭信息的收集,形成预警机制。二是锁定机制,充分利用诸如网络平台等信息化的手段,建立数据库,用科学的方法分析家庭经济情况,锁定"支出型贫困"家庭,建立相应的档案,并及时掌握其动态,定期反映给民政部门,以便其展开救助。三是核准机制,科学合理地确定支出型贫困的标准,对救助对象的经济收入、硬性支出和非硬性支出进行有效核实，提高核准机制的准确性和权威性。四是督查机制，基层经办机构对"支出型贫困"家庭的动态进行追踪，并建立每月督查制度，通过反馈的信息，发现现存问题并予以改进，不断完善帮扶机制。

（四）静安区"五四三二一"综合帮扶救助模式

静安区以建立健全"支出型贫困"家庭的帮扶模式为着力点，以切实缓解其生活困难为主要目标，确立了"五四三二一"的综合帮扶救助体系框架，即"五项帮扶补贴、四项福利措施、三级工作网络、两个评议制度、一个系统整合"，通过"个案帮扶、项目帮扶、特定帮扶"，保障项目的有序推进[①]。2012年，静安区在试点经验的基础上，提高精算模型的科学性和实体操作的可行性，颁布《关于"支出型贫困"家庭综合评估和帮扶补贴的试点办法（试行）》，在全市率先以法律法规的形式，对"支出型贫困"家庭进行综合帮扶。这一机制的具体做法为：采取政府资助、社会募集、福利金出资相结合的方式，在市和区县建立综合帮扶基金；采用社会慈善形式，委托基金会民间组织负责操作[②]。目前，主要有三种帮扶形式：一是项目帮扶，主要是针对现行救助政策尚未覆盖的群体或已享有救助服务，但仍旧存在生活困难的群体性、多发性的情况，以各项目为个体，予以帮扶；二是个案帮扶，主要是对于某一社会成员或家庭的、不具有共性的情况，采取临时性、针对性的帮扶和救济服务与照顾；三是特定帮扶，主要是对于特殊紧急情况的帮助和支持，例如自然灾害应急救助与管理等与灾民帮扶等，具体的帮扶要视特定情况而定。

二 江苏模式

2015年2月，《江苏省社会救助办法》出台，该办法规定在全省

[①] 徐大慰：《上海支出型贫困家庭的救助模式和经验启示》，《华东经济管理》2012年第9期。

[②] 曹扶生：《上海城市贫困问题与反贫困对策研究》，博士学位论文，华东师范大学，2009年。

实行"按收入完善低保救助、按支出搞分类救助"的社会救助理念与制度创新方式。① 该办法明确将本省"支出型贫困"群体纳入社会救助体系和范畴，针对致贫因素，实施专项救助。经过实践，江苏省已形成独具特色的救助模式。

（一）覆盖面广，救助对象精细化程度高

江苏省以城乡居民为整体，将人群划分为最低生活保障对象、特殊困难残疾人、低收入群体和临时困难对象，以此为依据，对不同群体实施针对性的救助措施。2016年2月，南京市印发《南京市临时救助办法》，办法将临时救助人群划分为四类，分别为急难型困难家庭、支出型困难家庭、困境个人和市、区政府规定的遭遇其他特殊困难的对象。② 其中，支出型贫困家庭细分为两类：一是因生活必需支出突然增加，该支出超出家庭可承受能力，导致基本生活暂时出现严重困难的低保、低保边缘家庭；二是未享受低保等基本生活类救助待遇，因家庭成员身患重大疾病等原因，造成家庭医疗等费用支出短期内过大，致使家庭实际生活水平暂时性低于低保线的家庭。

（二）在进一步深化分类施保的基础上，提供多样化的救助服务

南京市依据细化的人群，实施不同的救助措施。例如，低保、低保边缘家庭之外的支出型困难家庭在享受医疗等救助时，若费用支出超过支出前6个月内家庭可支配收入的，按照当地低保标准给予3个月的临时生活救助金（救助金＝低保标准×家庭人数×3）；若费用支出未超过支出前6个月内家庭可支配收入，但该时段家庭可支配收入扣除必要性支出后，月人均数低于低保标准的，按照当地低保标准给予2个月的临时生活救助金（救助金＝低保标准×家庭人数×2）。再

---

① 《江苏省社会救助办法》，江苏省人民政府，2014年12月17日，https：//www.jiangsu.gov.cn/art/2014/12/31/art_46143_2542858.html，2023年2月22日。

② 《南京市临时救助办法》，南京市民政局，2016年12月12日，https：//mzj.nanjing.gov.cn/njsmzj/njsmzj/201810/t20181022_590171.html，2023年2月22日。

如，2014年5月，栖霞区印发《栖霞区支出型贫困家庭生活救助暂行办法》，办法就支出型贫困家庭的认定条件、救助标准、申请程序进行了详细规定，并将支出型贫困家庭分为因病支出型贫困家庭、因灾支出型贫困家庭、因学支出型贫困家庭并予以救助（见表3-1）。

表3-1　　　栖霞区支出型贫困家庭生活救助暂行办法①

因病支出型贫困家庭	1. 家庭成员在基本医保范围内，自负医疗费用总支出超过家庭总收入时，按同期最低生活保障金标准给予救助，一次性予以3个月补助，但12个月内救助不超过两次。 2. 家庭成员在基本医保范围内，自负医疗费用总支出未超过家庭总收入，但家庭总收入扣出该支出后，人均数低于最低生活保障标准时，按同期最低生活保障金标准给予救助，一次性予以2个月补助，但12个月内救助不超过两次。 3. 参照《栖霞区困难群众综合医疗救助暂行办法》救助后，个人自理医疗费用仍然较高的，可根据实际情况，适当给予救助
因灾支出型贫困家庭	1. 家庭成员发生重大突发性变故，家庭财产损失超过家庭总收入时，按同期最低生活保障金标准给予救助，一次性予以3个月补助。 2. 家庭成员发生重大突发性变故，并由此造成财产损失，导致生活困难时，按照区民生保险的相关规定，及时理赔。 3. 按照区民生保险的相关规定理赔后，家庭财产损失仍然较高的，可根据实际情况，适当给予救助
因学支出型贫困家庭	1. 家庭成员在非义务教育阶段，一学年的就学支出超过家庭总收入时，按同期最低生活保障金标准给予救助，一次性予以3个月补助，但12个月内救助不超过两次。 2. 家庭成员在非义务教育阶段，一学年的就学支出未超过家庭总收入，但家庭总收入扣除该支出后，人均数低于最低生活保障标准时，1. 按同期最低生活保障金标准给予救助，一次性予以3个月补助，但12个月内救助不超过两次

① 笔者根据《栖霞区支出型贫困家庭生活救助暂行办法》相关文件整理而得，南京市栖霞区人民政府，2016年6月28日，http://www.njqxq.gov.cn/qxqrmzf/201808/t20180828_3022678.html，2023年2月22日。

(三) 健全救助制度，推动各专项制度的无缝衔接

江苏省以"打包"的方式，对"支出型贫困"群体进行专项救助。例如，海门市临时救助对象中的"支出型贫困"家庭，可享受城乡医疗救助、大病医疗二次救助等专项救助（见表3-2）。

表3-2　　　　　　海门市因病支出型贫困家庭救助[①]

生活救助	家庭收入减家庭支出后，人均月收入低于本市城乡居民最低生活保障标准的，参照海门市城乡居民最低生活保障标准的差额或全额，给予救助
城乡医疗救助	因病支出型贫困家庭经新型农村合作医疗补偿或城镇居民基本医疗保险补助及职工医保报销后，对个人自付部分（经医疗保险机构认定可报销部分）按《海门市城乡医疗救助实施办法》给予城乡医疗"一站式"救助
大病医疗二次救助	经市低收入家庭认定中心认定的低收入家庭成员，患有尿毒症、白血病、各种恶性肿瘤、重症肝炎（含肝硬化）及并发症、重症胰腺炎、再生障碍性贫血、儿童先天性心脏病、耐多药肺结核、重性精神疾病、系统性红斑狼疮、中风后遗症、艾滋病毒感染等12种大病，按《海门市城乡困难家庭大病医疗救助实施意见》给予大病医疗"二次救助"
大病专项救助	因病支出型贫困家庭成员中因患尿毒症、白血病等重大疾病，需要器官移植或骨髓移植的，在正常的城乡医疗救助及大病医疗"二次救助"之外，在配对成功，确定移植方案后，凭医院手术通知，一次性给予10万元医疗救助金，从移植后的次年起，三年内按实际情况每年给予服用抗排异药物救助1万—3万元
重症慢性疾病救助	因病支出型贫困家庭成员中因患重度糖尿病、重度高血压、冠心病、类风湿关节炎、癫痫病、帕金森症、慢性阻塞性肺病、结核病等无须住院，但需长期服药的，根据实际情况，给予每人每年3000—5000元不同档次的医疗救助金

---

① 笔者依据《海门市因病支出型贫困家庭救助办法》整理相关文件而得，南通市海民区人民政府，2016年11月22日，http://www.nantong.gov.cn/hmsrmzf/gfxzcwj/content/B76C1D23E99543D0BF7AB38BF272F3C6.html，2023年2月23日。

三　廊坊模式

2011年5月，河北省廊坊市颁布《廊坊市支出型贫困家庭救助暂行办法》，首次在制度层面将支出型贫困家庭纳入社会救助制度的范畴，并与2013年10月颁布的《廊坊市城乡困难群众临时救助暂行办法》互为补充，为支出型贫困家庭提供全面的保障，促进救助工作的制度化、人性化。

廊坊市对导致支出型贫困家庭的刚性支出进行了明确规定，即家庭成员因病支出（患重大疾病或慢性疾病导致的费用）、因学支出（子女就学导致的费用）、突发性支出（临时救助导致的费用）、必要性支出（维持基本生活的支出）等原因造成的货币支出的总额。在家庭收入方面，工资、奖金、补贴、津贴和其他劳动收入等6项内容算作家庭收入，优抚对象按照国家规定享受的抚恤金、补助金、护理费及保健金等5项内容不计入家庭收入。此外，在支出型贫困家庭的认定方面，设有3项认定和15项不认定条件，并实行属地管理与动态管理相结合的方式，充分救助认定的公平、公正、公开。

经认定后的支出型贫困家庭可分别享受以下待遇。（1）以当地城乡最低生活保障标准为衡量依据，"支出型贫困"家庭的实际生活水平没有到达该标准时，差额部分发放生活补助。（2）符合城乡居民医疗救助条件的"支出型贫困"家庭，纳入城乡困难群众医疗救助范围，对其参加医疗保险的个人缴费部分予以补贴，并针对门诊、住院等予以救助。（3）将"支出型贫困"家庭纳入城乡困难群众临时救助范围，采取发放临时救助金、发放实物、提供转介服务等救助形式。此外，廊坊市以救助对象的人口数、困难程度以及困难期长度为依据，确定救助金额。其中，救助金额 = ［当地月城镇低保保障标准 + 1/2 当地月城镇低保保障标准 × （总人口 - 1）］× 救助月数。针对困难程度较轻且困难期较短的家庭，一次性发放1—3个月的救助金；针对困难程度一般且困难期较短的家庭，一次性发放4—6个月的救助金；针对困难程度较重且困难期较长的家庭，一次性发放7—9个月的救助金；针对困难程度严重且困难期长的家庭，一次性发放10—12个月的救助金。(4) 将"支出型贫困"家庭纳入城乡困难群众助学范围，低收入家庭学生由各级民政部门从福彩公益金中抽取，给予救助，救助标准为一次性救助2000—4000元。其中，廊坊市"支出型贫困"家庭成员，参加高考并考入大学本科及专科的大学新生（不包含通过参加成人高考被录取的学生）可以申请首次救助，救助标准为每人救助1万元。(5) 对于符合就业安置条件的"支出型贫困"家庭成员，优先安排其就业。[①]

四　杭州模式

我国现行社会救助政策以收入为核准基础，一些低保边缘家庭因病、因学等造成刚性支出较大时，往往被排除在救助之外，导致其实际生活水平甚至比低保家庭更为困难。针对救助中的盲区，2016年1月，杭州市出台全国首部支出型贫困家庭救助地方性政策——《杭州市支出型贫困家庭基本生活救助办法》，开始实践以支出为导向的救助，旨在建立更为精准、有效的新型核贫帮困机制。截至2016年2月，杭州市已有20014户、35057人享受到了支出型贫困家庭生活救助，有效保障了支出型贫困家庭的基本生活[②]。总体来说，杭州市支出型贫困家庭社会救助的做法如下所示。

(一) 受助人群范围不断扩大，制度普惠性强

杭州市施行的支出型贫困家庭社会救助模式，突破以往救助政策对受助人群的局限，除了具有本市户籍的城乡居民外，与杭州市户籍

---

① 《廊坊市支出型贫困家庭救助暂行办法》，河北省廊坊市人民政府，2011年5月25日，http：//www.law-lib.com/law/law_ view.asp？id＝363398，2023年2月23日。
② 《杭州日报（数字报纸）》，2016年2月，http：//hzdaily.hangzhou.com.cn/hzrb/html/2016-02/26/content_ 2202572.htm，2023年2月23日。

城乡居民共同生活的、非本市户籍的配偶和子女也纳入救助范围内。另外，已享受杭州市低保待遇的家庭，不再纳入支出型贫困家庭的救助范围。

（二）将刚性支出纳入认定标准，为救助工作的有序开展奠定基础

救助条件可分为两大类：一是自提出申请之月前 12 个月的家庭人均可支配收入，低于当地上年度城镇常住居民人均可支配收入；二是自提出申请之月前 12 个月的家庭刚性支出总和超过家庭可支配收入，或虽未超过家庭可支配收入，但扣除家庭刚性支出后，人均月收入低于当地城乡居民最低生活保障标准。家庭刚性支出包括医疗和就学两方面。在医疗方面，家庭成员在提出申请之月前的 12 个月内产生医疗费用后，应先行由基本医疗保险、各类医疗救助予以报销，若个人自负费用仍较高，给予补助。在就学方面，主要针对就读于国内的全日制普通高校、高等职业学校和高等专科学校（含高职、第二学士学位、研究生）以及普通高中和中等职业学校的家庭成员，对第一学年学费给予补助。其中，救助对象在公办普通高中和中等职业学校产生的就读费用，按实际缴纳的学费给予救助；在民办学校产生的就读费用，按当地公办同类型同专业学费标准给予救助；在大专、本科产生的就读费用，若超过 8000 元，按 8000 元给予救助，若低于 8000 元，按实际学费给予救助；在研究生期间产生的就读费用，若超过 12000 元，按 12000 元计算，若低于 12000 元，按实际学费给予救助。

（三）家庭可支配收入的核准更为人性化，以补差方式进行救助

杭州市对支出型贫困家庭的可支配收入进行认证时，充分考虑现实情况，使得模式体现对公民的人性化关怀。例如，以下四种情况的家庭成员，不按当地最低工资标准计算其收入：1. 患有重大疾病或住院治疗、生活不能自理的家庭成员，需另一名家庭成员予以照护；2. 有失能和生活不能自理的精神（智力）残疾人，需另一名家庭成员予以照护；3. 单亲家庭中，需抚养学前儿童的父或母；4. 怀孕、哺乳或需照顾 2 周岁以下婴儿的妇女。

在救助标准方面，主要有三种形式。第一种是全额补助，自提出申请之月的前 12 个月内，家庭刚性支出费用超过家庭可支配收入的救助群体，以杭州市城乡居民最低生活保障标准给予全额救助。第二种是补差救助，自提出申请之月的前 12 个月内，若家庭刚性支出没有超过家庭可支配收入，但扣除医疗和就读费用等刚性支出后，月人均可支配收入低于杭州市城乡居民最低生活保障标准的救助群体，以低于本市城乡居民最低生活保障标准的差额部分为依据，给予救助。第三种是最低补差，当救助群体与当地最低生活保障标准的差额部分未达到规定的最低补差标准时，按当地最低补差机制执行。

五 成都模式

为帮助因病、因灾导致刚性支出较大、基本生活出现严重困难的、处于社会救助夹心层的家庭渡过难关，2016 年 4 月，成都高新区出台《支出型贫困家庭救助办法（试行）》，探索建立多元化、分层次救助帮扶机制。成都市高新区作为中西部首个实施支出型贫困家庭社会救助机制的区域，极大地扩大了救助范围，既包括"因灾致贫"，也包含恶性肿瘤、急性心肌梗塞等 32 种重特大疾病。[①] 另外，成都市高新区采取生活救助与医疗救助相结合的模式，进一步对大病门诊、大病住院、突发灾难等实施专项救助，从而确保对支出型贫困家庭帮扶的精准度。

（一）重特大疾病与突发性灾难种类双重认证，救助范围不断扩大

成都高新区对于支出型贫困家庭的认定主要在两方面：一是罹患重特大疾病，二是遭遇突发灾难。在重特大疾病方面，由专科医生明确诊断的 32 种疾病可享受救助，包括恶性肿瘤、急性心肌梗塞、脑

[①] 《成都高新区支出型贫困家庭救助办法（试行）》，成都高新区管理委员会，2018 年 12 月 5 日，http：//www.cdht.gov.cn/cdhtz/c143020/2018-10/16/content_82751184559c449c9ed8a0c524c8688b.shtml，2023 年 2 月 23 日。

中风后遗症、重大器官移植术或造血干细胞移植术、冠状动脉搭桥术等。其中，每一种疾病的认证也有较为细致的规定。以恶性肿瘤为例，原位癌、相当于 Binet 分期方案 A 期程度的慢性淋巴细胞白血病、相当于 Ann Arbor 分期方案 I 期程度的何杰金氏病等 6 种疾病不在救助范围内。在突发性灾难种类方面，分为两类：一是地震、滑坡崩塌、泥石流、干旱、洪水等由自然界的异常变化造成的灾难；二是车祸、高空作业坠落等突发事件造成的灾难。

（二）提供生活救助与病灾救助的组合模式，为困难帮扶提供双重保障

成都高新区对支出型贫困家庭的救助采取生活救助与因病因灾救助相结合的模式。生活救助实行动态管理，对家庭收入减去因病、因灾刚性支出后，人均月收入低于成都市最低生活保障标准的家庭，按照最低生活保障标准每月补差给予救助。因病因灾救助包含三类，分别是大病门诊救助、大病住院救助和突发灾难救助。该类救助以家庭为单位，针对医疗费用和因突发性灾难造成的财产性损失，经各类医疗保险和社会救助后的个人自付部分分段按比例进行救助。需要注意的是，每户家庭一年中同类困难只能申请一次救助，且金额不得超过实际自付费用。

大病门诊的救助对象为因患重特大疾病需要长期门诊治疗，从而导致自付费用较高的家庭。该类家庭自提出申请的前 12 个月内，经基本医疗保险和社会救助后的个人自付部分，首先由所在街道进行救助，上限为 50000 元/年。其中，3 万元及以下自付费用的救助比例为 30%，3 万—5 万元自付费用的救助比例为 40%，5 万元以上自付费用的救助比例为 50%。若超过街道的救助上限，受困家庭可向在街道办事处设立的专项救助基金或通过所在街道向高新区慈善会提出救助申请。突发灾难的救助与大病门诊救助相一致。

（三）专项救助与慈善救助互为补充，为救助服务奠定坚实的基础

在成都市高新区的支出型贫困家庭社会救助机制中，专项基金和慈善组织的作用不容忽视。在大病门诊、大病住院和突发灾难三项救助中，申请家庭的救助金额若超过街道救助上限，可向街道办事处设立的专项救助基金或通过所在街道向成都高新区慈善会提出救助申请。成都市高新区的各街道均成立社会救助的专项资金，并采取独立的预算，积极鼓励企事业单位、社会团体和个人等多元化社会力量参与。此外，高新区慈善会与爱心企业联合成立专项冠名基金，针对支出型贫困家庭开展"助贫、助医、助学"三位一体综合救助，同时让辖区低保、残疾、大病患者等困难家庭也得到有效救助[①]。可以说，一方面，高新区通过街道这一基层工作平台，设立专项救助资金，实现对救助人群的精准瞄准；另一方面，整合社会力量，打造多元化的救助格局，实现人人参与、人人共享的局面。

第二节 国外救助低收入群体的实践模式

一 美国的公共救助模式

社会救助制度，在美国被称为公共援助计划，计划设立的目的旨在帮助贫困阶层维持最低限度生活水平和享有某些特殊权益（主要指接受教育），是其社会保障体系的重要组成部分[②]。美国的公共援助政策大多以家庭为基本单位，采用经济调查的方式，依据扶助内容，可分为生活保障、医疗救助、教育救助、住房救助等。迄今为止，美国联邦政府推出100多项社会救助项目，是世界上社会救助方案精细化程度较高的国家之一。其中，在低收入家庭社会救助政策方面，TANF项目、SNAP项目具有一定的代表性。

（一）贫困家庭救助政策——从ADC、AFDC到TANF

作为社会细胞，家庭是人类物质生活和精神生活最微观的环境，

[①] 《让慈善更加阳光透明》，四川在线，2016年5月，http://sichuan.scol.com.cn/fffy/201605/54566196.html，2023年2月23日。

[②] 高娟：《中美社会救助制度比较与借鉴》，硕士学位论文，武汉科技大学，2007年。

是人类各种活动最基本的决策单位，也是社会关系中最核心的利益共同体①。在美国，由家庭引发的社会问题逐渐增多，联邦政府旨在通过一系列社会救助政策，为贫困群体的基本生活提供最后一道防线。1996年，美国联邦政府颁布《个人责任与就业机会协调法》，正式宣告以"贫困家庭临时救助"（Temporary Aid for Needy Family，TANF）"取代"抚养未成年子女的家庭援助"（Aid to Families with Dependent Children，AFDC）。AFDC项目由"抚养未成年子女补助"（Aid to Dependent Child，ADC）演变而来，三个项目相互衔接，通过公共救助与家庭保障的相互融合来抵御社会转型和贫困的风险，增强救助的精准性，提高救助的效用性。

1."抚养未成年子女补助"（ADC）

20世纪20年代，美国制定《寡妇年金法》，法案规定向抚养未成年子女的寡妇提供援助。1935年，除南卡罗来纳州、乔治亚州外，其他各州均向符合法案规定的寡妇提供现金补助。② 1935年，美国出台《社会保障法》，宣告美国社会保障制度的建立。该法案第四条规定，建立"抚养未成年子女补助"（Aid to Dependent Child，ADC）。联邦政府将依据匹配原则向各州提供资助，以帮助那些没有独立能力（收入来源）抚养儿童的单亲母亲。③项目之初，ADC的援助群体为白人寡妇及其抚养的贫困儿童，规模较小。随着项目的逐步开展，ADC项目的救助人群扩展至所有因未婚、离婚、弃婚和意外失去一方父母等情况导致失依的贫困儿童④。ADC项目的救助形式主要有两种：一是现金救助，提供抚养未成年儿童的补助金；二是向单亲低收入家庭提供诸如卫生保健、家政服务、职业培训等社会服务。

---

① 吴帆：《第二次人口转变背景下的中国家庭变迁及政策思考》，《广东社会科学》2012年第2期。

② 和春雷：《社会保障制度的国际比较》，法律出版社2001年版，第85页。

③ 姚建平：《中美社会救助制度比较》，中国社会出版社2007年版，第110页。

④ 刘翠：《论20世纪30年代中期以来美国反贫困政策的演变》，硕士学位论文，北京化工大学，2014年。

ADC 项目的资金来源于联邦、州和地方政府的税收，联邦政府制定政策蓝本，各州（通常是各县）以此为基准，制定涉及领取规定、待遇标准等内容的相关条例，由各州的公共福利局发放补助金。因此，在不同州，ADC 项目的待遇不一。申请 ADC 项目救助的家庭需接受资格审查，以此确定该申请者的财产状况是否符合规定。申请者需要申报个人的劳动所得和非劳动所得，劳动所得财产是工资、以报酬形式支付的货币；非劳动所得的财产主要包括寿险收入、租赁收入、继承、亲戚的援助等[①]。

2. "抚养未成年子女的家庭援助"（AFDC）

ADC 项目将救助人群锁定为抚养未成年儿童的单身贫困母亲，一些由于失业等因素导致贫困的双亲家庭并未纳入其中。为获取救助，部分家庭采取离婚等方式，加之家计审查造成的标签效应，项目并未达到预期成效。1961 年，联邦政府修改 ADC 项目，将父母（或一方）失业的双亲家庭的孩子纳入救助范围，为其提供现金援助[②]。1962 年，"抚养未成年子女补助"（ADC）改为"抚养未成年儿童家庭援助"（AFDC）[③]，将受助对象扩大至有孩子的失业家庭（AFDC—Unemployed Parent）。1990 年，AFDC 项目的相关立法不断完善，规定各州以工作经历为前提，为收入低于贫困线的失业双亲提供资助[④]。抚养未成年儿童的家庭援助项目的受助者必须同意，允许儿童资助执行的机构要求另一方履行支付孩子抚养费的义务。取得抚养未成年儿童的家庭援助项目资格的人通常也有资格获得医疗救助和食品券。简言之，AFDC 是以政府为主体，以现金资助为主要方式，向抚养未成年儿童的单亲家庭，或抚养未成年儿童的失业、丧失劳动能力的低收

---

① 丁吉英：《美国 AFDC 政策的演变》，硕士学位论文，山东师范大学，2011 年。

② Hoynes, Hilary Williamson, "Welfare Transfers in Two-Parent Families: Labor Supply and Welfare Participation under AFDC-UP", *The Journal of Risk and Insurance Social Insurance*, Vol. 63, No. 2, 1000, p. 330.

③ 吴潇：《浅谈美国的社会救助及其主要内容》，《理论研究》2011 年第 8 期。

④ 于婷：《中美社会救助制度比较研究》，硕士学位论文，黑龙江大学，2015 年。

入家庭提供公共援助的项目。

AFDC 项目经费由联邦政府和州政府共同负担，联邦政府以各州的人均纯收入和实际支出水平为依据，确定划拨金额一般情况下占总开支的比例为 50%—80%。1988 年，全美共 310 万家庭中的 1090 万人享受 AFDC 待遇，救助金额为 170 亿美元[①]。虽然联邦政府承担 AFDC 项目的主要费用开支，但是州政府负责具体行政事宜，自行决定本地区的援助水平，资助标准通常是维持基本家庭生活的最低费用与补助金的差额，由此导致各州的待遇标准差距较大。例如，1993 年，有三个子女的家庭，若在阿拉巴马州可享受最高月资助 164 美元，若在康涅狄格州则可享受 680 美元[②]。除了现金救助外，AFDC 项目的受助者可自动获得食品券和医疗救助。

尽管各州的待遇标准不尽相同，但 AFDC 项目对申请人的收入要求为不超过州贫困标准的 185%。此外，申请援助者需要接受涵盖资产、劳动收入等方面的调查。在资产方面，可扣除的为房屋、汽车及一块价值 1500 美元以上的墓地，或按照各州自行定制的标准，扣除基本衣物和家具外，其余财产价值合计不得超过 1000 美元（某些教育贷款和补贴也可计入收入）。在收入方面，申请者在援助期间，前四个月的豁免额为 120 美元和余下的三分之一工作报酬，在第 4 到第 12 个月中，豁免额为 120 美元的工作报酬，第 12 个月后，每月的豁免额为 90 美元的工作报酬。另外，50 美元的儿童照料费用、SSI 津贴也可予以豁免。失业父母一方或双方应积极工作，可以到州失业服务处登记并参加再就业培训[③]。为了鼓励就业，受助者的某些收入可以不计入总收入。例如，1988 年家庭支持法案规定，全时工作所得的第一个 50 美元不予以计算[④]。

---

① 廖鸿：《美国的社会救助》，《中国民政》2002 年第 9 期。
② 廖鸿：《美国的社会救助》，《中国民政》2002 年第 9 期。
③ 姜守明：《试论当代美国的社会保障制度》，《南京师大学报》（社会科学版）1998 年第 1 期。
④ 姚建平：《中美社会救助制度比较》，中国社会出版社 2007 年版，第 110 页。

首先，AFDC 项目逐步推行后，援助规模不断扩大，1940 年费用支付为 1.34 亿元，1970 年为 49 亿元，1990 年上涨至 191 亿元[1]，增加政府部门的财政压力，难以有效控制预算。其次，AFDC 项目为抚养未成年儿童的低收入家庭提供基础保障，忽略其能力建设，加剧贫困人群长期的福利依赖。1995 年，仅有 4% 的 AFDC 项目受助者从事全日制工作，5% 的受助者从事非全日制工作[2]。最后，一定程度上，AFDC 项目加剧了贫困的代际转移，使得贫困群体陷入长期贫困的旋涡，难以脱贫。根据美国国会财政预算委员会 1984 年的调查报告，接受 AFDC 项目救助的家庭中，约 58% 的家庭后代成为各类社会福利计划的受助者。而没有接受 AFDC 的家庭只有 27% 的后代在某一阶段接受过福利救助[3]。

由于伦理道德、费用支付、实际成效等因素，AFDC 项目在美国受到很大的争议。1996 年，美国联邦政府以"贫困家庭临时救助"（TANF）取代"抚养未成年子女的家庭援助"（AFDC），成为美国社会救助体系的基础。

3. "贫困家庭临时救助"（Temporary Aid For Needy Family，TANF）

TANF 是指联邦政府对于那些生活难以维持、没有联邦补贴的人给予补贴的救助项目[4]，是美国公共援助制度的核心部分。较之 AFDC，在 TANF 项目中各州拥有相对较大的自治权，可以根据本州的实际情况设置待遇领取标准和享受资格等。但是，各州的自由裁量权有限，需在联邦法律的框架下设置条例。对于海外移民而言，根据联邦法律规定，只有在美国生活 5 年以上的人群才具备申请 TANF 项

---

[1] Committee on Ways and Means：1996 Green Book，1996，p.59.
[2] Diana M. DiNitto, *Social Welfare*：*Politics and Public Policy*，Pearson Education Inc，2003，pp.37-39.
[3] 崔鹏：《美国联邦政府社会救助体系的政策与机制分析》，博士学位论文，中国人民大学，2009 年。
[4] 于婷：《中美社会救助制度比较研究》，硕士学位论文，黑龙江大学，2015 年。

目资金援助和相关福利的资格①。

与 AFDC 项目可以无限期享受救助不同，TANF 项目规定，临时救助的最长享受年限为 5 年，约 1/3 的州设定的最长领取时限更短。值得注意的是，领取时间具有一定的弹性，20% 的困难家庭不受此规定的限制。此外，各州可以用本州的财政或社会服务资金来资助因享受联邦政府临时援助超过 5 年而不能继续享受的家庭②。

尽管各州对于 TANF 项目申请资格的规定有所差异，但通常情况下，具有美国公民权的、与 18 岁以下的儿童和 18—19 岁的高中生一起居住的父母、继父母和亲属均可申请 TANF 项目援助。另外，处于妊娠阶段的单亲母亲也属于 TANF 项目的救助范围。以伊利诺伊州的 TANF 项目为例，申请条件为已怀孕或与 1 名未满 18 岁的未成年同住，或与年满 18 岁的全日制高中生同住的没有其他孩子的孕妇及配偶。在该州居住的流浪者和海外移民也可参加，但后者必须符合移民要求。此外，若只有孩子符合救助资格，则孩子单独享受 TANF 项目的救助。符合申请资格者每月可享受现金补助和医疗福利，前者的额度取决于所在地和家庭人口数，后者包括部分医疗费用的报销及计划生育的相关服务③。

在资格审查方面，申请者需接受包括资产和收入两方面的调查。申请者拥有的资产，诸如现金、储蓄、投资计划等总计低于 2000—3000 美元（各州规定不同）。在计算资产时，住宅、汽车及生活必需品不计入其中。对申请者进行收入审查时，要求援助的群体家庭总收入不高于各州规定贫困标准的 185% 或净收入不高于贫困标准的 100%④。其中，工作报酬、津贴、养老金、租金等为可计入收入，不

---

① Wolf, J. (n.d.), What is TANF—Temporary Assistance For Needy Families, 2014.03, http：//singleparents.about.com/od/financialhelp/p/TANF.htm, 2023.02.24.

② 林亦府：《从"福利依赖"到"工作自救"——美国福利制度改革对中国城市低保制度可持续发展的启示》，《哈尔滨工业大学学报》（社会科学版）2013 年第 1 期。

③ 徐驰：《美国 TANF 项目及其对我国的启示》，《胜利油田党校学报》2014 年第 5 期。

④ The Urban Institute：Welfare Rules Data Book：State TANF Policies as of July 2007.

列为可计入收入的项目如下：1. 大部分州每月的豁免额度为 90 美元的工作报酬或工作报酬的 20%；2. 儿童照料的部分费用；3. EITC 项目发放的第一个月的津贴。

为避免"活得愈糟、工作愈少、婚外子女愈多、学业愈差福利愈好"的情况出现，形成了一个永久性的底层阶级[1]，TANF 项目设立一系列享受待遇的门槛和帮扶措施，旨在减少福利依赖。TANF 项目对申请救助者设立了受助时间和工作时长等限制，将工作重点放在督促和帮助失业者再就业方面，帮其树立以工作求自立的理念[2]。在工作时长方面，有孩子的单亲家庭每周至少工作 30 个小时，核心家庭每周至少工作 35 个小时。若接受临时援助两个月后，受助者没有参加任何工作，各州可以为其安排一定的社区工作要求。需要注意的是，若只有孩子符合救助条件，受助者年龄为 60 岁及以上或受助者需照料 1 岁以下的儿童，可以免除参加工作。此外，若单亲家庭无法找到可以托管 6 岁以下儿童的人，每周可以完成 20 小时的工作，可以免除惩罚。若受助家庭的父母没有达到法律要求的工作时长，援助按同比例减少。1996 年，规定可以被计为工作时间的活动，其中，参加 9 种核心工作的时间可以被算为工作时长，当单亲家庭每周至少参加 20 个小时、双亲家庭每周至少参加 30 小时的核心工作时，从事其余 3 种工作才可被计入工作时长。9 种核心工作为未受补贴的就业、受补贴的私人部门工作、受补贴的公共部门工作、工作经验培训计划、在职工作培训、求职和就业帮扶、社区服务、为期 12 个月的职业教育培训、为参加社区服务计划的人员提供托儿服务；3 种非核心的工作为与就业相关的职业技能培训、职业教育、中学教育或 GED（高中升本科）的课程[3]。

为了更好地达到激励人群工作，减少福利依赖，联邦政府制订了公共援助收益家庭的就业计划。1997 年，联邦政府要求接受公共援

---

[1] 孙志祥：《美国的贫困问题与反贫困政策述评》，《国家行政学院学报》2007 年第 3 期。
[2] 王海燕：《中美社会保障制度比较研究》，博士学位论文，中共中央党校，2010 年。
[3] 徐驰：《美国 TANF 项目及其对我国的启示》，《胜利油田党校学报》2014 年第 5 期。

助的家庭就业率要达到25%以上，核心家庭需达到75%，以每年5%的速度增加。截至2002年，受益家庭的就业率需达到50%，核心家庭需达到90%。如果没有实现联邦政府制定的目标，拨款也会有相应的减少，第一年减少5%，此后每年以2%的比例减少，最高处罚为减少既定拨款的21%。为鼓励TANF项目的申请者积极工作，提高职业素养，2000年，各州会发给就业者大约每小时5.1美元的就业津贴。此外，各州为项目收益者进行技能评估，部分州协助定制个人发展规划。例如，加利福尼亚州开展"独立大道"计划（Greater Avenues for Independence, GAIN），通过案例分析，为受益人提供诸如找工作、基础教育培训等一系列救助帮扶①。

TANF项目采取补缺法核定待遇标准，各州可以自行设定本地区的贫困标准和TANF项目的待遇上限，每月享受的TANF项目的待遇为贫困标准与可计入收入的差额，并根据CPI指数进行调整。

在资金方面，与AFDC项目联邦政府提供无上限的资金支持不同，在TANF项目中，联邦政府设立救助金的最高额度，根据往年支出情况为基准，一次性地划拨给州政府固定的拨款。由于联邦每年提供的拨款数额是相对固定的，可以限定受助家庭的数量，使得政府对家庭的救助从需求导向转为供给导向②。新项目中，各州政府的支出若超过划拨额，则自行承担超支费用。TANF项目强调现金津贴只是一种暂时性的收入来源，目的在于为贫困群体提供最后一道保障，减少福利依赖。面对资金方面的压力，州政府或采取减少救助金额的方式，或提出救助金随受益时间的增加逐步下调的措施。在资金管理方面，联邦政府将权力向州政府下放，并允许30%的拨款不以现金补助形式发放，可以转移到儿童照顾和社会服务上③。

---

① 高娟：《中美社会救助制度比较与借鉴》，硕士学位论文，武汉科技大学，2007年。

② 何欢：《美国家庭政策的经验和启示》，《清华大学学报》（哲学社会科学版）2013年第1期。

③ Neil Gilbert, Paul Terrell：《社会福利政策导论》，黄晨熹、周烨、刘红译，华东理工大学出版社2003年版，第115页。

（二）补充营养援助计划（Supplemental Nutrition Assistance Program，SNAP）

1. 食品券

1939年，美国在部分州试行食品券计划，一是希望可以借此提高农业收入水平，二是旨在提高低收入者的饮食标准。在最初的食品券计划中，救助群体仅限于已享受社会救助的人群，是一项具有附加性的援助计划。根据规定，符合救助条件者可以花费1—1.5美元购买一张橙色食品券，其可随意选购食品，并获赠一张50美分的蓝色食品券，但蓝色食品券只能购买联邦政府规定的食品。由于受助群体的局限性，没有获得社会救助资格的贫困群体无法购买食品券。另外，若极度贫困的群体无力购买食品券，其也无法享受该计划。由此可见，是时的食品券计划政策偏向于农场主，成为农场主解决多余粮食的便捷途径，忽略救助群体的利益，丧失计划为民谋利的本质，受到诸多质疑。1961年，经过8个地区的实验，肯尼迪政府提出食品券试行计划，该计划经由国会通过，于1962年开始实行。1964年，美国国会通过《食品券法案》，标志着食品券计划的正式出台。项目初期，美国仅有22各州参与食品券计划，1974年，食品券法修正案出台，设立了统一的资格标准和分配方案，推动食品券计划的进一步开展，成为一项全国性的公共援助项目。2008年，美国出台《粮食、保护和能源法案》，将食品券计划变更为补充营养援助计划，并在SNAP项目中增加学龄儿童早午餐计划、营养饮食教育，旨在全方位促进科学膳食，提高饮食水平。为了方便管理，减少标签效应和受助群体的污名化，2002年美国各州完成从食品券向磁卡的过渡，有效抑制欺诈行为。

食品券计划是联邦政府与地方政府向低收入群体，如低工薪阶层、从事临时工作者、失业者、社会福利或救助享受者、低收入或无收入的老年人和残疾人及无家可归者发放的一种购买食品的票券，该票券需在指定的食品零售商店使用。1975—2006年，食品券受益人数在 2000 万—2500 万，大约有十分之一的美国家庭获得了该项目的补贴①。2012 年，食品券计划在一个典型月份可保障 4700 万受益者，其中 72% 的是需抚养未成年儿童的家庭，当中 45% 的家庭需赡养老人或残疾人②。与其他公共援助项目不同，食品券的受助群体较为宽泛，项目切入点具体翔实，在解决贫困群体温饱问题、缓和社会矛盾方面发挥了重要的作用。

食品券计划确定受援资格时需要对申请者进行以"户"为基本单位的资产价值和月收入审查，可获得食品援助的条件如下。1. 家庭的"可计入资产"价值不超过 2000 美元，若家中有 60 岁以上的老人，资产上限为 3000 美元（房屋、市场价不超过 4650 美元的汽车及生活必需品不计入其中）。2. 有残疾人或 60 岁以上老人的家庭一般不做家庭收入限制，其余家庭的月收入不高于联邦贫困线的 130%，或月净收入低于联邦贫困线的 100%（可从收入中豁免的部分：每月 144 美元或 147 美元的家庭收入；20% 的工作报酬；由于工作无法照看老人、孩子的看护费用；每月至少 35 美元的老年人或残疾人医疗卫生支出；部分州减免包括房屋贷款、水电费等在内的 143 美元的住房费用③）。3. 接受临时家庭援助、补充保障收入和州一般援助的人群可直接享受食品券项目。4. 所在地发生自然灾害的居民、无家可归的流浪者、居住在独立机构的个人。妇女、儿童可直接享受食品券项目。

与 TANF 项目一样，食品券项目对申请者有工作的要求。根据规定，年龄在 16—60 岁的健全受援对象必须参加食品券计划管理办公室组织的职业培训，积极寻找工作或接受相关的就业安排，每周至少工作 30 个小时。在没有成年儿童的情况下，年龄在 18—50 岁的健全人至多可享受 3 个月的救助资格。此外，为满足贫困者的基本食物需

---

① Committee on Ways and Means: 2008 Green Book, Section 15.
② Center on Budget and Policy Priorities: Policy basics-foodstamps: Introduction to SNAP. 2013, 03, p.35.
③ 崔鹏：《美国联邦政府社会救助体系的政策与机制分析》，博士学位论文，中国人民大学，2009 年。

求，食品券只能用于购买人的食品和种子及种苗，不得兑换现金，不得用于购买酒精饮料、香烟、维生素、药品和宠物食品，也不得用于购买现场加工的食品，除少数无家可归者之外，食品券也不得用于购买餐馆或快餐店的食品[①]。

食品券计划以家庭人口数、家庭收入、家庭资产等因素为基准，确定待遇标准。具体核算方法为：首先，按法律规定核算申请家庭的月净收入，将其乘以0.3，得出经由美国农业部认可的食品与收入的比值。其次，将申请家庭的成员数作为依据，该月所得的食品券为月食品券上限减去0.3倍家庭净收入。

食品券项目由美国农业部主管，诸如运营办法等具体行政管理事务由下设的食品与营养服务机构负责。此外，农业部一方面会负责筛选商业机构，与之接洽是否可接受食品券；另一方面，对食品券项目进行监督管理，对于违反规定的商业机构及时撤销其资格。各州可自行决定本地区食品券项目的申领资格和援助额度，由下设的福利机构负责具体受理工作。在项目费用方面，联邦政府负担食品券计划的全部食品援助费用，并承担一半各州实施食品券计划增加的行政管理费用。

2. 学生早餐和午餐计划

1964年，美国政府通过《全国学校午餐法案》，旨在为在公立医院和私立非营利性学校就读的低收入家庭的孩子提供免费或廉价的午餐，弥补营养不足。该计划的援助额度以家庭困难程度为依据，家庭收入不足联邦贫困线130%及享受TANF、SSI和SNAP项目的孩子可免费获得学校的午餐，家庭收入在联邦贫困线130%—185%的孩子只需支付正常价格的40%，即可获得折价午餐。

学生早餐和午餐计划项目的费用由联邦政府承担，美国农业部食品营养司通过各州的教育部门进行管理，行政管理费用由各州负责。1992财政年度，该计划共提供了8.52亿份学校早餐和41亿份午餐，

---

① 祖玉琴：《美国社会救助制度的探析与启示》，《决策咨询通讯》2009年第1期。

价值约 52 亿美元[①]。该计划实施后，受益儿童占全部儿童总量的 58%—62%[②]，极大地改善了低收入群体的生存状况。

（三）医疗救助（Medicaid）

20 世纪 60 年代前，美国没有开展特定的医疗救助项目，慈善组织、州政府和地方政府适当援助无法负担医疗费用的人群。1950 年，联邦政府授权州政府利用联邦政府或州政府的资金，制订以老年人、盲人、残疾人和贫困儿童为服务主体的医疗照顾计划。1957 年，科尔·米尔斯法案（Kerr-Mills Act）获批，其提出建议一个联邦和州政府合作的，针对老年人和贫困者的住院医疗保障计划。由于法案缺乏强制性和权威性，计划没有得到全面的贯彻执行。1965 年，经由国会立法，医疗救助（Medicaid）增加到《社会保障法》中，经过逐步发展，已成为美国规模最大、费用开支最多的福利项目之一。

Medicaid 项目是针对低收入个人和家庭实施的医疗健康计划，被称为美国医疗保障系统的最后支付者[③]。作为美国公共医疗保障体系的重要组成部分之一，Medicaid 项目的服务对象是"没有其他选择的人"[④]。总体来说，Medicaid 项目的受益人群非常广泛，例如，没有参加雇主发起的团体医疗保险计划或无能力投保个人商业医疗保险，不符合医疗保险（Medicare）的资格要求或 Medicare 受益者中的低收入者，均可申请 Medicaid 项目。1975 年，大概有 2000 万人参加 Medicaid，约占当年美国人口的十分之一，到了 2004 年，已有 5560 万人参加 Medicaid，达到了当年美国人口的 18%[⑤]。

[①] 丁兴富：《美国家庭福利政策的演变》，硕士学位论文，山东师范大学，2008 年。
[②] 崔鹏：《美国联邦政府社会救助体系的政策与机制分析》，博士学位论文，中国人民大学，2009 年。
[③] 李超民编著：《美国社会保障制度》，上海人民出版社 2009 年版，第 137 页。
[④] Thrall, T. H., "Keeping Medicaid Viable", *Hospitals & Health Networks*, 2005, p. 9.
[⑤] *Social Security Administration*, Annual Statistical Supplement to Social Security Bulletin, 2007.

Medicaid 项目由联邦政府和州政府共同管理，因此救助对象主要分为两类，即联邦政府要求强制参加的对象和各州政府自行选择的对象。联邦政府规定的强制参加 Medicaid 项目的对象为：（1）AFDC 项目的受益者，在 AFDC 项目取消后，联邦政府为不能继续享受 TANF 项目的人群设置了半年的过渡期，在此期间，其可以享受医疗救助；（2）收入不足联邦贫困线133%且孩子在6岁以下的家庭；（3）家庭收入不足联邦贫困线133%的妊娠妇女，可以获得妊娠、生育及产后保健等部分救助；（4）SSI 项目的受益者将自动获得 Medicaid；（5）在福利机构生活的儿童；（6）部分医疗保险（Medicare）的受益者和特定的保护群体，如由于参加工作，导致收入有所增加，失去部分救助项目享受资格的人；（7）孩子年龄在5—19岁，收入低于联邦贫困线的家庭；（8）低收入的退休医疗保险受益者，一些生活依旧较为贫困的退休群体可享受医疗保险，但因丧失 SSI 项目的申请资格无法自动获得 Medicaid。根据规定，当其收入低于贫困线时，可获得 Medicaid。各州自行决定的提供医疗援助的对象如下：（1）收入高于联邦贫困线的133%但低于185%的妊娠妇女和1岁以下的儿童；（2）收入在规定以下，入住慈善机构或接受家庭、社区服务的人；（3）收入高于联邦贫困线，但需覆盖的老年人、盲人和残疾人；（4）收入不足联邦贫困线的250%，若不工作可享受 SSI 救助，但是积极工作的残疾人；（5）处于 SSI 水平的结核病感染者，可享受有关结核病相关服务和药品的援助；（6）没有参加保险的人群或收入较低的女性可享受有关胸透和宫颈癌检查的援助；（7）医疗贫困群体，即收入高于联邦贫困线，无法享受相关救助，一旦出现大病，但容易因费用开支陷入因病致贫的陷阱，成为潜在的贫困者。针对这一群体，联邦政府提供配套的援助基金，

各州可根据地区情况确定是否开展相关援助。若州政府在本区域开展因病致贫医疗救助，根据联邦政府规定，需要囊括特定群体并开展相关服务，诸如19岁以下的孩子和孕妇可以享受因病致贫救助，孕妇

和孩子可享受保健服务。2002年8月，美国36个州开展因病致贫医疗救助，其他州使用特定的收入水平为因病致贫的人群提供医疗援助[①]。

Medicaid项目采取个人申请制，提供相关辅助材料证明，管理部门向符合条件的申请者发放医疗补助卡，作为接受救助的凭证。Medicaid项目分为现金补助和医疗服务两方面。在现金补助方面，1994年，65岁及以上的老人年均给付8264美元，盲人年均给付7452美元，永久性残疾或全残者年均给付7740美元，21岁以下需被抚养的子女年均给付1007美元，需抚养子女的家庭成年人年均给付1791美元，其他人员年均给付1883美元[②]。Medicaid项目提供的医疗服务种类非常广泛，联邦政府规定必须提供的服务为住院服务、门诊服务、保健服务、免疫服务、专业护理服务（主体为21岁以上人群）、实验室和X光服务、助产服务，定期检查服务（主体为21岁以下人群）、诊断和治疗服务、计划生育服务、家庭护理服务、健康中心及流动服务[③]。各州可提供延伸性医疗服务，目前有34种选择性医疗救助服务，如处方药和假肢、验光和配镜、精神病方面的理疗（主体为小于21岁的儿童、大于65岁的老人）[④]。

Medicaid采取供方偿付制度，各州政府通过付费服务（Fee-For-Service）和管理式医疗（Medicaid Managed Care），向医疗服务提供者支付服务费用。二十世纪九十年代前，付费服务是Medicaid的主要偿付方式，经由医生确诊后，受援群体可以获得Medicaid提供的、针对其病症的医疗服务。虽然管理式医疗逐渐兴起，但是付费服务在老年人、残疾人等领域依旧是Medicaid主要的供给方式。虽然医疗救助在提高低收入群体健康水平方面发挥了显著的作用，但其经费增长速度过快，压缩其他公共服务的开支，加剧部分州的财政负担。为有效控

[①] 王海燕：《中美社会保障制度比较研究》，博士学位论文，中共中央党校，2010年。
[②] 邓大松：《美国社会保障制度研究》，武汉大学出版社1999年版，第78页。
[③] Committee on Ways and Means, 2008 Green Book.
[④] Howard Jacob Karger, *American Social Welfare Policy：a Pluralist Approach*, Boston：Allyn and Bacon, 2002, p.109.

制医疗费用，管理式医疗应运而生。管理式医疗把商业经营的理念和办法引入医疗保险领域，对医疗保健价格、医疗服务质量和获得医疗服务的资格都进行严格的管理[1]。在管理式医疗中，州政府先行与医疗服务提供方协商，确定医疗服务的种类和价格，并写入双方的合同。依据不同群体的特征，州政府会计算同类群体每人可享受的月度平均医疗费用，再乘以服务人数，以此得出医疗合同的价格。由于管理式医疗配有较为完善的第三方购买机制，医疗服务的提供者和支付者平等协商价格，加之风险共担与激励机制，可以有效激发三方节约医疗费用。相关数据表明，实行管理式医疗保险模式比传统模式能够节约成本的10%—40%，费用节约主要来自住院环节，较之传统保险模式降低约30%[2]。目前，最有代表性的管理式医疗保险组织是美国健康维护组织（Health Maintenance Organizations，HMO）、优先提供者组织（Preferred Provider Organizations，PPO）等[3]。

Medicaid是一项州政府主要管理的援助项目，由医疗保险委员会监督管理。各州可考虑经济发展水平、救助规模等因素，自行制定申请者需符合的资格条件，决定救助的类型、优先级及享受次数。Medicaid项目管理费用由联邦政府和州政府共同分担，具体负担比例由各州的人均纯收入与全国人均收入的比值进行确定，通常联邦政府承担的费用比例是Medicaid项目开支的50%—83%。1997年，联邦政府承担的最高支付比例的州达到了77.2%，有11个州和哥伦比亚特区得到50%，即最少的支付比例[4]。

（四）妇女、婴儿和儿童特别补充食品项目（the Special Supplemental Food Program for Women，WIC）

1972年，联邦政府针对营养缺乏且家庭收入不足联邦贫困线

---

[1] 仇雨临、孙树菡：《医疗保险》，中国人民大学出版社2001年版，第179页。
[2] 王栋：《美国管理式医疗保险研究》，硕士学位论文，北京交通大学，2009年。
[3] 彭晓娟：《管理式医疗保险模式研究初探》，硕士学位论文，厦门大学，2007年。
[4] 姚建平：《中美社会救助制度比较》，中国社会出版社2007年版，第198页。

185%的妇女和儿童建立WIC项目，旨在提高其营养水平，增强体质。WIC项目的资金来源于政府，具体行政事务由美国农业部的食品营养服务处和州人文局共同负责。WIC项目每月为孕妇、婴儿和5岁以下的儿童和哺乳妇女提供包括蛋白质、铁、钙等易流失的营养食品，这些食品可以通过票券在指定地点换成奶制品、蔬菜等食品。在美国，WIC项目被称为最为有效和持久的社会福利计划和项目。相关研究表明，怀孕期间参加WIC项目的妇女生育的婴儿体重和健康水平均高于为加入该计划的妇女所生育的婴儿，婴儿患病率和缺铁性贫血发生率也均低于未参加计划者[1]。

（五）州儿童健康保险计划（SCHIP）

1997年，美国政府以"平衡预算法"的形式，出台州儿童健康保险计划（SCHIP），成为20世纪60年代继Medicaid项目后最大的健康保险计划。SCHIP项目的主要受益者是不符合Medicaid项目救助资格，但家庭收入不足联邦贫困线200%以下的儿童。美国2006财年统计数据表明，SCHIP及相关健康项目覆盖中低收入家庭儿童总数约660万[2]，进一步提升低收入家庭的健康保障水平。与Medicaid项目不同，SCHIP不是"权利"项目，在许多州，受助人需要缴纳权利金或医疗费用[3]。根据相关规定，受益家庭每年缴纳的计划费用不超过本年度家庭总收入的5%，且无论收入高低，均可免除缴纳预防医疗保健费用。

SCHIP项目主要由联邦政府提供资金，要求各州提供诸如定期体检、住院和门诊服务、化验和X光检查等基础福利待遇。各州可根据实际情况，自行增加一些救助服务。为了增强某些服务的可及性，《再授权法案》在SCHIP中增加了两个新的福利变化：（1）要求

---

[1] Owen G. M, "Twenty Years of WIC: A Review of Some Effects of the Program", *Journal of the American Di-etetic Association*, 1997, p. 159.

[2] Congressional Budget Office, *The State Children's Health Insurance Program*, 2007, pp. 56–57.

[3] 叶茂：《美国儿童健康保险制度及其改革趋势》，《湖北社会科学》2008年第10期。

SCHIP 提供牙科保险服务；（2）要求 SCHIP 为精神疾病和药物滥用患者提供同等的待遇①。

此外，针对低收入群体，美国开展由联邦政府和州政府共同分担费用的免费医疗。免费医疗提供的救助服务范围较为宽泛，住院、门诊、检查甚至手术，大部分不需要花钱。另外，美国专门开设低收入者可以就医的免费医院，若其没有参加医疗保险计划，经政府审查批准，可以到非营利机构开设的"穷人医院"就诊。穷人医院设施齐全，环境干净整洁，医务人员的服务也不会因为面对"免费消费"的穷人而缩水②。

（六）住房救助

为满足社会低收入群体的住房诉求，美国开展住房救助，低收入群体可以通过该项救助项目，采用租赁或购买的方式获得房屋使用权，进而改善居住环境。

《美国法典》第四十二编详细规定了美国住房救助的目标：维持美国的一般福利与安全、保障人民的健康和生活标准，进行住房修建及相关的开发项目，通过清除贫民窟和衰退地区，解决住房不足、老旧和不宜居住问题，尽量保证每个美国家庭享有体面的住房和适宜居住的环境，进而带动社区开发和再开发，推动社会的进步、财富增长和国家安全③。目前，住房救助的形式主要有公共住房、租金补贴、低收入家庭能源援助计划。

1. 公共住房（Public Housing）

1937 年，美国联邦政府创建公共住房项目，成为美国最重要的住房救助计划，由此拉开美国住房救助的序幕。1937 年的住房法案（Public Housing）规定，联邦政府向地方住房管理部门提供资金，为有孩子的低

---

① 丁建定、陈静：《中美儿童公共医疗保险体系比较研究》，《社会保障研究》（北京）2016 年第 1 期。
② 张兵男：《美国医疗保障体系面面观》，《中国财经报》2009 年 5 月 21 日。
③ 王海燕：《中美社会保障制度比较研究》，博士学位论文，中共中央党校，2010 年。

收入家庭、老人伤残者或生理上有障碍的人建造、经营和维修住宅①。此后，各州兴建了大批的公共住房，总体来说，公共住宅的建造来源可分为三类：（1）地方政府建造公共住房，并负责公共住房的运营，联邦政府给予一定的补助和贷款；（2）私人部门开发建造公共住房，政府提供低价土地，减免部门税费，给予低息贷款；（3）向房地产企业提供政策优惠，如放宽住宅容积率、降低建筑密度要求等，以此要求其以低于市场的价格提供总住宅10%—35%的住房。

根据联邦政府的规定，只有收入低于当地中等收入水平80%的人才可申请公共住房，申请者仅需支付家庭收入的30%作为房租。通常情况下，较之联邦政府，地方政府对购买或租用公共住房的资格要求更为严格，只有收入不足当地中等收入水平50%的家庭才可申请。但是，仍有约25%的住房提供给收入在当地平均水平50%—80%的申请者租住或购买。公共住房自建立以来，在解决低收入群体住房困难方面发挥了重要的作用。居住在公共住房的申请者中，每5户就有2户接受其他形式的救助，这些人大约有40%是少数民族（其中，黑人占30%，西班牙裔和葡萄牙裔占10%）②。

公共住房由各地的公共住房管理署进行管理和运营，联邦政府进行监督管理。在费用分担方面，联邦政府支付公共住房的建设成本，随着运营成本的逐步增加，联邦政府还需补足公共住房的租金收入与管理运用方面的差额。为了更好地改善居住环境，缓解贫困问题，1949年美国国会通过《住房法》，该法案规定政府部门对公共住房收取的资金需比私人房屋的最低租金再低20%，并为城市清除贫民窟和改善农村住宅提供大量援助。为此，联邦政府制定了一系列住房政策，加速住房建设步伐，一直到20世纪60年代，美国每年兴建公共

---

① 闫厚军：《美国住房法的发展与借鉴意义》，《城市建设理论研究》2011年第31期。
② 廖鸿：《美国的社会救助》，《中国民政》2002年第9期。

住房都在 100 万套以上①。

随着公共住房规模的逐步扩大，其引发的问题也日渐显现，一是成本不断上升，二是加剧了贫困的集中，使得社会治安、公共设施建设等方面面临严峻挑战。因此，美国政府调整公共政策，将政策着力点转向住房租金补贴，尽量最大化地利用已有住房满足住房困难群体的需求。

2. 房租补贴

1974 年，时任美国总统约翰逊签署《住房和城市发展法案》，以租金补贴的形式为租不起体面住房的低收入群体提供补助。1974 年，联邦政府进行改革，颁布《住房与社区发展法案》，修订原住房法，鼓励政府对租用私人住宅的低收入家庭进行房租补贴。该法案在美国住房救助发展史上具有重要意义，一方面，政府配有一揽子资助政策，社区具有很大的机动性，可以根据当地实际情况和住房补贴的需要，制定相关规划；另一方面，受益者被赋予选择居住区域和住房性质的权利，一定程度上避免贫困集中化。

项目开展初期，收入不足当地社区平均水平 80%（大致相当于联邦贫困线的 200%）的贫困家庭，均可申请房租补贴。1981 年后，收入水平下调至当地社区平均水平的 50%。目前，根据公共住房署的规定，房租补贴的救助主体为低收入家庭、较低收入家庭和极低收入家庭。在房租补贴中，对低收入家庭的界定为收入低于当地家庭收入中位数的 50%，较低收入家庭的收入不足当地家庭收入中位数的 80%，极低收入家庭的收入不足当地家庭收入中位数的 30%（每年房租补贴的 75% 用于补贴此类家庭）。

房租补贴由各地的公共住房署进行管理，联邦政府予以资助。1985 年，由国会授权，开始发行住房券。住房券持有者从愿意参加该计划的房东处可以选择合适的房屋，一般所要支付的房租是调整后收入的

---

① 王蜀鄂：《美国中低收入家庭住房解决机制与我国的政策建议》，硕士学位论文，西南财经大学，2010 年。

30%，由联邦政府补足剩余的房租，即获批者可以得到的补助为当地租金标准与调整后收入的30%的差额。当然，如果住房券持有者租住的房屋超过标准，则需支付差额，若低于标准，可以保留差额。

此外，美国开展房东补贴和现金补贴，用以满足低收入家庭的住宅需求。前者是指联邦政府向愿意为低收入家庭提供住宅的房东进行补贴，额度为市场租金与低收入家庭一定比例间的差额。后者是指联邦政府直接向低收入家庭进行现金补贴，额度为市场租金的70%。

3. 低收入家庭能源援助计划（the Low-Income Home Energy Assistance Program，LIHEAP）

低收入家庭能源援助计划（LIHEAP）是由联邦政府向各州提供固定资金，用以补贴收入低于联邦贫困线150%的家庭，以便其可以负担夏天制冷和冬天取暖所需的费用。LIHEAP不仅可以帮助低收入者支付煤、电等燃料费用，还可以代为修理取暖相关设备，及可用以兑换能源的票券。

（七）收入所得税抵免（EITC）[①]

1953年，法国要求所有已结婚3年但是没有生育的夫妇享受的税务优待份额从2个下降到1.5个，意大利也为有孩子的家庭大幅提高年度税收减免额度[②]。

1975年，依据米尔顿·弗里德曼和罗伯特·兰普曼提出的负所得税理论，美国实施收入所得税抵免（Earing Income Tax Cridit，EITC）。负所得税理论认为，在一个累进的税收体系中，政府部门可以划出一条最低收入线，当纳税人的收入低于该线时，给予相应的补助，而非纳税。项目初期，EITC计划的受益群体为有孩子的低收入劳动者家庭，退税额度为400美元。随着EITC项目的逐步发展，受

[①] 注：关于EITC项目的翻译，国内部分学者将其翻译为收入所得税抵免，部分认为EITC计划的对象为Earing Income，即工薪收入，加之采取所得税先征收后返还的形式，故翻译为个人工薪收入所得税退税。在此，本文参照第一种翻译。

[②] 盛亦男、杨文庄：《西方发达国家的家庭政策及对我国的启示》，《人口研究》2012年第4期。

益人数规模不断扩大。1975年，EITC项目援助约621.5万家庭，1988年，受助者上升至1114.8万家庭[①]。从1994年开始，无孩子的低收入家庭也可申请EITC计划。需要注意的是，EITC项目的受助者在申请TANF、SSI等救助项目时，退税金额不计入申请人的收入和财产。目前，EITC项目是美国针对工薪家庭实施的最大规模的反贫困计划，政府通过EITC计划减免家长的个人所得税，以此保障低收入家庭子女的基本需求，缓解家庭生存压力。

根据家庭结构，EITC项目的援助家庭可分为三类：没有孩子的单身者（或夫妇）、有一个孩子的单身者（或夫妇）、有两个及以上孩子的单身者（或夫妇）。在EITC项目中，对每一类申请家庭的申请资格也有更为精细化的规定。若受援家庭没有孩子，需符合以下条件：年龄在25—64岁；正在从事工作；工薪收入低于划定标准。但是，相较于有孩子的家庭，无孩子的家庭有着更加严格的收入上限要求，且退税额度更小。对于有孩子的家庭而言，需符合以下条件：申请援助的纳税人有自己的孩子，或年纪较小的弟弟妹妹；孩子的年龄小于19岁，若为全日制学生，年龄要小于24岁；孩子与申请者至少共同生活半年。

在待遇标准方面，EITC项目可分为三个部分。（1）有补贴率的基础阶段（A Base with a Subsidy Rate）。在此阶段，EITC项目的退税额度与家庭收入成正比，家庭收入越高，退税额按一定的比例越高，计算公式为退税额＝家庭收入×退税率。根据1996年的规定，有两个孩子且收入低于8900美元的家庭可以申请EITC项目，能够获得约40%的退税。若符合条件的申请家庭总收入为4500美元，其可以得到1800美元的退税额，家庭总收入增加至6300美元。（2）最高限额（A Plateau）。在这一阶段，EITC项目会设置一个收入段，使得退税额为固定数值。1996年，有两个孩子的家庭若收入高于8900美元但低于11620美元，可获得的退税额为3560美元[②]。（3）减少段（A

[①] 姚建平：《中美社会救助制度比较》，中国社会出版社2007年版，第97页。
[②] 姚建平：《中美社会救助制度比较》，中国社会出版社2007年版，第125页。

phase-out Range）在此部分，EITC 项目的退税额与家庭收入成反比，家庭收入越高，退税额度越低，即退税额 =（申请家庭的收入 − 该阶段规定的收入下限）× 规定比率。1996 年，有两个孩子的家庭收入大于 11620 美元，收入每增加 1 美元，退税额减少 21.06%，若收入为 28524 美元，将无法获得所得税抵免。例如，符合条件的申请者收入为 18000 美元，其可获得的退税额为 1343.628 美元〔（18000 − 11620）×21.06% = 1343.628〕。

美国税务局管理 EITC 项目，借由美国的个人所得税报税系统进行管理，管理便捷且成本较低。每年的 1—4 月，美国税务局接受 EITC 项目的申请，即使是上一年该项目的受助人群，仍需要重新进行资格认定。针对 EITC 项目存在的欺诈等行为，税务局可根据情节严重程度，给予 2—10 年不得申请 EITC 项目的处罚。EITC 项目的发放形式有两种：一是结束上年度税务工作后，抵扣部分所得税，剩余部分由税务局退给申请者；二是由雇主出面，帮助申请者抵免下一年度的个人所得税。

（八）教育救助

在美国，一直由州、地方政府和慈善组织兴办教育事业，直至 20 世纪 60 年代，联邦政府在真正意义上开始对贫困家庭的孩子进行教育救助。1965 年，约翰逊总统签署《初等和中等教育法》，该法案确定对各地区的救助款以该地低收入家庭中儿童的数目为基础因素进行测算，由此拉开大规模援助贫困儿童的序幕。自此，联邦政府教育救助覆盖全美 95% 的县，且大部分救助用于城市的贫困中心区和贫困的乡村地区。1974 年，该法案经过修改，为贫困线下的家庭和流动家庭的儿童教育及残疾的、犯罪的、被忽视的儿童补偿教育提供经费，成为一个多项目的法案[①]。

1965 年，美国联邦政府实行启蒙计划，以此满足贫困家庭及儿

[①] 崔鹏：《美国联邦政府社会救助体系的政策与机制分析》，博士学位论文，中国人民大学，2009 年。

童对教育、营养和健康的需要。1995年,总受助儿童为750077人,在种族方面,36%的受助者是黑人,25%是西班牙裔,3%是亚洲裔,4%是美国土著儿童,所有受助者中13%是残疾儿童[①]。研究表明,启蒙计划在降低儿童辍学率、提升阅读技巧、提高智商水平,及帮助儿童获得自信方面是非常成功的[②]。同年,美国颁布《高等教育法》,旨在为经济贫困的大学生提供经济援助,主要项目如下:(1)佩尔补助;(2)补充教育机会补助;这两项补贴主要针对贫困学生,每一年给每个学生的补助设立最高限额;(3)学习成绩较好的学生可以申请全国直接学生贷款;(4)贫困学生可申请大学工读计划获取工作机会;(5)由银行、储蓄和贷款协会提供的学生贷款担保,部分大学也可提供此类贷款[③]。

此外,教育券在美国的教育救助中扮演着重要的角色。1955年,美国著名经济学家米·弗里德曼提出教育券理论,其认为政府应改变对公立学校直接补助的投入方式,而是把经过预算的教育经费折成一定数额的教育券直接发放给学生,学校以收集到的教育券向政府有关部门兑换与价券等额的教育经费,以此支付办学费用[④]。由于教育券本质是希望赋予所有儿童平等的教育权,因此在实践中发放给贫困学生,逐步演变成教育救助的形式之一,得到了一定的发展。以密尔沃基为例,1990年教育券试行时只有7所学校参与,资助人数为300人,每个的平均资助经费为2446美元,2000年,参与学校到了100所,资助人数为9638人,人均资助经费为5326美元[⑤]。

[①] 姚建平:《中美社会救助制度比较》,中国社会出版社2007年版,第138页。
[②] Harrel R. Rodgers, Jr. "Poor women, poor children: American poverty in the 1990s", Armonk, N.Y: M. E. Sharpe, 1996, p. 79.
[③] 李道揆:《美国政府和美国政策》,商务印书馆1999年版,第152页。
[④] 王一喜、严烨:《关于我国实施教育券制度的几点思考》,《江西师范大学学报》(哲学社会科学版)2005年第1期。
[⑤] 郝艳青:《教育券:一种谋求社会公平的途径——美国密尔沃基市2003—2004年教育券计划透视》,《比较教育研究》2004年第5期。

二 英国的"福利式"救助模式

1601年,英国颁布《济贫法》,自此开始建设其社会救助体系。1948年,英国政府颁布《国民救助法》,标志其"福利式"社会救助制度正式建立[①]。随着制度的逐步发展,1966年英国将国民救助改为补充待遇,并在1976年将该法更名为《补充津贴法》[②]。因此,英国的社会救助制度也可被称为补充津贴制度。1986年,英国再次改革贫困救助,将贫困补充待遇更改为最低收入维持(Income Support)。作为世界上最早以立法形式建立社会救助制度的国家,英国社会救助项目非商品化程度较高,种类繁多,具有强烈的福利色彩,其浓厚的历史积淀和丰富的实践经验对我国支出型贫困家庭社会救助模式的发展具有重要的参考价值。

以救助时长为基准,英国社会救助制度可划分为两类,一是针对暂时或者永久丧失劳动能力公民的救助,二是针对因自然灾害或者某些意外性事件导致生活困难的公民的救助。对于前者,英国政府通常予以长期救助,以保障其基本生活;政府通常给予后者短期救助,旨在帮其度过困难。以救助资金为例,英国社会救助制度可划分为两类:一是社会救助,其服务对象主要是低收入者和失业者;二是社会津贴,其服务对象更为广泛。以救助对象为基准,英国社会救助的精细化程度较高,针对不同的群体给予分类明确的救助。这些项目包括针对低收入家庭的"家庭给付"、针对老年人的"收入援助"、针对失业者的"社会基金"等[③]。

相较于其他国家,英国政府尤为重视对穷人的救助,为其提供诸

[①] 郭林、张巍:《积极救助述评:20世纪以来社会救助的理论内核与政策实践》,《学术研究》2014年第4期。

[②] 李家喻:《社会救助制度的国际比较研究——以英美德日等国家为例》,《中山大学研究生学刊》(人文社会科学版)2015年第3期。

[③] 王锴:《英、美社会救助制度的比较及对我国的启示》,《绥化学院学报》2014年第11期。

如就业培训、住房补贴等多样化的救助措施。英国对有子女的低收入家庭的补助力度较大，子女较多的家庭能够领取的社会救助资金甚至可以赶上一位普通者正常的劳动收入[①]。以低收入家庭为例，其可以获得取暖补贴，有子女的低收入家庭可获得学校免费牛奶和免费膳食及免缴国民保险费，还可以享受房租补贴等[②]。低收入家庭救助的对象主要为家庭主要劳动力参加全日制工作，家中有子女，但收入仍旧低于贫困线的家庭，救助金额根据贫困标准的变化而变化。

(一) 儿童救助

儿童能否健康成长，与家庭的经济环境有着较为密切的联系，既是衡量社会资源配置的重要指标，也是影响国家长足发展的重要因素。通过对固定人群的一系列跟踪调查，结果显示，在英国与生活在高收入家庭的儿童相比，低收入家庭的儿童更早地结束正规教育，犯罪率更高，健康状况更差，且成年后失业率更高，就业收入更低[③]。为此，英国政府推出儿童补贴政策，申请对象为在英国居住至少半年以上的居民，且家中有16岁以下的儿童，外国人同样适用。申请者无须接受家计调查，且所获津贴享有免税优惠。1999年，第一个孩子周支付儿童津贴金额为14.40英镑，其他孩子为9.60英镑[④]。

此外，英国政府建立了儿童税收抵免项目，由国税局依据家庭的实际收入情况决定税收豁免额度，是目前儿童救助领域中最为重要的现金福利计划。2003年，儿童税收抵免和未成年人福利金两项每年为全国年收入低于13910英镑的贫困家庭（约占30%）提供的补贴

---

① 刘峰：《城镇弱势群体社会救助问题探析》，硕士学位论文，吉林大学，2010年。
② 邓新华、袁伦渠：《国外社会救助制度简述》，《中国劳动》2007年第12期。
③ 胡昌宇：《英国新工党政府经济与社会政策研究》，中国科学技术大学出版社2008年版，第167页。
④ 刘志英：《社会保障与贫富差距研究——典型国家的实践与中国的政策主张》，博士学位论文，武汉大学，2004年。

额达到3125英镑，有六百多万家庭、近千万未成年人受益于该计划[①]。

（二）住房救助

英国住房救助的主要享有者是在接受政府提供的住房福利后，依旧处于低收入标准的居民。住房救助的待遇主要有五类，即减免所有房产税、代缴房租、代缴全部水费、支付购房产生的贷款利息、向居住自有房的贫困者每年提供固定数额的修缮费和保险费[②]。现今，英国住房救助主要采取住房补贴的形式。

英国的住房补贴，是以地方政府为主体投资兴建公房，国民既可以低价租赁，也可以以较低的折扣或抵押贷款的方式购买该类住房，政府予以一定的补贴。英国的住房补贴有两种形式：一是政府直接出资建设保障住房，并低价出租或者低价出售给居民，居民使用贷款低价购买此类住房；二是政府为贫困租房者提供租房补贴，该项补贴的数额甚至可以满足租房者的全部租金需要[③]。1992年《社会保险缴费和补贴法》规定了住房救助享受对象需满足的条件：申请人或配偶应履行支付房租的义务；申请的住房为家庭唯一住所；申请人的资产应不多于16000英镑；申请者的收入水平符合补贴性收入的规定；申请人需接受财产调查[④]。需要注意的是，若申请者所住房源的居住面积过大抑或房租过高时，在计算住房补贴时的房租将少于申请者实际支付的房租金额。

住房补贴与收入支持项目配套实施，只要申请者符合收入支持的标准，则可获全额补贴。住房补贴主要用于补贴申请者的房租，也会

[①] 刘苏荣：《战后英国社会救助制度研究》，博士学位论文，云南大学，2011年。

[②] 陈静：《英国的社会救助体系及对我国的启示》，《新西部（下旬 理论版）》2011年第4期。

[③] 史青宇：《人口老龄化背景下英国福利制度研究》，硕士学位论文，郑州大学，2015年。

[④] [英国] 罗伯特·伊斯特：《社会保障法》，周长征等译，中国劳动社会保障出版社2008年版，第158页。

适时资助主要依靠收入支持的房主一定的贷款利息。事实上，住房补贴也与地方税收息息相关。因此，即使没有满足上述五个条件的低收入群体依旧可以申请税收减免或者住房补贴。

此外，作为非营利组织，英国住房协会在向低收入家庭提供住房服务的过程中发挥了不可替代的作用。住房协会的服务非常全面，且涵盖多个方面，不仅提供房屋信息，而且供有住房修缮、法律援助、协助申请贷款等。住房协会也可向低收入群体提供社区照顾补助金，若储蓄额度大于500英镑，资助金额则有相应的减少。补助金不可用于支付房租，主要用于必要性支出，如家具、煤气水电费用、生活必需品等。

（三）财产税补贴

1993年，英国政府针对应缴纳财产税的低收入群体实施仅适用于不动产财产税补贴。如果居民符合下列三项条件，则可获得财产税补贴：（1）其享有支付财产税的义务；（2）申请者的储蓄不得多于16000英镑；（3）申请者享受费缴费型求职津贴、收入支持项目。

（四）社会基金

1986年英国颁布《社会保障法》，在社会保障体系中引入社会基金。英国救济金局成立专门的团队负责社会基金的管理。社会基金的享受者是收入支持和求职者津贴申领者，以此满足其超出日常必备开支的需求。当然，在特殊情况下，社会基金也可向急需救助的群体发放，忽略申请者的硬性条件。社会基金主要满足申请者的以下三类需求：一是诸如水电、取暖等经常性的补贴需要；二是如修理家电、修缮房屋等一次性补贴需要；三是紧急救助，即遭遇特殊情况时，可申请一次性给付的款项。社会基金由法定社会基金和任意社会基金两部分组成，其中，前者主要用于对取暖费用、生育和丧葬费用的补贴，后者主要用于社区照护、紧急借款等事项。紧急价款通常在申请者所领取的补贴中以定期扣除的方式予以偿还。此外，申请者前往医疗机构看病所产生的交通费用也可获得一定的补助。

（五）收入支持

1998年，英国推行收入支持计划，旨在以救助金的方式保障低收入群体的基本生活。符合以下条件者可申请收入支持项目：（1）申请者的年龄须在18岁以上；（2）申请者本人每周工作时间不超过16小时；（3）申请者的配偶每周工作时间在24小时以下；（4）申请者及其配偶的资产少于8000英镑。收入支持可被视为英国社会救助制度的基石，通常情况下发放给病残者、单亲父母和60岁以上的老人。此外，在享受收入支持的家庭中，孕妇及5岁以下的儿童可获得免费牛奶。

收入支持主要由个人补贴和少量的额外补贴组成。在个人补贴方面，享受对象可分为18—24岁群体、25岁以上的单身人士、夫妻和三个年龄段的儿童。在额外补贴方面，受助对象可分为低收入家庭、单亲父母、80岁以上的退休者、80岁以下的退休者、残疾人以及重残者[1]。

与我国不同的是，英国收入支持津贴的发放并不是统一的，受助者的家庭成员情况、年龄等因素不同，接受的补助金也会有相应的区别。自1994年4月起，满25周岁的单身公民或满18岁的单身父母每周可获得51.4英镑；满18岁的夫妇每周可获得80.65英镑；11岁以下的儿童每周可获得24英镑；11—15岁的儿童每周可获得25.9英镑；16—18岁的儿童每周可获得30.95英镑[2]。

（六）工作税收抵免

为改善低收入群体的生活状况，提高其收入水平并鼓励家庭成员积极就业，英国推行工作家庭税收抵免。该计划的本质是一项负所得税，政府制定基本的救助标准，若家庭的净收入低于该标准，则可获得全额补助，若在该标准之上，救助金的减少率为55%。该抵免项目规定申请者和其配偶的储蓄须低于8000英镑，申请者每周工作时长不得低于16小时，管理部门每周都会将申请者和其配偶应缴的所

---

[1] 刘苏荣：《战后英国社会救助制度研究》，博士学位论文，云南大学，2011年。
[2] [英]内维尔·哈里斯：《社会保障法》，李西霞、李凌译，北京大学出版社2006年版，第112—113页。

第三章　支出型贫困家庭社会救助的国内外经验借鉴

得税和社会保险费扣除后的净收入予以核算。若核算后的净收入低于90英镑，可享受税收抵免的最高额度；若超过90英镑，可根据超出的数额进行一定程度的递减。工作家庭税收抵免待遇包括每周48.8英镑的基本生活津贴，另外提供随抚养子女年龄增长而变化的额外津贴，在孩子达到16—18岁时，额外津贴就会达到最高额度，为每周25.4英镑，若申请者每周工作时间在30小时以上，申请者还可额外获得到每周10.80英镑的特别津贴①。

2003年，英国政府用工作税收抵免取代工作家庭税收抵免项目，但仍旧是对有工作的低收入群体予以救助。该政策既可为重新工作而失去求职者津贴的劳动者提供过渡期的救助，也可作为工作激励的手段，以此提高劳动积极性②。在享受工作税收抵免方面，有如下规定：若家庭中有子女，申请者一周需至少工作16小时；若家庭中无子女，则申请者应年满25岁，且每周工作时间应多于30小时。

三　瑞典"普遍性"社会救助模式

作为世界上最早发展社会救助的国家之一，瑞典的社会救助体系广泛吸收融合各国的经典学说和先进经验，以英国贝弗里奇的思想作为指导，辅之以德国俾斯麦模式作为实践手段，在推行中逐步升华，被誉为"福利国家的橱窗"。作为世界上福利国家的典范，瑞典自中世纪起便关注社会救济，由于彼时宗教权力至高无上，因此教会在救助中发挥了较大的作用。随着政教分离的逐步推行，瑞典政府逐步在社会救助制度的建设和推行中占据主体地位。

1763年，瑞典颁布《救济法》，法典明确各镇可对贫困人口提供救济，并征收济贫税以此保障救济所需的费用③。此后，瑞典几经修

---

① 满清喆：《我国城市贫困群体的自立性救助问题研究》，硕士学位论文，东北财经大学，2015年。
② 形浩特：《英国社会救助体系的主要项目》，《中国社会报》2014年第9期。
③ 马红薇、郭春华：《他山之石善借用——瑞典、俄罗斯社会救助制度考察报告》，《中国民政》2016年第2期。

改和完善法典，使其成为社会救助制度顺利施行的基石。1847年，瑞典政府颁布《济贫法》，旨在救济无生活来源的老人和孤儿。1871年，为减少政府在救助中的责任，强调个人责任，瑞典再次颁布修改后的《济贫法》，该法在1918年再一次修改颁布。20世纪40年代后，瑞典深受英国《贝弗里奇报告》的影响，大刀阔斧改革其社会保障制度，逐步建立起独具瑞典特色的"普遍性"社会救助模式。1957年，为解决无法获得社会保险津贴和获得津贴后生活依旧贫困的群体的生活困难，瑞典颁布《社会福利和社会救助法》，强调政府对民众基本生活应负有重要责任，是新的社会救助制度建立的标志。以社会救助法代替济贫法，充分体现出对公民权利意识的尊重和人道主义精神，强调国家对公民应承担的关于社会保障的责任和义务，并将获得社会救助确定为公民权利的一部分[①]。1982年，瑞典社会民主党颁布《社会服务法》，代替《社会福利和社会救助法》，成为瑞典社会救助和社会福利服务的基本法，为瑞典民众提供更为全面和有效的社会保护和福利服务[②]。

社会服务法不仅包括现金救助，而且明确老年人、学前儿童、残疾人等群体的救助，涉及的内容十分宽泛，为瑞典民众提供更为精细化、精细化的保障体系。

在瑞典，以下群体可接受社会救助：（1）收入低于规定的最低生活标准的家庭；（2）没有参加相关社会保险或其他失业保障方式依旧无法保障其基本生活需要的失业群体；（3）并未加入健康保险项目或目前的健康保险难以满足其基本生活需求的病患群体；（4）因企业纠纷无法获得正常工作收入的群体；（5）因需在家照看儿童无法工作的群体。

瑞典制定其社会救助标准时，通常会考虑救助对象的实际救助需

[①] 周云红：《美国、德国和瑞典的社会政策建设及启示》，博士学位论文，山东大学，2012年。

[②] 冯英、聂文倩编著：《外国的社会救助》，中国社会出版社2007年版，第134页。

求，尤其区分住房费用和其他必要性开支。国家健康和福利委员会提供包括食物、服饰、娱乐、医疗卫生等具体涉及生活支持的细目，根据特定救助对象的实际情况予以加减。没有孩子的单人的救助标准为每月3255瑞典克朗；没有孩子的夫妇的标准为每月5455瑞典克朗，救助金额随着孩子年龄的增加而增加。以成年人为例，在2002年，1500瑞典克朗用于食物和饮料，450克朗用于服装和鞋子，340瑞典克朗用于休闲活动，200克朗用于卫生，其余的项目包括用于物品消费的90瑞典克朗及用于日报、电话和电视许可的530瑞典克朗[①]。

国家健康和社会福利委员会提供了按照标准覆盖的社会救助生活费用的细目。瑞典救助对象获得救助的期限是浮动的，在其已获得一个月的社会救助的情况下，若想继续得到救助，需要再次进行申请[②]。申请主要由社会福利办公室负责，其是地方政府主管社会救助支出的一个分部门。救助资金中央政府和地方政府共同承担，中央给予地方综合性财政资助与支持。至于具体救助金的使用，地方政府享有绝对自主权，地方政府可根据对实际情况的考量自行决定使用方向和范围。此种筹资和管理方式，便于分清与合理划分中央政府与地方政府在社会救助方面的不同职责，有利于明确地方政府的给予社会救助事务的权利与责任，能够提高救助的实施效果与效率[③]。

（一）住房补贴

瑞典住房补贴的享受对象主要是低收入家庭，该家庭的成员应处于工作年龄且育有19岁以下的子女，以保障其享有足够的住房面积。住房津贴的多少与家庭收入、子女数量和住房规模相关，救助额度随着家庭收入的增加逐步递减。住房补贴根据收入财产调查和家庭规模

---

① 孟祥龙：《我国城市弱势群体社会救助问题研究》，硕士学位论文，山东财经大学，2013年。
② 谢宜彤：《财政视角下城乡社会救助体系建设研究》，硕士学位论文，首都经济贸易大学，2011年。
③ 汪朝霞：《瑞典的社会救助制度》，《苏州科技学院学报》（社会科学版）2005年第4期。

及组成结构判断申请者的享有资格。一般情况下，申请人自己应负担一部分费用，住房补贴的力度最高可达到住房费用的75%，剩余部分由社会补贴予以补充。

(二) 社会补贴

为保障低收入群体的基本生活，瑞典政府向其提供社会补贴。该项目的救助对象主要是已就业群体但收入低于居住地政府制定的救助标准或享有其他其他社会保障支付的群体，需要注意的是，没有子女的领取失业保险金的单身群体没有社会补贴的享受资格。

社会补贴的内容主要有三项：（1）对每天基本标准生活费用的补贴（不包括住房费用）；（2）对常规性但非标准费用的补贴（包括医疗、旅行、幼儿看护等费用）；（3）对非常规性但必须支出的补贴（包括紧急情况下的开支)[1]。

申请社会补贴时应遵循以下程序。由于确定社会补贴的发放对象时需要进行财产调查，核算申请者的所有收入，因此申请者应如实上报其社会保险和住房补贴情况。政府在发放社会补贴时，本着申请人应充分利用自身的资源（包含储蓄存款和变卖财产）的原则。在现实情况中，若申请者并非首次申请补贴，而是在一段时间内一直接受救助，只需其变卖部分财产。以汽车、房屋为例，倘若其对于申请者就业或生活必不可缺，则该项规定可以被免除。此外，受助群体也应积极寻找工作，在公众职业服务处登记基本信息，反之则会减少救助金额，甚至拒绝其申请要求。

(三) 儿童补贴

为保证所有儿童在相对公平的环境中成长，体现机会均等原则，减少经济因素对儿童发展的负面影响，瑞典在其社会保障制度中对儿童福利、救助做了全面详细的规定。1948年，瑞典以立法形式施行普遍性儿童福利制度。1947年瑞典颁布儿童补贴法令，明确规定无

---

[1] 李东杰：《中国城市弱势群体社会救助研究》，硕士学位论文，山东大学，2008年。

论家庭经济情况,所有的瑞典儿童自出生到16岁都可获得由政府提供的补助,数额约为就业群体的平均工资水平,一季度发放一次,监护人代为领取。瑞典居民称之为儿童玩具费,以此开发儿童智力。

此外,所有有子女的家庭都可享受定期的家庭津贴,家中有不足16周岁子女可享受年度津贴,生活困难的家庭可获得临时补贴和救助。1995年,1个孩子每月可得750克朗的津贴,3个孩子可得2625克朗的津贴,4个孩子补贴3750克朗,3个和3个以上孩子的家庭还可得到额外补贴。另外,入托儿童的入托费用国家也有相应补助,入读公立学校的学生享受免费教育,其可以免费入学就读,免缴学费和书本费,享受免费午餐。在健康服务方面,瑞典12岁以下的生病儿童可申请临时健康救助,前14日的标准为照护者收入的80%,自14天后的受助标准为原收入的90%,但每年领取时间的最高额度为60天。

四 德国"辅助性"社会救助模式

德国是较早建立社会保险制度的国家,其社会救助制度也在欧洲国家中起步较早,德国社会救助的萌芽最早可追溯到1839—1881年。当时,本着人道主义精神,德国的宗教和社会团体兴办慈善事业,自发救助贫困群体。二战后,为了解决越发严重的社会问题,德国依据1949年的《德意志联邦共和国基本法》,于1961年颁布《联邦社会救济法》(BSHG),确立社会救助的体系和组织结构,后几经修改补充,使其成为社会救助的基本法典。[①]《联邦社会救济法》确定社会救助的主要任务是"确保受助者享有符合人类尊严的生活",赋予公民获得最低生活保障现金待遇的权利,以保证公民过上有尊严的生活,标志着德国社会救助制度的建立[②]。1975年,绝育和计划生育救

[①] 李志明:《德国的社会救助制度》,《学习时报》2014年8月18日。
[②] 李志明、邢梓琳:《德国的社会救助制度》,《中国民政》2014年第10期。

助被列入《联邦社会救助法》①。在社会救助制度的实施过程中，失业率居高不下，领取救助人数不断攀升，财政支出逐渐增加，并没有达到预期效果。因此，自20世纪90年代起，德国着手改革社会救助项目。施罗德政府提出社会救助改革方案（哈茨Ⅳ），从2005年1月1日起将《联邦社会救助法》纳入德国《社会法典》，并作为其第12章。改革后，具有就业能力的失业者所领取的失业救济金和社会救济金合并为失业金Ⅱ，社会救助主要为部分或永久丧失劳动能力及贫困群体提供最后一道保障。

德国社会救助的对象十分广泛，不仅包括德国全体国民，在德国的外国人也可享受救助。德国的社会救助项目大体可划分为两类：一是以低收入家庭为服务对象的生存救助，二是以特殊困难群体为救助对象的分类救助。前者为低收入家庭提供食品、服饰、住房及取暖等维持基本生活的救助，不仅包括物质层面，而且包括旅行、运动等精神文化层面。后者包括残疾人救助、老年人救助、疾病救助、盲人教育救助、孕妇和产妇救助、无家可归者救助、流浪者救助和在国外的德国人的救助等②。

值得注意的是，德国社会救助遵循自保公助的原则，在审查资格标准时，尤其注重家庭内部的互助和社会关系的维系，进行家庭成员审查范围。联邦法律明确规定，直系亲属间互有赡养、抚养的义务，若申请者的亲属有此能力，则不具备申请资格。直系亲属的范围是配偶、子女和父母。可以说，在德国，自我救助及寻求家庭、社会服务机构为第一顺位选择，社会救助为最末选择。

德国联邦政府劳动和社会部负责制定社会救助统一标准，各州政府根据联邦标准制定符合本州实际情况的具体救助标准与措施。一般情况下，申请者可获得的救助金额度主要参考其家庭成员的人口数量和年龄结构，同时参考家庭月收入、月支出及人均收入和支出水平。

---

① 曹清华：《德国社会救助制度的反贫困效应研究》，《德国研究》2008年第3期。
② 蒋欢：《中德社会救助制度比较分析》，《经济研究导刊》2012年第12期。

德国社会救助资金主要由地方政府承担（75%），取自工资税和燃油税，联邦政府予以一定的补充（25%），尤其向受助群体较多的地区倾斜。德国社会救助的标准较高，例如，一个有两个小孩（一个10岁、一个8岁）的家庭，若夫妻全部失业或者无业，这个家庭每月将会获得1732欧元的社会救济金（相当于17300元人民币），足以维持一家四口的生活[1]。

（一）住房津贴

为保障社会成员的基本生活，改善居住环境，德国实施住房津贴，在政策和资金层面向建设住房和购买租赁住房提供支持。住房津贴的享受对象在《联邦住宅补贴法》中有所规定，即收入不足以支撑其租住面积适当的房屋的公民，均可申请救助。德国政府积极支持新建住房，给予多样资助，政府也会出资建设廉租房，使得住房建设的成本下降，从而租金较低。此外，德国政府还对住房租金进行补贴，多子女家庭、养老金领取者、残疾人等符合救助条件的都可领取补助[2]。

（二）儿童津贴

在德国，儿童津贴因其对享受对象不加规定，即有子女的德国籍家庭均可申请按月获得的补贴，被誉为普惠式制度。此外，获得德国永久居留权或尚未取得永久居留权但满足一定条件的外籍居民生育孩子后也有权获得儿童津贴[3]。儿童津贴的数量与申请者家庭子女数量有关，每位孩子每月可得184欧元，第三个孩子上涨为每月190欧元，自第四个孩子起每月的津贴升为215欧元。

德国尤为重视教育，在义务教育阶段实行免费教育，政府承担所需费用。儿童津贴的享有者通常年龄在18岁以下，若其继续接受高

---

[1] 王齐彦主编：《中国城乡社会救助体系建设研究》，人民出版社2009年版，第201页。
[2] 周云红：《美国、德国和瑞典的社会政策建设及启示》，博士学位论文，山东大学，2012年。
[3] 刘涛：《德国社会福利体系及其对中国社会福利制度设计的启示》，《中国公共政策评论》2015年第9期。

等教育，则津贴可支付至 25 岁。另外，德国对接受教育者给予大量补贴，普通教育和职业培训学生都可以得到各种形式的补助[①]。

（三）生活费用救助

生活费用救助是德国社会救助制度最重要的组成部分，主要包括基础费用、额外补贴、住宿暖气补贴三类。一般情况下，申请者均可获得基础费用，居住地不同所获得的救助费用也有所不同。在 2005 年前，若申请者在德国西部，可获得 546 马克的救助费用，若在东部，则可获得 527 马克。额外补贴的获得者主要是 65 岁以上的老年群体、孕妇和失去劳动能力的残疾群体。此外，只要在地方社会福利局确定的补贴费用范围内，需要救助者均可获得住房暖气补贴。1954 年，德国实行家庭补贴法，依据雇主缴费向两个及以上孩子的家庭提供补贴。从 1964 年起，德国联邦政府开始在家庭补贴中承担主体责任，补助相关费用。

第三节 国内外经验总结

通过对国内外社会救助实践资料的梳理与总结，我们发现，尽管各地经济社会发展水平存在差异，自然环境、文化习俗也存在明显不同，但在社会救助的理念、模式和具体政策方面却存在着一定的相似性，这些宝贵的实践经验对于西部地区试点开展支出型贫困家庭的社会救助实践，推动西部地区社会保护体系的改革与完善，具有重要的实际参考价值和理论指导意义。

一 社会救助立法先行

社会救助是针对社会弱势群体的基本生存保障措施，是促进社会底线公平的社会调节机制与社会福利制度。发达国家社会救助经历了

---

① 周云红：《美国、德国和瑞典的社会政策建设及启示》，博士学位论文，山东大学，2012 年。

上百年的发展历程,在长期的社会实践中,完善的法律制度与政策体系为社会救助制度的有效运行提供了保障。社会弱势群体获得物质帮助的基本生存权利和发展权利需要法律提供有效保障。立法有助于社会救助制度的确立与定型,更是进一步科学完善社会救助制度的基础。

二 社会救助以政府为责任主体

综观世界各国社会救助的发展史,尽管社会救助最早来源于慈善和社会互助,但自从政府开始介入社会救助领域以后,极大地推动了社会救助制度的发展,促进了社会救助的公平公正与服务均等化。政府通过财力保障为社会救助的发展提供物质基础和可靠的经费来源,使传统的基于偶然性与不确定性的临时救助转变为了制度化的社会救助,使社会救助由慈善、恩赐转变为了公民权利,随之社会救助成为政府责任与义务,公民可以有尊严地接受救助。

三 社会救助的覆盖范围不断扩大

随着社会经济的发展以及政府施政理念的调整,社会建设和社会管理得到空前的快速发展,包括公众福祉、民生保障和社会服务在内的社会事业得到前所未有的重视。社会救助的范围不断扩大,由收入型贫困人群扩大到支出型贫困人群,由基本生存需求救助扩大到发展型需求救助,形成了生存救助与专项救助和临时救助相衔接的完善的社会救助网络体系。救助项目增加、受益对象增加,是社会救助范围扩大的主要表现。

四 社会救助的保障水平与经济发展相协调

社会救助的保障标准设置既关系到社会救助的对象范围,也关系到社会救助的保障水平和救助质量。国际经验表明,任何国家的社会福利水平都必须与本国的经济社会发展水平相适应,福利水平过低和过高都会阻碍经济的发展与社会的和谐稳定。对于社会救助而言，保障水平过低，无法保障公民的基本生存权利，保障水平过高，又会滋生惰性，导致福利依赖，不利于促进受救助群体的就业积极性和劳动潜能，同时也会导致社会效率和社会活力的缺失，对经济社会发展造成极为不利的影响，也会使财政背上沉重的转移支付负担。因此，合理确定保障标准和保障水平，是提高社会救助绩效的关键。

五　地区实践促进社会救助改革创新

任何改革都可以归类为自上而下的改革与自下而上的改革，而制度创新往往离不开基层的摸索和地区实践。支出型贫困家庭社会救助在中国部分地区的创新尝试，体现了中国智慧与中国经验，其改革创新的动力来源于公民诉求，来源于基层实践，是对现有社会救助制度缺陷的有效弥合，是社会救助领域的重大突破。自下而上的制度创新尝试，能够避免创新失败的社会风险，降低不确定性风险对经济社会的影响。同时，将地区创新试点的经验及时总结并确立为社会救助的基本制度，自上而下全面推开，将有利于整个国家社会救助治理体系和社会救助治理与服务能力的现代化，积极促进社会救助精细化管理和精准化服务工作的开展，提高支出型贫困家庭社会救助制度的运行绩效，减少制度推行的障碍与运行成本。

第四章　西部地区支出型贫困家庭教育救助研究

第一节　国家和西部地区教育救助政策梳理

教育救助是国家和社会为保障适龄人口获得接受教育的公平机会而对贫困地区和贫困家庭子女提供物质援助的一种社会救助，是维护、尊重公民生存权、发展权的重要体现，是国家社会救助体系不可或缺的一部分。[①] 教育救助根据受助对象的不同可以被分为三个层次，分别为对贫困家庭子女的整体救助；对贫困地区的整体性救助；以及对贫困落后国家的救助，即国际间的教育援助，本书主要探讨对贫困家庭子女的整体救助。

中国教育救助经过 10 多年的发展，已经初步建立起了包括学前教育救助、义务教育救助、高中教育救助及其他辅助教育救助等。教育救助制度的建立，不仅保障了国家适龄人口平等接受教育的权利，同时也有效减少了贫困家庭子女教育经费的支出，一定程度上缓解了贫困家庭的经济压力，为贫困家庭子女接受教育提供基本物质保障。

根据以往的研究成果可以发现，我国现行教育救助制度多以低保身份为"准入门槛"，以资金扶持为主要方式，以帮助贫困家庭子女

---

① 郑功成主编：《社会保障学》，中国劳动社会保障出版社 2013 年版，第 288 页。

接受教育为根本目的，通过中央、地方政府以及社会力量筹集资金，依据现行制度开展多层次、多渠道、多方位的教育帮扶。然而，不可否认的是，在确定救助对象的过程中，教育救助制度对目标群体的定位存在一定的偏差，从而使得一些处于低保边缘户的低收入群体被排除在教育制度之外，甚至出现由于教育经费支出过多而陷入贫困境遇的"支出型贫困"家庭。如何在保障教育救助制度稳定运行的前提下兼顾"支出型贫困"家庭子女的教育，如何更好地将有限的教育资源用于最需要的人群身上，是当下教育救助制度不得不妥善解决的问题。

与其他地区相比，西部地区在政治、经济、文化及社会生活等各个方面都有其发展特殊性，研究西部地区支出型贫困家庭教育救助的发展状况，对我国现行教育救助体系的完善具有重要的推动意义，同时也能为解决西部地区支出型贫困家庭的特殊情况提供一定的理论指导。

一 国家层面教育救助政策概述

中华人民共和国成立后，国家采取了一系列政策和措施积极发展教育事业，特别是对贫困地区和贫困家庭的学生采取了多种救助措施，帮助贫困家庭的孩子完成学业，努力促进教育公平，避免贫困的代际传递，畅通社会流动机制，改善社会分层结构，促进社会和谐稳定。从国家政策层面来看，既包括全国统一性的教育救助措施，也有针对西部地区和贫困地区的专项政策。

从政策的覆盖范围来看，从最初的义务教育资助政策，逐步向高等教育、中等教育拓展，与此同时，高职、中职也被纳入教育救助的保障范围，学前教育也成为政府关注的重要领域。我国关于义务教育制度的探索可以追溯到20世纪80年代，中央发布了《关于教育体制改革》的决定，第一次明确提出发展九年义务教育的构想和蓝图。后来，《义务教育法》及其《实施细则》相继颁布，义务教育制度得以正式确立。义务教育是具有福利性和强制性双重特征的基本国民教育制度,也兼具一定的救助性特征。[①] 进入21世纪以来,国家针对农村贫困家庭学生出台了"两免一补"政策,针对农民工流动子女出台了流入地义务教育安置政策,此后"两免一补"政策逐步惠及城市低保家庭,免除学杂费的政策实现了城乡同步和统筹发展。2007年,国务院出台文件,建立起了针对本专科、高职、中职家庭经济困难学生的资助政策体系。[②] 自2010年秋季学期起,我国开始实施高中阶段国家助学金制度,由中央和地方共同设立国家助学金,用以资助普通高中教育阶段的贫困生。我国自2010年开始逐步探索并发展学前教育阶段的政府帮扶制度,国务院出台了发展学前教育的相关指导性意见,明确了学前教育发展方向和目标。[③] 随后,为妥善发展国家学前教育事业,切实解决家庭经济困难的儿童入园问题,财政部和教育部联合下发文件,明确了建立学前教育资助制度的目标、原则、资助项目和资金筹集与使用等内容。[④] 2015年,财政部及教育部联合出台了文件,对中央财政资金资助学前教育发展的分配和使用作出明确规定。[⑤] 至此,我国建立起了从幼儿园到大学和研究生教育的系统性教育资助体系。

从实施主体方面来看,从最初的政府单一救助,逐步向多元化教育救助主体转变,形成了政府、学校、社会等多元主体广泛参与的合作治理格局。中央政府与地方政府共同承担财政出资责任,是教育救

[①] 郑功成:《中国社会保障30年》,人民出版社2008年版,第87页。
[②] 《国务院关于建立健全普通本科高校、高等职业学校和中等职业学校家庭经济困难学生资助政策体系的意见》,中国政府网,2007年5月13日,https://www.gov.cn/zhuanti/2015-06/13/content_2878971.htm,2023年2月1日。
[③] 《国务院关于当前发展学前教育的若干意见》,中国政府网,2010年11月21日,https://www.gov.cn/zhengce/zhengceku/2010-11/24/content_5421.htm,2023年2月12日。
[④] 《关于建立学前教育资助制度的意见》,中华人民共和国教育部政府门户网站,2011年9月5日,http://www.moe.gov.cn/jyb_xxgk/moe_1777/moe_1779/201308/t20130807_155306.html,2023年2月12日。
[⑤] 《中央财政支持学前教育发展资金管理办法》,中国政府网,2015年7月1日,https://www.gov.cn/gongbao/content/2015/content_2973168.htm,2023年2月14日。

助的核心主体。各类学校也在事业经费中提取一定比例的资金，通常为3%—5%，用于对困难学生的费用减免和发放困难补助等。同时，国家也鼓励企事业单位和社会力量及公民个人参与教育救助，形成政府救助与慈善救助相结合的多层次教育救助体系和机制。

从资源配置方式来看，逐步实现有计划向市场的转型。在计划经济初期，我国高等教育完全采取政府包办的教育模式，受教育者不需缴纳学费和杂费，还可获得国家助学金或奖学金等资金扶持。进入20世纪90年代后，我国逐渐改变了计划经济时期包办教学的教育模式，受教育者需要缴纳学费及相关费用，与此同时，国家也推出了多项新的资助与救助政策，弥补教育资源配置的市场失灵，缓解困难家庭子女入学难的困境。

从救助方式来看，费用减免、资助和奖励并举。国家在高等教育和高职、中职教育中设立了国家奖学金和助学金制度，用于资助贫困家庭学生特别是品学兼优学生能够顺利完成学业。各级各类学校均建立了针对困难家庭学生的学费减免政策。此外，还包括助学贴息贷款等政策性金融工具引导的教育救助机制。针对教育支出数额较大的高等教育，建立了从入学绿色通道到毕业时的就业补助、返乡补助等一系列救助组合。同时，通过校内勤工助学等方式，为困难学生提供生活救助。对于研究生而言，家庭困难学生可以通过学校和导师开设的助教、助研、助管岗位，获得固定的报酬作为基本生活费用，减轻家庭经济负担。

从对西部地区的倾斜性政策来看，西部地区教育救助实现了普遍保障、重点保障和优先保障相结合。国家要求各级地方政府加大教育投入力度，将教育经费纳入财政预算优先予以保障，对西部地区和边远贫困地区的教育发展给予重点和优先支持。此外，中央财政也设立了专项经费，通过转移支付的形式对西部地区和边疆地区教育事业发展和教育救助事业发展，提供有力的资金保障。

总而言之，从国家层面出台的系列教育发展和教育救助政策来看，教育在我国已经被置于优先发展的战略重点，发展教育是国家的希望和民族的希望。因此，教育救助的体制和机制建设，是新时代弥补教育资源配置市场失灵、确保底线公平和社会流动公平的重要制度保障。

二 西部地区教育救助政策概述

西部地区教育救助政策大多以中央教育救助制度为主线，在合理运用教育经费、妥善安置教育资源的基础上根据地区实际进行救助项目的完善或扩展。新中国成立初期，国家便探索建立了教育补助政策，政策规定了西部地区的教育经费，各地政府除按一般开支标准预算和拨付以外，还应按各西部地区的经济发展状况和教育事业发展的实际情况，额外拨付教育专款，通过专项资金解决西部地区学校的教育设施、教师福利待遇、学生基本生活等方面的特殊困难，满足其特殊需求。[①] 目前，各西部地区根据经济发展状况、文化及社会特点已基本建立了区域内教育救助体系。除贯彻中央规定的各项学生资助政策外，各西部地区也根据地区实际建立了具有地区特色的教育救助政策。

（一）内蒙古自治区学生特色资助政策概述

在普通高中教育救助方面，2014 年内蒙古自治区财政厅、教育厅、民政厅联合印发了《城乡低保家庭子女升入普通高校新生租住资金管理暂行办法》[②]，规定对当年被录取到普通高等学校、具有内蒙古户籍且录取时为城乡低保家庭的子女，录取到普通高校本科类的新生一次性资助 4 万元；录取到普通高校专科或高职高专类的新生一次性资助 3 万元，所需资金全部由自治区本级财政承担。

2015 年自治区民政厅联合教育厅、财政厅印发《关于做好孤儿

[①] 《全国少数民族教育工作会议》，中国民族文化资源库，2018 年 2 月 7 日，http://www.mzzyk.com/mzwhzyk/674771/682488/718748/lilunyanjiu/664940/index.html，2023 年 2 月 3 日。

[②] 《城乡低保家庭子女升入普通高校新生资助资金管理暂行办法》，内蒙古自治区财政厅，2014 年 8 月 1 日，https://law.esnai.com/mview/154077/，2023 年 2 月 11 日。

升入普通高校新生资助工作的通知》，对从 2015 年起当年被录取到普通高等学校、具有内蒙古户籍且录取时为孤儿的学生实施教育资助。

在高等教育救助方面，2005 年内蒙古自治区提出建立家庭经济困难学生普通高校新生入学资助制度，2014 年此项制度正式建立。制度规定对具有内蒙古自治区户籍且录取时为城乡低保家庭子女的新生实施教育资助政策，对考取普通高校本科类的一次性资助 4 万元，考取专科或高职高专类的一次性资助 3 万元[①]，从而确保经济困难家庭学生顺利完成高等教育。

表 4-1　　2012 年至 2015 年内蒙古自治区高等教育救助情况

年份	救助人数			救助资金		
	低保家庭子女	孤儿	贫困家庭子女	低保家庭子女	孤儿	贫困家庭子女
2012 年	—	—	24800	—	—	6338.8 万元
2013 年	—	—	16200	—	—	4491.7 万元
2014 年	18600	—	—	6.54 亿元	—	—
2015 年	21489	—	23467	7.53 亿元	493 万元	7040.1 万元

数据来源：根据内蒙古教育厅民政厅数据整理。

2014 年，呼和浩特市民政局发布了《关于做好呼和浩特市家庭经济困难大学生政府资助工作的通知》。通知规定对低保边缘等困难家庭大学生 6 类人员进行资助，自入学起每生每年资助 6000 元，直到毕业为止，资助金全部由市政府承担。这一通知保障了低保户以外的困难家庭子女享受接受高等教育的权利，是全区高等教育救助工作的进一步突破。

除此之外，内蒙古自治区自行发动了"特困学生市长助学行动""希望工程圆梦行动""河套酒业百万义卖圆梦大学""金秋助学计

---

① 《城乡低保家庭子女升入普通高校新生资助资金管理暂行办法》，内蒙古自治区财政厅，2014 年 8 月 1 日，https：//law.esnai.com/mview/154077/，2023 年 2 月 11 日。

划""圆梦女孩助学行动暨关爱计生工作者子女助学金""雨露计划"等。

(二) 广西壮族自治区学生特色资助政策概述

广西壮族自治区实行义务教育阶段和中等职业教育阶段的免费教育政策，全面免除学费和杂费的教育收费项目。该项政策惠及广西壮族自治区范围内义务教育阶段学生及中等职业教育阶段学生，具有显著的普遍性与普惠性的特征。

2016年初，广西明确从秋季学期起对学生资助政策做重大调整，全区建档立卡贫困户子女将享受从学前教育到高中阶段教育的15年免费教育。其中，将建档立卡贫困户家庭学生享受的普通高中国家助学金由每生每年2500元提高至3500元，普通高校国家助学金由每生每年3500元提高至4000元，并明确规定建档立卡贫困户家庭学生100%纳入国家助学金资助范围。新出台的政策明确：对建档立卡贫困户家庭适龄在园幼儿免除保育费和教育费，对建档立卡贫困户家庭学生免除普通高中学杂费。该政策将教育福利从义务教育扩大到学前教育和高中教育，兼具福利和救助双重特征。

建档立卡贫困户家庭学生资助政策全面实施后，建档立卡贫困户家庭学生（父母或其他监护人）可在新生入学时，向所在学校（幼儿园）提出资助申请，并提交有效《扶贫手册》或县级以上扶贫部门开具的贫困户证明，经审核确认后即可享受以上资助政策。

(三) 新疆维吾尔自治区学生特色资助政策概述

在义务教育阶段，新疆维吾尔自治区针对自治区内24个国家试点县及11个自治区试点县的农村义务教育阶段小学生和初中生实行学生营养改善计划，该计划的资助标准为800元/生/年，大大减轻了自治区内义务教育阶段学生家庭负担，有效促进了新疆教育事业的发展。

在中等职业教育阶段，自2015年秋季学期起，新疆所有中等职业学校学生可100%享受免学费政策。中央财政统一按照每生每年

2000元的标准与地方财政按比例分担。涉农专业范围，根据2010年教育部发布的中等职业学校专业目录及专业设置管理办法确定。

在普通高中教育阶段，从2010年开始，自治区实施普通高中的国家助学金政策，并针对不同区域实行差别化的助学资助措施。新疆维吾尔自治区南疆四地州普通高中学生100%享受助学金政策，其他地区按照在校生的30%确定享受范围。从2015年春季学期起，助学金标准由1500元提高到每生每年2000元。

在高等教育阶段，自治区除国家助学金外自行设立人民政府高校奖助学金，每年拿出专项资金1.6亿元，资助高校家庭经济困难学生。

2011年，自治区决定对高校少数民族预科学生实施学费和住宿费补助政策，凡是当年入学高校预科新生100%享受每生每年4000元的学费和住宿费补助资金。

（四）宁夏回族自治区特色学生资助政策概述

宁夏回族自治区自行设立了学前一年教育助学金，资助面山区为30%，川区20%，资助标准每生每年1000元，按10个月发放，用于补助家庭经济困难儿童的保教费开支。幼儿园实际收费标准高于补助标准的，不足部分由幼儿家长承担；低于补助标准的，剩余资金用于在本园内扩大资助比例。

在中等职业教育阶段，宁夏回族自治区对全区中等职业学校全日制正式学籍一年级、二年级、三年级在校所有学生免除学费，大大减轻了中等职业教育学生的家庭负担。

（五）西藏自治区特色学生资助政策概述

在义务教育阶段，西藏自1985年便开始实行农牧民中小学"三包"和助学金制度，"三包"即包吃、包住、包学习费用。自2011年春节起，"三包"经费补助标准为每学年每生1900元，该政策惠及了西藏总人口80%以上的广大农牧民。

在高等教育阶段，西藏出台了《西藏自治区高校特困生资助管理办法》，高校特困生资助金从"广州市援助西藏教育基金"收益中支付。凡考入区外重点高校本科生资助 5000 元，区外一般高校本科、专科生资助 4000 元，区内高等院校本科、专科生资助 1000 元。

第二节 西部地区现行教育救助政策的对象范围和识别标准

一 学前教育阶段

国家政策规定，学前教育阶段的教育救助对象范围主要是县级以上教育行政部门审批设立的普惠性幼儿园中的困难家庭学生，包括公立幼儿园中的困难家庭儿童、孤儿和残疾儿童。

广西壮族自治区在参考国家学前教育救助相关政策的基础上，将教育资助的对象范围进行了拓展，在优先确保贫困家庭儿童、孤儿、残疾儿童教育资助的基础上，将城乡最低生活保障家庭子女、家庭困难的农村计划生育独生子女、双女户家庭子女和革命烈士子女逐步纳入教育救助的政策范围。

其识别标准为证件证明以及村委会或社区居委会等基层治理组织出具的家庭经济困难的证明。具体申请程序如下：每年 9 月 30 日前，儿童家长凭《广西学前教育资助资金申请表》，连同包括家庭成员等在内的户口簿（复印件）和有关证明（孤儿证明、残疾证明、烈士证明、低保证等证件以及户籍所在村委会或社区居委会出具的家庭经济困难的证明），向所在幼儿园提交书面申请。

由幼儿园教师和社区居委会干部组成评审小组，对学生家长提供的申请材料进行审核与评定，提出入园补助对象的建议名单和救助档次，经过公示和教育主管部门审核后，向学生家长的账户支付学前教育入园补助金。

在呼伦贝尔市日前公布的《呼伦贝尔市人民政府办公厅关于实施学前教育资助政策的通知》中规定：各幼儿园要成立学前教育政府助

学金评审工作小组,根据通知要求制定本单位学前教育助学金的评审办法,同时受理学生家长申请的相关材料,负责组织初审,并及时在本单位范围内公示初评结果。在幼儿园家庭经济困难学生政府助学金申请表中,家庭信息一栏将家庭人口数、家庭收入及家庭收入来源作为主要评审项目,但目前并未出台对信息真实性的审查意见,一定程度上存在骗取资助的风险。

在学前教育救助对象的救助范围方面,国家各省(直辖市、自治区)均以中央政策为蓝本,大多以经县级以上教育行政部门审批设立的普惠性幼儿园中的家庭经济困难儿童、孤儿和残疾儿童等特殊困难群体为救助对象,个别地区虽然根据区域实际情况做出了部分调整和改变,但其目标人群仍旧定位于家庭经济困难或存在能力缺陷的儿童。

在救助对象的识别标准方面,各地均比较模糊,一般仅以"家庭经济困难"为基本标准,并未具体阐释其含义,幼儿园大多通过成立专家评审小组评议决定资助名额。

二 义务教育阶段

义务教育阶段首先在农村地区实行"两免一补",即免除学费杂费,补助家庭经济困难寄宿生制度,后将免除课本费与杂费扩展到城市低保户家庭,现在已全面免除义务教育阶段学生的学费及杂费。

2006年,国家进一步明确落实农村义务教育阶段困难家庭寄宿生的生活费补助政策,对中西部地区给予倾斜性政策,明确了农村义务教育阶段困难家庭寄宿生生活费的基本补助标准,该政策从2007年秋季学期起执行。

在救助对象方面,政策规定:"两免一补"资金不得用于城区、农村比较富裕家庭的学生资助,也不得搞平均分配和轮流享受资助。对符合计划生育政策的贫困家庭学生优先进行资助。

其中,内蒙古自治区规定,"两免一补"的实施范围主要包括农牧业人口较多的边境旗县（不包括满洲里市、阿尔山市、二连浩特市）、纯牧业旗县、国家扶贫开发工作重点旗县、自治区确定的贫困旗县（不包括乌海市海南区）、土默特左旗、土默特右旗、开鲁县、五原县和杭锦后旗。全区纳入实施范围的旗县共计75个，由自治区统一组织实施。未纳入此范围的县级市或市辖区可比照自治区的方案自行组织实施。

目前，我国已经基本实现了免除城乡义务教育阶段学生学费和杂费的目标，对家庭经济困难的寄宿生的审定大多由学校组织，公示无异议后报上级部门批示。

此外，国家从2011年开始对农村地区义务教育阶段学生实施营养改善计划。营养改善计划的救助对象规定为：首先在集中连片特困地区开展农村义务教育阶段学生营养改善计划试点。对于连片特困地区以外的其他地区，各地应以贫困地区、西部地区、边疆边境地区和革命老区等为实施重点。

由此可以看出，目前国家在义务教育救助阶段的救助政策主要包括两个方面，即家庭经济困难的寄宿生补助及营养改善计划。其中，对寄宿生的补助由各省市按照地方财政负担能力自行决定，享受资格认定没有统一标准，一般多以低保户家庭为救助重点。营养改善计划的救助对象则以区域为主，旨在增强贫困地区义务教育阶段儿童的身体素质。

三 高中教育阶段

自2010年起，中央与地方政府共同设立高中教育阶段国家助学金，资助对象为普通高中在校生中的困难家庭学生，资助面约占全国普通高中在校生总数的五分之一。财政部、教育部根据各地经济发展情况、平均生活费用支出等因素综合确定各省的资助对象范围和覆盖面。中西部地区的资助面远高于东部地区，受益面可以达到30%，是东部地区的3倍。同时，中央也允许各地可结合地区实际，在确定资助对象时向农村地区、贫困地区倾斜。

识别标准以普通高中国家助学金申请表为主，学校成立评审小组，以家庭经济状况一栏为主要审查项目，针对家庭人口数、家庭年收入及人均年收入进行比较，差额确定学校受资助学生名单。

四 中等职业教育阶段

中等职业教育阶段，国家成立专项资金对贫困家庭学生实行助学金补助，并建立学费减收和免收制度，救助对象设定为贫困家庭学生，特别是孤残学生、单亲贫困家庭学生、父母丧失劳动能力学生、少数民族学生、烈士子女、单亲贫困家庭学生、农村绝对贫困或低收入家庭学生、享受城乡居民最低生活保障政策的家庭和因突发事件、意外变故导致家庭经济困难的中职院校学生，救助对象的实施范围逐步扩大，救助门槛逐步降低。

以新疆为例，根据新疆现行中职教育救助政策的相关规定，国家助学金的资助对象是具有中等职业学校正式学籍的全日制在校农村户籍的学生以及城镇经济困难家庭的学生[①]。新录取的学生在发放录取通知书时将国家助学金的相关政策文件和申请表格一并送达，入学后第一时间即可申请和提交材料。学校受理申请后及时组织评审，学校初审结果经过公示程序后报送财政和教育部门审核确定最终资助对象名单。助学金的发放通过银行卡统一支付，直接进入学生个人账户。

五 高等教育阶段

高等教育阶段教育救助的对象范围主要是本科高校、高职、高专院校家庭经济困难的大学生，也包括硕士和博士研究生。对于家庭经济困难学生有较为严格的定义和标准，经过贫困建档的高等院校学生

---

① 《新疆维吾尔自治区中等职业学校国家助学金管理实施办法》，新疆维吾尔自治区教育厅，2018年11月14日，https://jyt.xinjiang.gov.cn/edu/lwlb/201811/b76fa1ca0cee445c8806b765cc4a78e5.shtml，2023年2月23日。

才能有机会享受教育救助。经济困难大学生是指学生本人及其家庭的经济收入和所能筹集到的可用于教育的资金，不足以支付其在校期间的学习、食宿费用的贫困学生。申请经济困难大学生贫困建档的学生个人，需要向高校提供户籍所在地或家庭常住地民政部门审核的《高等学校学生及家庭情况调查表》，以此证明学生家庭的经济收支情况和困难程度，作为学校进行贫困建档和奖助学金评定的基本依据。学校按照有关政策要求的认定程序和标准对申请人的资料和资格进行审核与民主评议，确定贫困建档资格和名单。

只有获得贫困建档的大学生才有资格申请高等学校的各类教育救助的奖助项目。其中，国家助学金仅以家庭经济状况为评定依据，是高等教育救助的兜底性社会保障。而针对贫困大学生的国家励志奖学金在评定时，不仅要求是贫困家庭，还对学业成绩有一定的要求，是对品学兼优和全面发展的贫困家庭学生的奖励性帮扶措施。国家助学金与励志奖学金的识别标准均为学生自行递交的申请表及家庭经济困难证明，由评议委员会根据学生情况进行比较，最终差额认定受助名额。

此外，高等教育阶段对困难学生的资助还有一个重要的政策性金融支持项目，即国家助学贷款。助学贷款不同于一般的银行贷款，它是政府主导和贴息的政策性贷款项目，具体由各西部地区财政、教育部门和高等院校协同经办。助学贷款项目专款专用，主要用于在校困难学生支付学费、书费和食宿交通费用等基本教育和基本生活费用。在识别标准方面，学生需要通过所在学校向银行申请国家助学贷款，学校相关部门负责对本校学生提交的贷款申请进行材料复审和资格审查，对学生提交材料的真实性和完整性负有一定审核与监督责任，对学生贷款偿付和资金合理使用负有一定的监督管理责任。银行负责审批学生的贷款申请以及贷款的后期管理与服务。

对于国家高等教育救助项目，各西部省（直辖市、自治区）均按照国家高等教育救助体系运行。除上述救助项目外，部分西部地区根据本地区情况设立了新生入学资助等资助项目,分别对城乡低保家庭子女、城乡其他经济困难学生资助政策作出具体规定。例如内蒙古自治区规定:城乡低保家庭子女教育资助政策的资助对象范围为当年被录取到普通高等院校、具有内蒙古自治区户籍且录取时为城乡低保家庭的子女。符合条件的低保家庭子女向所在地教育和民政部门提出资助申请,各盟市旗县学生资助管理部门和教育、民政部门根据普通高校录取的进度和时间,及时受理、审核和公示享受资助学生的名单,并在本科和高职高专录取工作完成后,分两批次将享受资助学生汇总名单上报自治区学生资助管理部门,由其汇总后及时上报自治区财政厅,自治区财政厅收到申请拨付资助资金文件后,及时将资金直接拨付到旗县(市、区)财政局,旗县(市、区)财政局根据学生资助管理部门提供的学生名单和银行账号,及时将资助资金打入学生银行卡中。上述政策是自治区层面对低保家庭子女的统一性资助政策。城乡非低保的其他家庭经济困难学生考入普通高校的新生入学资助政策,由各盟市自行制定,分级筹资,并报自治区备案。

第三节 西部地区教育救助的措施和标准

西部地区学生资助的政策体系基本上是按照国家统一的宏观顶层设计布局的,各西部地区均按照国家教育救助体系运行,地方财政也应承担与其事权相对的教育救助支出。以下是对西部地区各级各类教育救助措施和标准的梳理和归类。[①]

一 学前教育阶段

西部地区学前教育阶段的教育救助和资助以政府资助为主,同时学前教育机构和社会力量广泛参与并提供有力支持。地方政府对普惠

① 资料来源:笔者根据国家和西部地区相关政策整理。

型公立幼儿园中的困难家庭儿童和孤儿给予补贴,同时对残疾儿童给予适当照顾。中央财政根据地方的学前教育资助政策补贴标准、实施绩效和财政资金投入情况进行奖补激励与补贴。学前教育机构提供包括收费减免、困难补助等学前教育救助和资助方式,具体标准由各机构根据政府相关政策自行确定。同时,各地也出台优惠政策,引导和鼓励企业、社会团体组织及公民个人等以慈善方式对学前教育阶段的困难儿童提供捐资助学和慈善救助。

二 义务教育阶段

义务教育阶段困难家庭学生所能享受的教育救助项目包括免收学杂费、免费提供教科书和营养改善计划等,同时对困难家庭的寄宿制学生提供一定的生活补助。西部地区义务教育阶段学杂费减免所需资金由中央财政承担80%,西部地区地方财政承担剩余20%。西部地区免费提供教科书所需资金由中央全额负责。对于纳入国家试点的西部地区,农村学生营养改善和膳食补助标准为每人每天4元,所需资金全部由中央财政承担。中西部地区农村困难家庭寄宿制学生的生活费补贴的基本标准为小学每天4元,初中每天5元。寄宿生活补贴由地方制定标准和承担出资责任,基本标准部分由中央财政给予50%的奖励性补贴,西部地区自行提高的部分,资金由省级财政统筹解决。

三 高中教育阶段

西部地区普通高中教育阶段针对困难家庭学生的教育救助措施主要包括国家助学金资助、学校资助和社会资助等救助方式。西部地区普通高中国家助学金的平均资助标准为每生每年2000元,各地根据实际情况,在一定的浮动区间,划分几个档次分档实施。考虑西部地区的经济发展状况、就业收入情况、人口因素、物价与生活成本因素等综合情况,国家助学金的资助受益面最高可以达到30%。国家助学金救助的重点是农村地区。西部地区的普通高中也会从学校的事业经费中提取一定比例用于家庭困难在校生的资助,具体形式包括学费减免、设立学校奖助学金以及发放特殊困难补助等。同时,国家和西部地区地方政府也鼓励企事业单位、社会力量和公民个人通过慈善方式捐资助学普通高中教育。

四 中等职业教育阶段

西部地区中等职业教育近些年在国家的政策扶持下得到了空前发展,国家助学金制度也将中等职业教育纳入了教育救助范围。由中央财政和西部地区地方财政安排专项资金用于西部地区中等职业教育阶段家庭困难学生的教育救助。国家助学金的基本标准为每人每年2000元。各西部地区也可以根据地区实际和财力情况或者助学金的发放范围制定高于国家基本标准的助学金标准。国家对于极度贫困的西部地区,采取区域倾斜政策发放国家助学金。例如,对于处理集中连片特困地区、西藏和四省藏区、新疆南疆部分地区的农村中职学生教育问题,因贫困发生率高,已将其全部纳入国家助学金的教育救助资助范围。此外,国家对西部地区中等职业学校在校生中的农村户籍学生、城市家庭经济困难学生免除学费;同时将救助范围扩大到民办中等职业学校。符合条件的中职学生按照当地公办中等职业学校学费标准给予减免,高出公办学费的部分,由学生家庭自行负担。

五 高等教育阶段

高等教育阶段的教育救助是西部地区教育救助的重点,是教育改革后弥补教育市场失灵的重要制度性安排。纳入高等教育救助的困难学生,能够有机会完成基于人力资本投资目的的高等教育,为西部地区贫困大学生社会融入和发展创造了必要的条件。西部地区地方高校高等教育国家助学金由中央与西部地区地方政府共同出资设立,划分多个救助档次,覆盖西部高校在读学生的30%左右,是西部地区高等教育救助的主体制度。在西部地区贫困大学生中,有3%左右品学兼优的大学生还可以获得国家励志奖学金资助,资助标准为每人每年5000元。励志奖学金尽管覆盖范围小,但奖助金额较大,能够在一定程度上通过示范效应,引导西部地区高校贫困学生奋发进取。此外,国家助学贷款也是解决西部地区贫困学生教育困境的有效手段,是对贫困大学生的金融支持,由政府和金融机构负责具体监督和实施。助学贷款金额每年不超过8000元,贷款期限最长为20年,在读期间贷款利息由财政贴息补贴,学生毕业后自行支付贷款利息并按照合同归还贷款本金。同时,国家对于毕业后在基层就业的西部地区贫困大学生和应征入伍大学生给予学费补偿和贷款代偿,通过政策手段,引导西部地区贫困大学生服务国家和社会建设事业。除了建立高校入学绿色通道以外,自2012年起对中西部地区启动了高校困难新生入学资助项目,提供贫困学生从家庭居住地到学校所在地的路费和入学后的短期生活费补贴,标准为500元至1000元不等。高校开设的勤工助学和校内救助项目,也能在一定程度上减轻贫困大学生的家庭经济负担。研究生教育是高等教育的重要组成部分,西部地区研究生阶段的教育救助主要包括国家奖助学金和学校开展的校内救助和助教助研助管三助项目。西部地区研究生国家助学金的基本标准为硕士每人每年6000元,博士每人每年10000元,经费由中央和地方共同筹资。西部地区高校可以从事业经费中列支专门经费,用于校内资助项目的实施。三助项目的经费由高校自行筹资,其中助研项目可以从科研项目中提取,其他项目从高校事业经费中列支。此外,西部地区贫困研究生还可以申请助学贷款,贷款上限不超过基本学业费用。

第四节 西部地区教育救助存在的问题

近年来,我国教育救助体系不断完善,教育救助项目的增多与救助方式的变化使社会各界都加强了对教育事业的关注和资金投入。然而，与沿海发达地区和国家整体教育水平相比，西部地区教育救助制度的发展仍旧比较缓慢。一方面，教育救助的保障范围有限，保障标准偏低，经济水平的限制和基础设施的匮乏使西部地区受教育人群在教育投入、受教育水平、教育回报率等多个方面呈现发展滞后的局面；另一方面，教育救助的"准入标准"不够规范，使得教育救助制度不能准确瞄准目标人群，导致部分教育资源的浪费，西部地区教育救助呈现碎片化严重、差异化明显的局面，教育救助体系建设仍需进一步完善。

一　救助范围较窄

国家统计局在592个国家扶贫重点县开展的年度贫困监测表明，2010年，家庭经济困难是儿童失学的重要原因之一，尽管义务教育的普及为多数适龄人群提供了平等受教育的机会，许多儿童仍旧由于家庭缺少劳动力、因病休学等原因中止学业。从义务教育过渡到高中教育阶段的过程中，有相当大一部分适龄人群放弃继续接受教育的机会，困难家庭子女受教育程度主要分布在高中及以下，整体受教育水平低。

西部地区现行教育救助范围包括学前教育救助、义务教育阶段教育救助、高中阶段教育救助、高等教育救助及中等职业教育救助五个方面，几乎囊括了个体一生中所能涉及的所有教育阶段。然而随着社会的发展与人口的转型变化，教育救助制度逐渐呈现覆盖范围较窄、保障范围有限等问题。有数据显示，无论在城乡困难家庭还是流动困难家庭中，其对教育救助需求的比例都远远大于实际获得教育救助的家庭比例。

一些西部地区在制定教育救助政策的过程中没有充分考虑区域内的教育水平及实际教育状况，导致实际救助名额与救助需求不符，出现部分家庭经济困难的学生被排除在教育救助制度之外的情况。与此同时，现有教育救助政策大多以低保资格为准入门槛，使得许多处于低保边缘的支出型贫困家庭子女无法获得教育救助,甚至出现因教致贫、因教返贫等状况。除此之外,西部地区教育救助工作的重点大多围绕在对城乡贫困家庭就学子女的具体帮扶上,对贫困地区的整体性教育帮扶与救助长期缺失,西部地区整体教育发展水平较低,教育发展环境较差,教育投资和筹资能力弱,不容忽视。

二 教育救助标准偏低

《中国城乡困难家庭社会政策支持系统建设研究报告》指出:在有子女受教育的家庭中,城乡困难家庭教育支出比例占年均收入的1/5以上,占年均支出的比例接近20%。[①] 由此可见,尽管现行教育救助政策已经建立起了一套较为系统的资助体系,其救助水平仍旧有待提高,对于困难家庭而言,教育负担仍旧是一个较为严重的问题。

对于西部地区而言,随着困难家庭子女受教育水平的提升,家庭需自付的教育支出也不断扩大,不少困难家庭希望政府加大资金投入力度或全额资助特困生,以保障困难家庭子女持续接受教育。对于负担较重的多子女家庭,政府也应制定相应的倾斜政策,完善教育救助的制度设计。

三 教育救助对象界定不清,救助准入机制不规范

一方面,西部地区现行教育救助制度缺乏统一详细的界定标准,救助准入机制模糊且甄别程序不够规范。首先,以高等教育资助制度为例,许多高校在建立学生贫困档案的过程中缺乏民主合理的名额分配方式,对学生的实际情况也没有进行深入了解,实际困难家庭学生获得教育救助的机会不均等。其次,许多高校缺乏科学完善的建档甄别程序,多采取个体阐述、民主评议等方式确定受助名额,甄别环节简单,甄别程序模糊,一定程度上削弱了资助资金的效力,易导致某

[①] 民政部政策研究中心编:《中国城乡困难家庭社会政策支持系统建设研究报告(2013)》,中国社会出版社2015年版,第18—22页。

些应该纳入教育救助的学生没有被纳入救助范围,而不应该纳入救助范围的学生获得教育救助的现象,使得部分边缘群体游离于救助制度之外,救助政策无法准确瞄准目标人群。

另一方面,高校教育资助制度缺乏对贫困生的动态管理,教育救助的准入门槛大多以低保身份为识别标准,然而作为一种暂时性的救助项目,教育救助项目之间的流动性不强,即使部分受益对象已经不符合待遇享受标准,教育救助制度仍旧没有相应的监督机制使其退出资助范围,从而导致部分资助资金的浪费。

四　制度精细化程度有待提高

现行教育救助制度缺乏横向资助层次分化,在相同学龄阶段,家庭情况不同的受助者均可享受统一的资助标准。以城市困难家庭为例,城市困难家庭在义务教育阶段、高中阶段和大学教育阶段所获得的年均教育救助金额分别为 411 元、1098 元和 2515 元。[①] 由于困难家庭实际家庭情况存在一定的差异,这就导致相同的资助资金在不同家庭中的效用也存在一定的差异。

此外,家庭子女数量作为影响家庭教育投资的重要因素,对困难家庭教育支出产生着巨大的影响,尽管义务教育阶段免除学生的学费,在非义务教育阶段,由于子女数量及子女年龄差异等因素的影响,困难家庭承担的教育支出压力差别较大。数据显示,一个子女的困难家庭平均教育支出水平为 2473 元,而两个子女的困难家庭则达到 3497 元,3 个及以上达到 3876 元。[②] 现行教育救助制度在制度设计过程中没有充分考虑家庭结构因素,因而忽略了部分因教育支出而导致家庭经济困难的支出型贫困家庭的利益诉求。

[①] 民政部政策研究中心编:《中国城乡困难家庭社会政策支持系统建设研究报告(2013)》,中国社会出版社 2015 年版,第 36 页。

[②] 民政部政策研究中心编:《中国城乡困难家庭社会政策支持系统建设研究报告(2013)》,中国社会出版社 2015 年版,第 48—52 页。

五　财政投入体制不完善

(一) 财政投入力度有待提高

近年来，尽管我国财政教育支出不断增加，教育资金投入不断增加，我国教育救助仍旧面临着资金短缺、碎片化严重、结构失衡等问题。

首先，西部地区义务教育支出占整体教育支出的比例过低。义务教育作为国家教育事业的基础，是保障适龄儿童基本受教育权利的首要条件。然而同国际水平相比，我国义务教育支出的资金投入明显低于其他国家。其次，由于教育救助覆盖面的扩大及教育救助对象的增多，教育救助资金始终供不应求，无法满足受助者的实际需要。

(二) 资金供给渠道过于单一

西部地区教育救助的资金主要以政府财政拨款为主，资金供给渠道单一，财政负担较重。民间慈善团体、企事业单位等社会力量参与教育救助的机会较少，从而不利于资金筹集模式的多元化发展，一定程度上削弱了教育救助事业的发展。

(三) 资金筹集方式不完善

西部地区现行教育救助资金大多来源于中央财政和地方财政，二者依照一定比例划拨救助资金。但由于区域经济差异和各级财政负担能力的不同，不同地区间教育救助水平差距显著，碎片化现象严重。

六　救助管理体制不健全

教育救助管理工作缺少系统性、连贯性及稳定性。首先，教育救助部门职责不明确，容易造成不同部门之间相互推诿、扯皮，从而降低教育救助工作的运行效率。其次，教育救助管理体制不健全，项目运行缺乏统一详细的规划，对受助对象的管理过于松散，并未建立系统的信息平台和全国监督联网系统，从而不利于救助工作的进一步开展。救助资金的管理和运用不明确，造成资金运行的低效。

第五节　西部地区支出型贫困家庭教育救助机制的构建

一　将支出型贫困与收入型贫困相结合，准确定位受助对象

现行教育救助政策的缺陷之一即不能准确锁定目标人群，没有最大限度地发挥救助资金的利用效率，从而无法将有限的教育救助资源用于最贫困或最需要的人群身上。目前，我国教育救助制度对受助对象的界定较为模糊，多数救助项目均以低保身份为"准入门槛"，通过行为调查或家计调查的方式确定个体贫困身份，作为其获得教育救助的基本条件。普遍认为，这种做法有以下两个弊端：第一，处于低保边缘的困难人群无法有效获得教育救助；第二，易于造成部分人群"因教致贫""因教返贫"，即导致边缘家庭支出型贫困现象的产生。

因此，教育救助制度在确定受助对象的过程中，应该将支出型贫困与收入型贫困相结合，确保教育救助制度最大限度地惠及最需要帮助的人群。

首先，民政部门应妥善建立起包括社保经办机构在内的各部门联动机制，在共享数据库的前提下整合对贫困户的信息管理与核实，联合社区、街道办事处等基层办事机构准确掌握教育救助对象的实际情况。

其次，详细调查区域内贫困申请者的家庭支出，在综合考虑区域经济发展水平、物价指数、财政负担能力的前提下测算家庭教育、医疗、住房、日常生活等支出的数额及所占比例，形成家庭支出情况档案。

最后，将收入型贫困与支出型贫困相结合，即通过对家庭支出项目的分析确定其对家庭教育支出的影响，从而确定家庭所需教育救助的范围。美国采用"经济调查"的方法确定受助者资格，通过对学生的家庭成员人数、家庭成员的资产规模和工资性收入与非工资性收

入数额、依靠家长供养的子女数目、家庭成员所面临的失业、疾病、教育等特殊情况进行核查，以此确定学生的家庭具体情况。申报政府资助的学生还应阐明自身在政府以外获得的各种资助，政府将根据具体情况提供资助尚缺部分，保证教育资源的充分利用。①

二　完善资金筹集模式，加大财政投入力度

现行教育救助制度的资金筹集模式以中央政府及各级财政补贴为主，社会资源作为一种补充性的资金筹集渠道，并未充分发挥其补充作用。当前，各类慈善资助项目种类繁多、标准复杂，无法与教育救助实现有效整合，并存在重复救助或边缘群体无法获得教育救助等现象。政府应合理引导慈善助学项目的发展，综合利用民间组织、企事业单位等有效资源，建立以政府为主、以社会力量为辅的资金筹集模式，实现资金筹集的多元化供给。

中央政府在制定教育救助制度补贴标准的过程中应科学分析各地区经济发展状况、教育救助项目覆盖人群、地区贫困人群数量等，重点补贴贫困落后的地区或边疆地区，鼓励东部发达省份与中西部贫困地区形成"一对一"的教育资源帮扶，对经济欠发达的省份采取多项目、多途径资助的方式，完善教育救助资金的筹集模式。此外，中央政府也可以逐步探索征收"教育税"，在现有税种征收项目下开辟部分"教育税"模块，在不加重原有税收负担的基础上保障教育经费的充足。

地方政府应完善地方教育救助资金筹集和使用模式，合理分配教育资源，开辟教育救助专项资金，通过税收优惠政策鼓励社会团体参与教育救助体系，有效整合社会力量以促进教育资金的积累。同时，地方政府也可以支出部分资金委托专门机构进行投资管理，最大限度地实现教育资金的保值增值。

---

① 郭玲：《从国外救助谈中国教育救助的再发展》，《河南职业技术师范学院学报》（职业教育版）2008年第3期。

慈善组织或社会团体应与政府部门建立长期合作机制，准确掌握教育救助现状及受助者情况，避免出现重复资助等现象，争取将有限资源用于最需要帮助的贫困学生身上。

三 采取"阶梯式"教育救助模式

教育救助制度在制度设计的过程中可以将受助者划分为不同的层次，根据受助者的实际情况开展不同的救助项目组合，在确定"标准层次"的基础上开展"扩展层次"，即"阶梯式"救助。例如，在高中教育阶段，为保障教育机会的均等与教育资源的公平，教育救助制度可以根据不同家庭子女的实际状况制定"阶梯式"教育资助项目。在保证贫困家庭子女获得教育救助的基础上，涉及边缘贫困家庭的福利供给，对于不同程度的贫困边缘户予以不同层次的资助支出，对于无能力供养子女接受教育的特困家庭，政府可予以全额补贴。

对于接受救助的贫困边缘群体，政府可以采取以下两种方式予以补贴。第一，制定梯度补贴方式，通过划定不同层次和等级的补贴给予不同情况的家庭有差别的待遇标准。除此之外，还可以设计"教育福利券"，教育福利券的内容可包括营养改善计划、课外书供给、奖学金或助学金等。第二，与其他救助项目相结合，通过其他补贴弥补教育救助方面的损失，扩展教育救助的层次，完善教育救助的方式。

对于接受贫困救助的贫困生而言，也可以根据其不同家庭状况给予不同程度的帮扶，通过企业助学金、西部地区特殊优惠政策等措施完善教育救助体系，制定严格详细的救助享受标准，加强教育救助制度的精细化运作。此外，教育救助也应充分考虑救助者家庭结构等因素，对多子女家庭及孤儿或残障儿童家庭开展不同程度的救助项目。

四 提高义务教育年限，完善教育救助方式

中央政府可逐步扩大西部地区教育救助的层次，将高中阶段教育纳入义务教育的范围，根据西部地区高中阶段教育的实际充分整合教

育资源，降低农村牧区或贫困地区高中学生辍学率。目前，我国实行九年义务教育制度，与东部发达城市地区相比，西部地区因其本土文化和语言的特殊性，总体接受教育年限要少于东部各省份。因此，中央政府可在西部地区逐步扩大义务教育年限，采取10年义务教育、11年义务教育等方式，鼓励适龄人群持续接受教育。

除此之外，国家及各级地方政府应积极扩展教育救助方式，从以"资金资助"为主转变为"资金资助为主，实物及福利供给为辅"等模式。在资金支持外，政府可以通过发放课外书、发放早午餐、提供奖助学金、组织优秀学生夏令营、发动专业人士鼓励办学等措施，完善教育救助方式，充分利用各种教学资源，促进国家教育事业的完善与发展。

最后，国家应积极鼓励引导职业教育的发展，根据西部地区社会发展的实际培养大量高素质技能型人才，通过提供工作岗位、减免学费等方式促进职业教育的进步，甚至采取免费教学等方式鼓励人员入学。

五 加强教育救助管理体制建设

现行教育救助制度存在救助对象模糊、资格认定不清、资助额度混乱、重复资助等多种管理缺陷，教育救助管理体系持续性不强，可操作性差。教育救助制度应建立起一套完整详细的信息管理系统。

民政部门可以首先联合居委会、街道办事处等基层办事机构，建立起一整套公开透明的教育救助资助网络平台，将所有接受教育救助的贫困学生全部纳入管理系统中。贫困学生的信息至少应包括家庭情况统计、学生个人信息、学生获得教育资助的额度、除政府资助外获得社会捐赠的情况等方面。

民政部门与教育部门、财政部门、社会保险经办机构之间应实现资源的互通与共享，建立网络交流共享平台，随时查询受助者的家庭信息及个人情况，主动管理并及时监督受助者的实际状况，有效追踪贷款学生的还贷情况。

中央政府与各级地方政府之间应建立良好的互动机制，促进财政教育资金的公开透明化运行，完善教育救助筹资渠道与救助方式，通过全国教育救助信息平台整合救助资金，充分利用教育救助资源。

六 完善教育救助与其他救助项目的衔接机制，促进教育救助资源整合

新加坡防止年轻人无力负担住房与教育支出，于 2004 年推出了"买房与教育扶贫"计划，以保障家庭拥有足够的教育资金供子女接受教育。我国可借鉴国外经验，将教育救助与其他救助项目有效衔接，通过调查及测算明确家庭支出需求，确定家庭接受救助的额度。

第五章　西部地区支出型贫困家庭医疗救助研究

健康水平是影响人口预期寿命和人口、家庭生活质量的关键变量，在三者关系中，健康水平既是自变量又是因变量。在支出型贫困诱发机制研究中，"因贫致病"和"因病致贫"是不可忽视的两个方面，尤其在西部地区，贫困与疾病往往如影随形。扶贫、脱贫的对象是"人"，使"人"摆脱贫困的首要环节则是保障其健康水平。本章通过对西部地区支出型贫困家庭医疗救助进行研究分析，梳理现行政策、明确救助对象和识别标准、总结各地经验与措施，发现西部地区医疗救助中存在的问题，提出可行对策及建议，并对西部地区支出型贫困家庭医疗救助机制构建进行初步探索。

第一节　国家和西部地区医疗救助政策梳理

我国西部地区的医疗制度基本与国家一致，在计划经济时期实行了基于劳动保险和公费医疗的医疗保障制度，随着经济转轨和社会转型，逐步建立了与社会主义市场经济体制相配套的社会医疗保险制度和医疗救助制度。

一　我国医疗救助的制度体系

医疗救助是政府通过提供财政资金、公共政策与医疗技术支持，或社会通过各种互助手段和慈善行为，对因患有疾病而无经济能力治疗的贫困人群，实施专项医疗帮助和家庭经济支持的一种兜底性医疗保障制度。医疗救助既是多层次医疗保障体系的有机组成部分，是一种低层次的以减免医疗费用为主要形式的医疗保障，又是社会救助体系的重要组成部分，是作为广义社会福利制度的一个子项目，是使贫困家庭最终摆脱贫困，重返主流社会的治本之策。医疗救助对于保障贫困人口的健康权、促进人口发展与社会进步具有重要意义。[①] 医疗救助在现行中国医疗保障体系中占有重要地位。2012年民政部城乡困难家庭社会调查显示：37.06%的农村困难家庭认为自己面临"家庭成员疾病负担重"的困难，32.53%的城市困难家庭认为自己面临"家庭成员疾病负担重"的问题，可见"家庭成员疾病负担重"仍是城乡困难家庭处于或濒临贫困的主要原因之一[②]。我国医疗救助制度瞄准的对象是患大病的农村"五保"户和处于贫困状态的农村低保家庭、城市居民最低生活保障对象中未参加职工基本医疗保险的或已参加基本医疗保险但个人负担较重的城市脆弱性群体以及其他特殊困难群体。我国医疗救助的主管部门是各级民政部门，各级民政部门下设社会救助部门，社会救助部门下设医疗救助机构，专门主管医疗救助事宜，同时，医疗救助机构与同部门管辖下的最低生活保障机构、特困和临时救助机构等部门共同致力于医疗救助和保障事业。最新的国务院机构改革，明确了将由民政部门负责的医疗救助职责逐步划归新成立的医疗保障管理部门，与医疗保险管理职能统筹实施。各级政府医疗救助的资金来源为财政收入的再分配和社会各界的捐赠，设立医疗救助基金，应对医疗救助的各项开支。

---

① 王保真、李琦：《医疗救助在医疗保障体系中的地位和作用》，《中国卫生经济》2016年第1期。
② 民政部政策研究中心编：《中国城乡困难家庭社会政策支持系统建设研究报告（2013）》，中国社会出版社2015年版，第23—28页。

第五章 西部地区支出型贫困家庭医疗救助研究

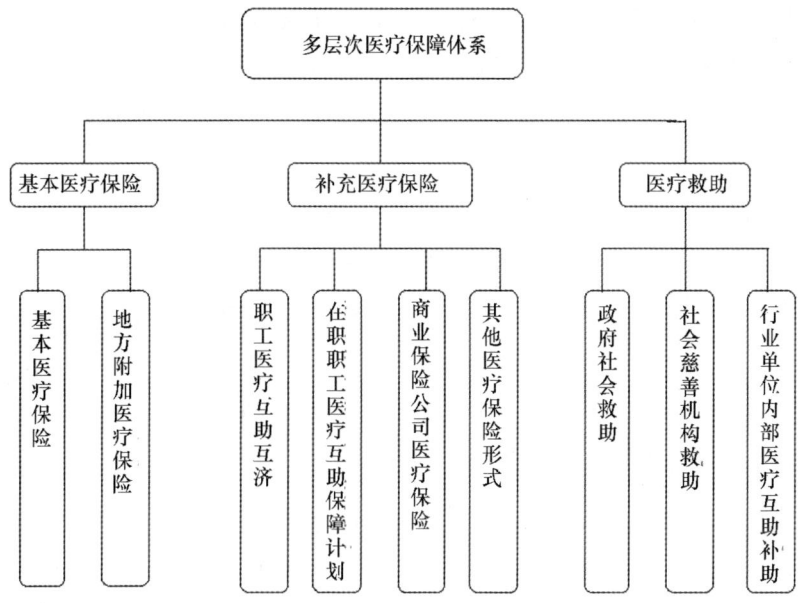

图 5-1 我国的医疗保障制度体系①

自 20 世纪 90 年代中期起，全国各地都依据自身财政实力，陆续实行了不同保障程度的医疗救助制度。如上海 1997 年起设立医疗救助资金，对一些丧失劳动能力的特困人员或拖欠职工医疗费的困难企业进行帮困，广州市 1998 年建立社会救助基金。② 早在 2003 年，财政部和民政部联合出台《农村医疗救助基金管理试行办法》，2005 年又出台《关于加强城市医疗救助基金管理的意见》，对城市和农村的医疗救助资金分别进行基金化管理。随着医疗救助事业的发展和城镇化速度的加快和城镇化水平的提升，民政部和财政部又在 2013 年出台《城乡医疗救助基金管理办法》，其中包括总则、基金筹集、基金使用、基金支出、基金管理、附则共 6 章 22 条，同时宣布《农村医

---

① 《关于促进本市发展多层次医疗保障指导意见的通知》，上海市人民政府，2000 年 12 月 31 日，https://www.shanghai.gov.cn/nw2319/index.html，2023 年 4 月 28 日。
② 于丽华：《关于建立我国医疗救助体系的探讨》，《中国医院》2005 年第 6 期。

141

疗救助基金管理试行办法》和《关于加强城市医疗救助基金管理的意见》的废止。至此，我国城乡统筹的医疗社会救助体系基本形成。

通过对医疗救助种类、方式的统计和对比来看，按照医疗救助的形式分类，我国医疗救助可分为门诊救助、住院救助和综合救助。其中，门诊救助是指对那些救助人次多、救助水平低的一般救助群体发放医疗救助卡和出台救助政策进行救助，住院救助是对患有重大疾病、病情复杂、病程长、费用高的救助群体进行费用减免和资金扶持。住院救助的救助水平比门诊救助要高，所需救助资金规模更为庞大，因此住院救助是医疗救助改革探索中面临的普遍性问题，也是医疗救助的最主要形式。综合救助是指对那些患有门诊救助和住院救助未覆盖病种的困难患者进行专门救助的特殊层次的医疗救助，如医疗救助部门设立专项基金，对患有结核病、艾滋病等特殊病的对象进行专项救助与救治。按医疗救助的实施方式分类，医疗救助包括直接救助和间接救助两种。直接救助是指针对受助人群的就医需求，通过发放现金、派发医疗救助卡、政策减免等方式使其能享受基本医疗服务。[①] 间接救助是指医疗救助相关部门通过与医疗服务机构进行核算，将救助资金直接拨付给医疗机构，由医疗机构为受助人员提供服务的形式，这就是所谓的第三方支付，是当下医疗卫生体制改革的重点领域。

此外，从医疗救助对象角度看，医疗救助包括农村医疗救助和城市医疗救助，虽然在2015年颁布的《关于进一步完善医疗救助制度全面开展重特大疾病医疗救助工作的意见》明确提出：各地要在2015年底前，将城市医疗救助制度和农村医疗救助制度整合为城乡医疗救助制度。合并原来在社会保障基金财政专户中分设的城市和农村医疗救助基金专门账户。但是，医疗救助城乡分割现状还是比较明显。从医疗救助时间角度看，医疗救助可分为医前救助、医中救助、

---

① 胡务主编：《社会救助概论》，北京大学出版社2010年版，第98页。

医后救助。目前医疗救助的结算方式正在向即时结算转变，与各类医保相衔接，提供"一站式"结算服务，最大限度减轻患者的经济负担和垫资压力。

进入21世纪以来，我国医疗救助制度逐年完善，形成了政府救助、社会互助、慈善救助相结合的医疗救助体系。通过资助参保、医疗费减免、专项医疗补助、慈善救济等社会统筹和社会互助形式，缓解贫困家庭的医疗负担，有效避免了因病致贫与因病返贫的发生。特别是最近十年，我国进入医疗救助制度和体系健全和完善的加速期，城乡医疗救助覆盖范围从最初的城乡低保群体、农村"五保"供养群体逐渐扩展到城乡低收入家庭重病患者、低收入老年人群体以及其他特困家庭和困难群体，城乡医疗救助的费用结算方式也从最初的事后报销逐渐转变为"一站式"即时结算，城乡医疗救助方式也从最初的住院救助扩展到资助参保参合、住院救助、门诊费用补偿救助、重大疾病医疗救助、紧急医疗救助等领域，形成一体化、全方位、多层次救助体系。但在其发展完善的过程中，也出现了困境和产生了新的问题，需要进一步地研究和完善[①]。民政部《2016年社会发展统计公报》数据显示：2015年资助参加基本医疗保险6634.7万人，支出资助参加基本医疗保险资金61.7亿元，资助参加基本医疗保险人均补助水平93.0元。2015年直接医疗救助2889.1万人次，其中，住院救助1307.9万人次，门诊救助1581.2万人次；支出资金236.8亿元，其中，住院救助208.7亿元，门诊救助28.0亿元。

二 国家层面医疗救助政策的顶层设计

2005年的国务院《政府工作报告》中就明确提出：要积极推进新型农村合作医疗制度试点，在有条件的地区探索建立医疗救助制

[①] 成海军：《当前我国医疗救助中的重点和难点问题研究》，《学习与实践》2015年第8期。

度。① 医疗救助制度与体系建设逐步开展并有序实施。作为社会兜底保障的医疗救助被纳入国家社会保障的顶层设计之中，成为我国社会保障制度的重要组成部分。从 2005 年国务院《政府工作报告》中明确要建立医疗救助制度后，国家层次的医疗救助政策相继颁布。该部分研究的现行国家层次医疗救助政策具体指的是 2005 年到 2016 年，共计十年期的由民政部等中央部门所颁布和实行的相关政策，虽然 2005 年之前国家层次的医疗救助政策也会提及，但不作为主体部分。

2005 年，国务院《政府工作报告》首次提出建立医疗救助制度，实现医疗救助的规范化："加快卫生事业改革和发展。推进新型农村合作医疗制度试点，探索建立医疗救助制度。加强重大传染病及地方病、职业病的防治工作。认真落实各项预防、救治、关爱措施，坚决遏制艾滋病蔓延。开展城市医疗服务体制改革试点。大力发展社区卫生服务。"这是中国医疗救助事业的一个里程碑，它标志着中国医疗救助走上了规范化、法制化、政策化、体系化的道路，是新医疗救助和旧医疗救助制度的分水岭，也是医疗救助研究的分界线。

虽然在 2000 年国务院制定的《关于完善城镇社会保障体系的试点方案》中曾经提及建立社会医疗救助，但当时并未把医疗救助作为一种政府责任，而是把其作为一种社会事业进行先行尝试，鼓励社会力量参与医疗救助。我国早期的基于民政部门为主导力量推动的医疗救助始于 2003 年的农村医疗救助和 2005 年的城市医疗救助。

2003 年，《关于实施农村医疗救助的意见》颁布并提出，农村医疗救助制度是通过政府拨款和社会各界自愿捐助等多种筹资渠道和筹资形式，对患大病的农村"五保"户等特殊政策供养人群和贫困农民家庭实行医疗救助的制度。各地可选辖内相关县市进行试点，而后在广大农村地区进行推广，并设立到 2005 年建立农村医疗救助制度

---

① 温家宝：《政府工作报告》，中华人民共和国中央人民政府，2005 年 3 月 5 日。

的目标。明确了农村医疗救助要从贫困农民中最困难的人员和最急需的医疗支出中开始实施。

2005年,《关于建立城市医疗救助制度试点工作的意见》出台,此次政策把权力转交地方,让地方政府在一个五年规划内完成先试点后建制度的任务,并对实施医疗救助的目标、原则、基金、救助对象和救助标准等方面做了相关规范。

2003年,财政部和民政部联合出台《农村医疗救助基金管理试行办法》,2005年又出台《关于加强城市医疗救助基金管理的意见》,对城市和农村的医疗救助资金分别进行基金化管理。但在2013年,两个文件同时被废止,取而代之的是2013年出台的《城乡医疗救助基金管理办法》,这标志着我国医疗救助资源配置开始走向城乡统筹,资料救助制度逐步城乡并轨。

2009年出台的《中共中央、国务院关于深化医药卫生体制改革的意见》中涉及医疗救助的表述有:"完善城乡医疗救助制度,对困难人群参保及其难以负担的医疗费用提供补助,筑牢医疗保障底线。"随后,《国务院关于印发医药卫生体制改革近期重点实施方案(2009—2011年)的通知》中也就医疗救助提出相关政策建议:"完善城乡医疗救助制度。有效使用救助资金,简化救助资金审批发放程序,资助城乡低保家庭成员、"五保"户参加城镇居民医保或新农合,逐步提高对经济困难家庭成员自负医疗费用的补助标准。"在以上两个政策文件的指导下,民政部等相关部门颁布《关于进一步完善城乡医疗救助制度的意见》,提出要将医疗救助制度和相关社会保障政策实现有效衔接,建立城乡一体化的医疗救助体系,完善医疗救助相关举措,并对简化程序、确定救助范围、实行多种救助、完善救助服务内容、制定补助方案等方面做了新规定。我国城乡医疗救助的制度体系和政策框架基本形成。

到2010年,中国医疗救助制度初步建立,从2010年以后的文件中可以看出,政策文件由以前的制度构建和体系规范转向专项医疗救助服务优化和制度体系完善。主要包括"一站式"医疗救助服务、重特大疾病医疗救助和疾病应急救助、"救急难"等众多方面。医疗救助逐步走向精细化管理和精准化服务。

2012年，国务院出台《"十二五"期间深化医药卫生体制改革规划暨实施方案》，对医疗救助进行了新的规划："完善城乡医疗救助制度。加大救助资金投入，筑牢医疗保障底线。资助低保家庭成员、"五保"户、重度残疾人以及城乡低收入家庭参加城镇居民医保或新农合。取消医疗救助起付线，提高封顶线，对救助对象政策范围内住院自负医疗费用救助比例提高到70%以上。在试点基础上，全面推进重特大疾病救助工作，加大对重特大疾病的救助力度。无负担能力的病人发生急救医疗费用通过医疗救助基金、政府补助等渠道解决。鼓励和引导社会力量发展慈善医疗救助。鼓励工会等社会团体开展多种形式的医疗互助活动。"随后民政部门出台了《关于确定重特大疾病医疗救助试点单位的通知》，开始对专项救助进行政策引导和规范。组织开展重特大疾病医疗救助试点，明确重特大疾病医疗救助的救助范围、救助方式和救助内容，探索创新重特大疾病医疗救助的管理体制、运行机制，完善相关政策措施，提高医疗救助保障水平，形成各具特色、可供推广的重特大疾病医疗救助模式，重点探索重特大疾病贫困患者转诊机制、推进"一站式"即时结算服务、加强各项医疗保障制度的衔接、提高重特大疾病医疗救助水平。选定了273个全国重特大疾病医疗救助试点单位。

2014年，国务院出台《社会救助暂行办法》，第五章医疗救助对制度定位、救助对象、救助标准、救助程序、相关部门等事项做了相关规定，使医疗救助更加制度化、规范化。这标志着我国的医疗救助开始走向法制化，公民的医疗救助权益得到了强有力的制度保障和政策支持。

2015年民政部《关于进一步完善医疗救助制度全面开展重特大疾病医疗救助工作的意见》明确指出：城市医疗救助制度和农村医疗

救助制度于2015年底前合并实施，全面开展重特大疾病医疗救助工作，与相关社会救助、医疗保障政策相配套，保障城乡居民基本医疗权益。该政策对当下医疗救助中医疗救助制度、重特大疾病医疗救助、工作机制等方面做了更加细致化的规范。

中央政府在对专项社会事业转移支付的过程中，逐渐对医疗救助进行了政策性的倾斜，中央财政第一次下达2016年城乡医疗救助补助资金（含疾病应急救助）1042319万元，第二次下达补助资金557681万元。2016年中央财政预算安排的城乡医疗救助补助资金共计160亿元。该项资金重点向贫困程度深、保障任务重、工作成效好的地区倾斜，同时要求地方财政进行资金配套预算[①]。

此外，政府政策的衔接性逐渐深入，医疗救助制度和实践开始制度化延伸。例如，中央国家机关住房资金管理中心发布的相关信息：从2016年9月1日起，国管公积金的提取流程将简化。该政策表明住房公积金的用途将扩大和延伸，如家庭成员患重大疾病或重大手术住院治疗，可申请提取住房公积金，申请日期应在出院之日一年内，提取金额合计不超过住院费用个人负担部分。

三　西部地区的医疗救助政策

西部地区自然条件恶劣、经济实力薄弱、贫困发生率高、政策出台要求高、支出型贫困发生率高、医疗救助难度大，对西部地区医疗救助政策进行梳理和整合对医疗救助的深入研究具有重要意义。

关于建立西部地区具有地区特色和符合地区实情的医疗救助制度，各西部地区从2005年开始制度化、体系化探索并逐步建立。

2005—2007年，2007年12月内蒙古自治区发布《关于建立和完善城乡医疗救助制度的意见》从2008年1月起，全区城市医疗救助

---

① 董志雯、韩庆：《中央财政160亿元城乡医疗救助补助资金已全部下达》，人民网，2016年8月8日，http://health.people.com.cn/n1/2016/0808/c398004-28619224.html，2023年4月18日。

制度全面推开，到 2008 年 6 月底前在全区全面建立起城乡医疗救助制度。2005 年，新疆维吾尔自治区《关于建立城市医疗救助制度的实施意见》解决城市困难群体就医方面的困难和问题，逐步建立完善城市医疗救助制度。早在 2003 年 8 月，西藏就出台了《西藏自治区农牧区医疗管理暂行办法》指出要建立以政府为主导，个人自愿加入，政府、集体组织和农民个人多方筹资，门诊家庭账户、住院大病统筹和医疗救助相结合的医疗互助与合作制度，以此为基础，建立和完善以免费医疗为基础的农牧区医疗制度。2005 年 9 月西藏《关于建立城镇医疗救助制度试点工作的实施意见》明确了从 2005 年开始，用 2 年时间在全区 15 个县（市、区）开展建立城镇医疗救助制度试点工作，之后再用 2~3 年时间在全区建立起管理制度化、操作规范化的城镇医疗救助制度。同年又出台了《关于建立城镇医疗救助制度试点工作的实施意见》，意见明确从 2005 年开始，用 2 年时间在全区 15 个县（市、区）开展建立城镇医疗救助制度试点工作，之后再用 2~3 年时间在全区建立起管理制度化、操作规范化的城镇医疗救助制度。2007 年开始实行的《西藏自治区城镇特困居民医疗救助办法实施细则》中明确了开始建立城镇特困群体的医疗救助制度，促进医疗救助的协调一体化推进。2007 年，西藏连续出台两部政策规章《西藏自治区农牧区特困群众医疗救助暂行办法》《西藏自治区农牧区特困群众医疗救助办法实施细则》以实现农牧区医疗救助的广覆盖、细救助、全方位的体系化建设。

2008—2010 年，2009 年，宁夏回族自治区颁布《宁夏回族自治区城镇医疗救助办法（试行）》，《宁夏回族自治区农村医疗救助办法（试行）》对宁夏回族自治区医疗救助标准、覆盖范围等各项事项进行规范。

2010—2013 年，2012 年 5 月，内蒙古自治区进行专项发布《关于开展重特大疾病医疗救助试点工作的通知》，提出要在呼和浩特市玉泉区、包头市石拐区等 14 个旗县市区进行重特大疾病医疗试点。

要求试点地区主要探索重特大疾病的救助范围、救助方式、救助比例和救助额度、资金筹集和监管、服务管理体制和运行机制，以及如何更好发挥各项保障制度作用等。2012年5月，又出台《关于建立城乡医疗救助"一站式"即时结算服务平台的通知》，进一步规范城乡医疗救助工作，推进城乡医疗救助"一站式"即时结算工作的开展，提高全区城乡医疗救助工作的信息化管理水平，保障困难群众及时享受到基本医疗救助服务。2012年7月，发布《关于进一步规范完善城乡医疗救助工作的通知》，就认真部署重特大疾病医疗救助试点工作、加快推进"一站式"即时结算服务、明确医疗救助方式及标准三个方面做了相关规范。2013年3月，就专项医疗救助出台《关于对艾滋病机会性感染病人实施医疗救助的意见》，明确对艾滋病机会性感染病人实施医疗救助是当前深化医药卫体制改革的重要举措之一，对存在艾滋病患者的地区探索开展艾滋病机会性感染病人医疗救助工作。2013年7月，《关于进一步完善城乡医疗救助制度的意见》就医疗救助范围、完善医疗救助政策、全面启动重特大疾病医疗救助工作、全面推行"一站式"医疗救助服务、强化医疗救助基金的筹集和管理、加强同临时救助和慈善捐助的衔接等六个主要方面做了更加细化的规范。

2010年5月，《西藏自治区关于进一步完善城乡医疗救助制度的意见》出台，指出要尽快实现城乡医疗救助制度与医疗保险制度紧密有序衔接，探索建立城乡一体化的医疗救助保障与服务制度，简化救助程序，坚持为救助对象提供方便快捷的救助服务，增强医疗救助的政策效应和制度效应。2012年11月，西藏出台《西藏自治区农牧区医疗管理办法》，要将基本医疗保障制度和基本医疗救助制度协调统一管理，实现制度的高效化衔接。2012年3月，《广西壮族自治区城乡医疗救助实施办法》明确政府和社会要对城乡贫困居民因病而无经济能力进行治疗或者因重病住院治疗导致家庭经济困难的城乡居民给予的专项帮助和服务。2013年8月，《广西壮族自治区城乡困难群众住院医疗救助暂行办法》对城乡医疗救助的对象、标准等细则进行了规范。2013年10月，又有《广西壮族自治区民政厅关于扎实做好城乡困难群众住院医疗救助工作的通知》和《广西壮族自治区城乡困难群众住院医疗救助暂行办法》出台，使住院医疗救助实现政策化、规范化、明确化。

2014—2016年，2014年，宁夏回族自治区民政厅出台《宁夏回族自治区城乡医疗救助基金管理暂行办法》，2015年11月，宁夏回族自治区对《宁夏回族自治区医疗救助办法》进行了修订，对医疗救助相关规定进行了更加制度化、政策化的规范。2015年10月，内蒙古自治区颁布《内蒙古自治区社会救助办法》，将医疗救助办法划归其中。2014年5月，新疆维吾尔自治区《新疆维吾尔自治区城乡医疗救助基金管理办法》将城乡医疗救助基金全部纳入社会保障基金财政专户分账核算、专项管理、专款专用。将原来在社保基金专户中分设的城市和农村医疗救助资金账户进行合并，建立统一的城乡医疗救助基金专账，经办救助基金的筹集、核拨、支付等业务。2015年3月，西藏《关于建立疾病应急救助制度的实施意见》要将疾病应急救助纳入医疗救助体系，并建立疾病应急救助专项基金，救助西藏自治区内发生的急危重病、需要紧急救治但身份不明或无力支付相应费用的患者。

2016年5月，西藏《关于进一步完善城乡医疗救助制度全面开展重特大疾病医疗救助工作的实施意见》重点支持重特大疾病的医疗救助工作，并着力强调制度、部门和政策的有效衔接。2015年11月，《关于全面开展重特大疾病医疗救助工作的通知》进一步就重特大疾病专项医疗救助提出规范意见，并对管理、内容等各方面进行了明确。

第二节　西部地区现行医疗救助政策的对象范围和识别标准

西部地区医疗救助的保障范围包括救助对象的识别认定标准和救助

病种的范围确定。西部地区医疗救助对象的范围影响到医疗救助制度的受益面，也关系到政策实施效果的社会认可度。医疗救助涵盖的病种范围直接影响救助对象的受益程度以及风险的分散程度，扩大医疗救助的病种范围是实现医疗救助由数量扩张向质量提升转变的关键。

一 救助对象的识别与标准

内蒙古自治区、广西壮族自治区、西藏自治区、新疆维吾尔自治区、宁夏回族自治区五个地区医疗救助的对象选择标准基本相似，但也存在一定的差别。通常低保对象和扶贫对象都被列入医疗救助的帮助范围，但对于低收入者是否纳入医疗救助以及对低收入的认定标准，存在一定的差异。

内蒙古自治区医疗救助的对象范围除包括城乡低保家庭、农村贫困建档立卡家庭、农村特困供养的"五保"户家庭以外，还将低收入家庭中的老年人、未成年人和重度残疾人纳入了医疗救助的范围，对于因家庭成员患有严重疾病，支出的高额医疗费用超过家庭经济承受能力导致家庭生活陷入困境的中低收入家庭，经民政部门审批，也可纳入医疗救助范围。

宁夏回族自治区医疗救助对象除了特困供养人员、最低生活保障对象以外，还将孤儿、低收入的高龄老人和重度残疾人纳入救助对象范围，实施重点救助和优先保障。同时，对于重点优抚对象和因病致贫家庭给予适当救助和帮扶。

新疆维吾尔自治区将城乡低保对象纳入医疗救助的范围，同时对已参加职工或居民基本医疗保险但个人家庭经济负担仍然较重的患有重大疾病的人员，给予医疗救助资格。

西藏自治区除了将低保和"五保"等传统社会救助对象纳入医疗救助范围以外，还将具有西藏城乡常住户口的城乡居民和跨省安置退休人员纳入其中。同时还对因病生活不能自理的分散供养"五保"户从医疗救助资金中列支护理费用。

广西壮族自治区医疗救助的实施对象范围以城乡低保对象和农村"五保"对象和贫困户为主体,同时向低收入家庭覆盖,有重病患者的城乡低收入家庭也可以被纳入医疗救助范围,并在一定额度内享受救助补偿。已经纳入救助范围的救助对象因发生的犯罪、吸毒等社会示范行为造成的医疗费用被列入除外范围,不予医疗救助。

由此可见,目前西部地区医疗救助的覆盖范围还是以基本生活救助对象为主体,随着社会经济的发展和福利水平的提高,西部地区医疗救助实施的对象范围也在逐步扩大。

二 救助病种的识别与标准

医疗救助的病种范围包括一般疾病和特殊重大疾病两部分,两者覆盖疾病的特点、医疗费用支出、患者负担均存在较大的差别。因而在救助制度设计上,也采取差别化的措施,便于对困难人员的医疗负担精准施策。

(一) 一般救助病种的识别与准入

一般情况下,西部地区对城乡低保对象、农村"五保"户和建档贫困户和纳入医疗救助的重点优抚对象进行医疗救助时不设病种限制和病种准入条件,而对城乡低收入家庭和当地政府规定纳入救助范围的其他特殊困难人群享受救助的疾病范围有较为严格的准入性限制条件,同时规定必须是大病或重症慢性病才能纳入医疗救助范围。

对于低保等特殊困难群体而言,医疗救助是对基本医疗保险报销后个人自付部分的二次补偿,能够切实减轻低保患者的医疗负担,降低医疗费用支出对家庭生活的影响,是避免因病致贫返贫的重要举措和贫困预防机制。针对这部分群体,为了尽可能减轻其医疗负担,通常设计比较低的起付线和比较高的补偿比例和封顶线,确保个人自付部分在医疗总支出中的比例降到最低。

(二) 重特大疾病的识别与准入

西部地区重特大疾病救助覆盖的病种范围逐年不断扩大,目前纳入救助范围的主要病种有：严重多器官衰竭（心、肝、肺、脑、肾）、乳腺癌、宫颈癌、耐多药肺结核、艾滋病机会性感染、肺癌、食道癌、胃癌、结肠癌、直肠癌、慢性粒细胞白血病、急性心肌梗塞、脑梗死、血友病、肝肾移植前透析和手术后抗排异治疗、Ⅰ型糖尿病、甲亢、唇腭裂、重性精神疾病、晚期血吸虫病和当地政府规定的其他病种等。救助的标准按照个人自付的数额多少比例逐级提高。相关地区还会对大病医疗救助进行专项补贴，进一步提高医疗救助的保障水平。

三 医疗救助识别流程与工作步骤

医疗救助制度在建立之初实行城乡分割救助。限于户籍制度的制度壁垒，医疗救助的识别流程和工作步骤是城乡分开的，分别进行对象识别确认和医疗救助。但随着医疗救助城乡合并和医疗救助均等化、一体化建设步伐的加快，城乡医疗救助的识别与工作流程逐步实现统筹或统一，许多地区的医疗救助申请已经实现"一表化"。

一般医疗救助识别流程和工作步骤如下所示。

（1）农村户口的需救助对象向村委会提出书面申请，并附有居民身份证、户口簿、医疗诊断证明、正式医疗收费凭证和医疗保险经办机构结算材料，填写《医疗救助申请表》，村委会接到申请后，提出审核意见上报街道办事处或乡（镇）人民政府，乡（镇）人民政府对村委会上报的相关材料复审后提出意见报县民政局，县民政局接到申请，对相关材料审核后，报同级财政部门确定是否救助和救助金额，并书面通知申请人。

（2）城镇户口的需救助对象向本人所在社区居委会或所在单位提出书面申请，并附低保证、居民身份证、户口簿、医疗机构诊断证明和正式医疗收费凭证、医疗保险办机构结算材料街道办事处接到申请，对申请复审后提出意见报县民政局，县民政局接到申请，对相关材料审核后，报同级财政部门确定是否救助和救助金额，并书面通知申请人。

随着政府机构改革，新设立了医保保障局，整合了原来分散在人社部门、卫生部门和民政部门的医疗保障功能，实现医疗保障工作的整体性治理。西部地区城乡医疗救助与医疗保险逐步实现无缝衔接，并实现与医疗保险一样的即时结算，困难群体看病就医的便利性服务水平将逐步提升，人民群众的获得感和认可度将得到极大提升。

第三节 西部地区医疗救助的保障措施和救助标准

因门诊和住院疾病发生的概率和诊疗程序的差异，通常医疗救助分为门诊医疗救助和住院医疗救助，两者在补偿内容和标准方面存在较大差异。内蒙古自治区、广西壮族自治区、西藏自治区、新疆维吾尔自治区、宁夏回族自治区五个地区结合自身实际，因地制宜地制定了门诊和住院的医疗救助补偿标准。部分地区的救助标准城乡有别，部分地区的救助已经实现城乡一体化和均等化。

一 现行医疗救助门诊保障措施及救助标准

门诊医疗相对于住院医疗而言，医疗支出相对较少，个人医疗负担相对较轻，因而一些地区采用定额救助，一些地区采用比例救助，呈现出不同的救助模式和费用结算方式。

内蒙古医疗救助对象的门诊救助实行定额救助与比例救助相结合的模式。医疗救助管理机构每年给予救助对象300元限额的门诊医疗救助卡，用于门诊和药店诊疗和购药的费用补偿，门诊救助限额当年有效，不予累计和结转。对门诊限额救助以外的医疗救助对象，其门诊医疗费用经医保报销后，医保政策范围内的自付门诊费用按60%的比例给予报销和救助，救助报销的上限为每年200元。

宁夏医疗救助对象的门诊救助实行分类差异化救助模式。低保对象按年龄每年给予60—100元的门诊医疗救助。贫困残疾人和高龄低收入老人，每年给予 200 元的门诊医疗救助。城镇低保和低收入家庭成员中患有慢性病需要长期服药的，每人每年给予 200—1000 元的慢性病大病门诊医疗救助。农村低保"五保"户的救助标准根据地域有所不同，其中山区每人每年 100 元，川区每人每年 150 元。

西藏医疗救助对象的门诊救助主要针对的是特殊慢性病贫困患者。对于需要长期和定期门诊治疗，并且治疗费用较大的特殊慢性病贫困患者，门诊医药费经基本医保和西藏农牧区特殊医疗制度报销后，医疗救助对个人自付部分进行二次补偿和报销救助。同时，西藏对有明确诊疗路径的门诊病种，实行单病种救助，在限额内按比例救助。

广西医疗救助对象的门诊医疗救助主要针对的是患有慢性病需要长期药物维持性治疗的低保对象和"五保"户等特殊困难群体，其门诊医疗救助标准的上限为新农合个人缴费金额的 10 倍。对于贫困老年人和重度残疾人，门诊医疗救助的上限有所提高，为新农合个人缴费金额的 15 倍。

新疆的医疗救助目前主要以住院医疗救助为主，门诊医疗救助仅在部分地区试点，尚未全面推开。

二 现行医疗救助住院保障措施及救助标准

住院医疗费用的计算相对复杂，而且数额较大，是医疗保险与医疗救助费用控制的重点。与医疗保险费用结算方式相似，一些地区住院医疗救助也设有起付线和封顶线，并且对于患者自付部分在医保目录范围内进行按比例补偿，也有些地区根据个人负担的数额实行逐级递增报销比例的救助方式，极大减轻患者及其家庭的医疗负担。

内蒙古医疗救助对象的住院医疗救助保障标准按照身份不同，实行差别化比例报销政策。对于救助对象中的城乡低保对象、农村牧区"五保"对象、城镇"三无"对象以及认定为孤残儿童和一、二级重度残疾人员的救助，是在其住院医疗费用经过基本医保和各类补充保险报销后对其个人自付部分进行救助性补偿，救助补偿比例为不低于65%。对于除以上基本生活救助对象之外的其他医疗救助对象，救助补偿比例降低为65%，并将救助封顶线降低为1万元。

宁夏医疗救助对象的住院医疗救助保障标准依据住院总费用实行阶梯式救助补偿。对低保对象经基本医保和其他补充性医保报销后的剩余医疗费用，划分为五个救助档次，救助补偿比例从100%—40%逐级降低。对转外就医、未参加基本医保的医疗救助对象，在原有基础上降低五个百分点的救助比例。低保对象的救助限额为每年5万元。对于非低保的低收入家庭，医疗救助的比例为20%，救助限额为每年3万元。对于患有重特大疾病的特殊困难家庭成员的自付医疗费用，按照20%的比例给予救助，年最高救助限额为3万元。

新疆医疗救助对象的住院医疗救助保障标准由各地市根据实际自行确定。截至目前，已经有13个地市实现了住院医疗救助与基本医保、大病补充保险的"一站式"即时结算，医疗救助对象的自付医疗费用逐年降低。医疗救助成为新疆精准扶贫的重要兜底性保障，是健康扶贫的重要手段和机制。

西藏医疗救助对象的住院医疗救助保障标准区分重点救助对象和一般救助对象，采用不同的救助措施。重点救助对象主要是享受基本生活救助的低保和特困人员，一般救助主要覆盖的是城乡低收入家庭。重点救助对象的自付医疗费用在封顶线以内的部分实行全额救助。一般救助对象的自付医疗费用在封顶线以内的部分按70%的比例进行救助，对于一般救助对象家庭中的重病儿童的救助比例提高10%。住院医疗救助的封顶线为6万元，重特大疾病医疗救助的封顶线为15万元。

广西医疗救助对象的住院救助补偿标准按照低保和低收入进行人群分类，实行有别的救助补偿模式。对于城乡低保、"五保"对象，住院医疗救助不设起付线，按比例对经各类医保保险后的自付住院医疗费用进行救助和二次补偿。对于城乡低收入家庭的患者住院救助设有起付线，起付线以上的部分按比例实行限额报销。

第四节　西部地区医疗救助实践中存在的问题

西部地区医疗救助事业从 2005 年到 2015 年，经历了制度化、体系化发展的黄金时期，但也存在和出现了很多问题。制度层次上，医疗救助制度与其他相关制度衔接度不足，导致制度效应弱化。资金层次上，医疗救助资金来源、投入、使用等方面亟待完善。管理层次上，医疗救助管理体制、准入机制、退出机制科学化程度低，设计理念滞后；供需层次上，医疗救助供需矛盾突出，供需结构不对称。总之，西部地区医疗救助发展的不平衡与不充分性与社会需求及人民群众对美好生活的向往之间存在不协调，存在制度漏洞和短板。例如对于支出型贫困家庭的医疗救助存在政策"真空"，现有的基于家庭人均收入和低保资格的医疗救助对象认定办法在一定程度上排斥了支出型贫困家庭获得医疗救助的可能性。

一　医疗救助制度与其他救助保障制度缺乏有效的制度性衔接或衔接度不足

中国医疗救助的建立是从 2003 年的农村医疗救助到 2005 年的城镇医疗救助再到 2008 年的城乡医疗救助逐步建立和发展起来的，建立的出发点是对医疗保险进行有力补充，为社会保障进行有效兜底，这决定了医疗救助与医疗保险和其他社会保障缺乏先天性的制度性衔接。再加之城乡医疗救助在制度建立之初实行分割管理和施行，使得后天制度性衔接难度加大。西部地区医疗救助的地区发展差异较大，同一地区不同部门之间的组合救助和保障事项办理协调难度大，一些西部地区医疗救助信息化网络平台建设进度滞后，医疗救助仍然停留在事后报销和滞后救助阶段。因部门分割，人社、卫健、民政和医保部门分别建立了各自系统内部封闭运行的信息系统，信息数据缺乏跨部门间的互联互通,造成救助申请、医疗费用结算和救助待遇支付等环节手续烦琐、流程复杂,经办和治理成本较高。此外,一些西部地区医疗救助服务还停留在手工结算阶段,信息失真和数据信息处理误差时有发生,精细化治理和监督核查机制不健全。困难群众看病就医时,不仅住院申请和报销流程复杂,还要处理医保与医疗救助的诸多衔接性障碍,甚至还需要自己垫付巨额医药费用,待出院后再去申请医疗保险和医疗救助补偿,保险和救助的每个报销流程均需申请审核,报销和费用补偿与补助程序和手续极为复杂[1]。

二 医疗救助资金来源渠道狭窄,资金投入不足,资金使用效率低

根据《国际统计年鉴2023》的数据,2013年我国的医疗卫生支出占GDP的比重不仅低于世界平均水平(10.60%),而且低于低收入国家的平均水平(5.28%),政府医疗投入严重不足,政府医疗卫生支出低于社会和个人卫生支出在卫生总支出中所占的比重[2]。西部地区贫困居民因个人负担的医疗费用比例较高,对医疗救助的需求更为迫切。西部地区发展医疗救助事业的责任主体是政府,尽管社会公益组织和第三部门也在参与社会救助,但是医疗救助的资金最主要的来源仍然是财政。随着政府财政转移支付的事项增多、地方政府债台高筑,医疗救助资金占政府财政支出的比重越来越低,资金来源途径并没有增加。同时也有部分西部地区医疗救助资金大量闲置,一些生活困难且急需医疗救助的群众得不到及时有效的救助和帮扶。部分西部地区的城乡医疗救助资金在财政专户闲置,造成医疗救助基金低效运行,存在着潜在的基金贬值和挪用风险。部分患有严重疾病生活困难且急需救助的贫困群体因救助条件苛刻无法获得医疗救助,丧失了

---

[1] 成海军:《当前我国医疗救助中的重点和难点问题研究》,《学习与实践》2015年第8期。

[2] 肖武刚:《国务院的这项大改革等了足足22年》,《人民日报》2016年8月26日。

正常应有的享受医疗救助和保障待遇的公民权利,引发政府责任的缺失和不公平现象的发生。究其原因,救助渠道不通畅,民政部门的医疗救助宣传方式单一且效率低下,困难群众文化程度较低,医疗救助宣传方法失当,从而致使生活困难且急需救助的群体因不了解国家和地方的医疗救助政策而丧失了获得帮助的机会。部分基层医疗救助管理部门官僚气息严重,政策宣传方式流于形式化,没有深入基层宣传和解释医疗救助惠民政策,也未能建立救助对象的主动发现机制,主动送服务送保障上门了,甚至采取多种理由和设立较高的救助门槛,将求助的困难群体拒之门外。例如,一些地区城乡因病支出型贫困家庭认定标准和要求的条件过高,实际需要救助的贫困家庭无法达到贫困认定的全部条件,从而与医疗救助无缘。制度构建,资金先行。救助资金和合理筹集与有效利用是政府履行责任、服务人民的基础,西部地区医疗救助资金筹集、资金管理和资金运作机制亟待完善。

三 医疗救助管理机制不完善,反馈机制欠缺

西部地区医疗救助职能长期以来划归民政部门,实行行政分级管理,国家、省级、市级、县级医疗救助管理体制完备、监督机制健全、运作效率高,但街道乡镇、社区和村级的管理水平低、人为干预性强、不公平现象突出,加之管理机制缺失、部门责任不明确等问题严重阻碍了西部地区医疗救助事业的发展和社会公平目标的实现。较为突出的问题有如下几个。

首先,部分地区随意改变救助标准,擅自扩大或缩小救助范围,救助标准的统一性与公平性得不到保障。基层政府和社区村的居委员会在医疗救助管理上自主性强、主观性强,会不断根据当地实际情况进行调整,但调整缺乏科学标准和民主决议,造成恶性循环,形成负的制度效应。一些地区对低保户和低保边缘户采用不同的医疗救助方式和标准,身患相同疾病的患者因贫困认定的身份不同而获得差别很大的医疗救助待遇。此外,基层医疗救助管理部门的救助对象和救助

病种选择弹性和范围较大,也在一定程度上造成救助对象间的矛盾,影响了西部地区医疗救助制度的公信力和保障效果。部分因病支出型贫困群体因未能被纳入医疗救助范围而陷入生活困境,成为医疗社会救助的边缘人群和社会救助的"夹心层"。

其次,救助程序执行随意化,救助档案资料不全且数据错误率高,资助参保参合缺乏制度规范,反馈机制欠缺。因基层医疗救助管理部门工作人员严重不足,一些地区在进行医疗救助对象审核与审批时,简化了入户调查程序,直接依据申请材料和相关证明材料进行判断和审批,程序和流程的随意性影响了医疗救助的可及性与公平性。基层医疗救助管理部门的医疗救助档案和原始凭证登记和保存不完整,内容残缺且登记和记录的错误率较高,无法完整地记载和反映医疗救助受助人的家庭收入情况、患病情况,也没有详细记载医疗救助申请人医保的参保信息,甚至没有记录住院医药费总额和个人自付金额,使得医疗救助的待遇支付缺乏科学依据。究其原因,主要是医疗保险、医疗救助的管理部门相互间缺乏有效的协调与沟通机制,部分地区医疗救助基层管理服务能力严重不足[1]。

四 医疗救助供需矛盾突出,覆盖深度不足,救助水平低,救急难问题突出

医疗救助的供给对象群体与需求对象群体并不对称,救助的靶向性和瞄准度不足。医疗救助的供给对象主要是城乡居民低保户、城市"三无"人员和农村"五保"供养对象、重点优抚对象,对传统生活救助对象之外的贫困群体医疗救助的制度供给与对象覆盖严重不足。一些低收入群体和贫困边缘群体因病致贫与因病返贫的风险未能有效治理,医疗消费成为这部分群体陷入贫困的主要原因。

从 2008 年起,覆盖城乡的医疗救助体系逐步建立,制度覆盖面

---

[1] 廖明峰:《和谐社会视角下"救急难"存在问题和对策——以贵州省铜仁市为例》,贵州省民政厅,2014 年 12 月 30 日。

逐步拓宽，但人群覆盖的广度和深度有限，对医疗救助需求群体的分类不够精细，导致边缘贫困群体、极度贫困群体等特殊群体的实际医疗救助缺失或仅能享受较低水平的医疗救助。2012年民政部对城乡困难家庭医疗健康状况进行了社会调查，报告显示：从受访的城乡困难家庭对其医疗支出负担的自我评价来看，57.57%的农村困难家庭认为医疗支出负担沉重（评价指标共分五级：非常重、较重、一般、较轻、很轻，沉重则包含非常重和较重两项），51.24%的城市困难家庭认为医疗支出负担沉重。由此可见，城乡医疗救助的救助水平和覆盖深度需要进一步完善与拓展[1]。

从宏观来看，社会救助制度建设精细度不足，救急难的功能发挥极为有限。针对城乡低保对象、特困人员供养对象的医疗、就业、教育、住房等专项救助制度体系化程度较高，但是由于临时性救助的申请程序较为复杂，救急难功能未能充分发挥，仅为常态化的生活保障，应急性保障需求尚未形成制度化的保障。贫困边缘人群和特殊困难群体对于救急难的需求更为迫切。因为边缘群体一旦遭遇突发事件，陷入贫困后并没有制度化的基本生存保障。但贫困边缘群体的求助渠道不够通畅，基层社会救助服务受理窗口运转效率不高。部分西部地区基层虽有社会救助受理窗口，但由于其工作人员较为匮乏，窗口人员缺位问题突出，急难问题求助和处理不及时。此外，部门协调落实救急难实效低，救助资源整合能力欠缺，救助的绩效不尽如人意。

五 现行医疗救助对象瞄准精度不足，忽视支出型贫困和边缘贫困群体的救助需求

现行医疗救助的瞄准对象主要为城乡低保群体和农村"五保"群体，获得医疗救助的前置条件是被认定为基本生活救助对象。因而，在通常情况下，支出型贫困等边缘群体被排除在医疗救助的保障范围

---

[1] 民政部政策研究中心编：《中国城乡困难家庭社会政策支持系统建设研究报告（2013）》，中国社会出版社2015年版，第28—30页。

之外。究其原因，医疗救助制度的建立时间较短，是在基本生存救助之外的专项救助，为了简化操作，也为了减轻医疗救助的资金压力，部分西部地区比照低保的对象识别标准对医疗救助对象进行识别，瞄准对象具有高度相似性和重合性。低保是基本生活救助，是基于收入标准的救助政策，而医疗救助属于针对支出型贫困的救助，两者存在根本性的区别，这种区别既体现在核贫标准上，也体现在救助措施上。将两者合并为一套识别机制，必然会导致救助的瞄准度和精准度低，也必然会造成救助不足与过度救助的结构性矛盾，进而导致救助资源的浪费。现行基于收入进行识别的医疗救助无法应对支出型贫困、重特大疾病、边缘贫困群体的医疗救助需求，导致救助不足和医疗负担无法有效化解。

第五节 西部地区支出型贫困家庭医疗救助机制的构建

西部地区医疗救助制度从探索到初步创立、从建立到逐步完善，必然要经历一个漫长的调整和调适过程，逐步适应西部地区的经济社会发展特征和文化特征，探索一套适合西部地区实际的医疗救助制度体系和管理机制。当前，西部地区医疗救助进入由数量扩张到质量提升的关键时期，制度结构和制度参量都需要进一步优化，方能提升救助水平和质量。在完善现有医疗救助对象保障措施的同时，也应改变救助对象的识别和瞄准机制，通过建立收入与支出相结合的核贫标准，扩大西部地区医疗救助的覆盖范围，建立医疗救助对象的主动发现机制，夯实脱贫攻坚和全面小康的工作基础。

一 促进医疗救助制度和其他社会保障制度的有效衔接，构建西部地区支出型贫困家庭医疗救助保障网

医疗救助管理部门应在财政部门资金支持的基础上，完善医疗救

助的制度体系,并与各部门协同配合与密切合作,全方位满足医疗救助对象的看病就医需求和医疗资金需求。医疗救助管理部门应与卫生部门、社会保障部门进行有效协调,实现基本医疗救助、专项医疗救助和特殊医疗救助三项医疗救助项目与基本医疗保险的有效衔接,从组织管理到制度政策设计,实行全方位协同并进。加强医疗救助的贫困预防机制建设,继续实施医疗救助资助困难群体参保参合政策,减轻医疗救助的运行压力,确保制度的可持续运行。逐渐探索政府购买医疗服务的新方式,促进医疗服务和管理的一体化建设。

医疗救助和基本医疗保险的有效衔接是现阶段西部地区完善医疗保障体系的主要任务。医疗救助对象的参保参合是两项医疗保障制度的衔接关键点,通过提高医疗救助的参保参合率,实现基本医疗保险和基本医疗救助的双层保障。在基本医疗保险、补充医疗保险报销补偿的基础上,通过医疗救助的机制减轻贫困患者的自付费用压力。对经基本医疗救助报销后仍有困难的群体,可以在基本医疗救助报销补偿的基础上,进行医疗救助中门诊救助和住院救助的二次补偿和再救助,实现基本医疗保险补偿报销和基本医疗救助补偿报销的多层次、全方位保障。将基本医疗救助、临时性医疗救助、救急难政策进行统筹,合理规划各类政策的救助边界和职责分工。整合社会医疗公益事业和慈善事业,实现政府救助和社会救助的良性互动、互相补充、协调并进。

逐步扩大西部地区医疗救助对象的范围,在确保城乡低保对象和低收入家庭医疗救助有效执行的基础上,逐步将支出型贫困群体纳入医疗救助的统筹范围,并细化针对支出型贫困家庭的基本生活救助制度与专项救助制度的衔接办法与对接方式,以及支出型贫困家庭社会救助与其他社会政策衔接。此外,西部地区医疗救助制度可以与养老保险、生育保险进行衔接,对那些居住在偏远地区和极度贫困地区的老年人和孕妇进行专项医疗救助,实现更深层次的覆盖和兜底。

二 拓宽医疗救助资金来源渠道，提高资金利用效率，建立西部地区支出型贫困家庭医疗救助的资金保障机制

西部地区医疗救助资金来源渠道应适当拓宽，除财政支出外，吸引社会力量参与医疗救助，以实现更高效率的提升。针对部分西部地区存在医疗救助资金闲置与应救为救的结构性矛盾，医疗救助管理部门应通过降低医疗救助的准入门槛、扩大医疗救助的补偿范围等方式，提高医疗救助的利用和使用效率。利用医疗救助的累计结余和闲置资金扩大对因病致贫和因病返贫困难患者的救助与扶持，特别是有序开展对因病支出型贫困家庭的救助的试点，盘活现有医疗救助资源的同时，积极开拓新的筹资渠道和财源。将财政救助资金合理分配到支出型贫困家庭的事前救助、事中救助与事后救助各个环节，盘活资金用途，提高资金使用效率。将支出型贫困家庭纳入医疗救助的实施范围，短期内势必扩大救助资金的支出，应在准确估算支出型贫困家庭数量与规模的基础上，增加财政投入，合理选择筹资渠道，确保应保尽保。此外，还应建立医疗救助资金的审计监督机制，实施监督医疗救助资金的筹集和使用情况，接受群众举报和社会监督，查处和杜绝医疗救助管理部门的不作为和乱作为等现象[①]。

三 促进医疗救助机构整合，建立西部地区支出型贫困家庭医疗救助管理的组织体系和信息化网络

医疗救助与医疗服务供给密不可分，资金支持和服务保障是实现西部地区医疗救助的政策目标的基础。通过整合和协调医疗救助管理部门和医疗服务相关机构和部门的相关管理和服务职能，实现西部地区医疗救助管理的全方位、多层次和高效化发展。西部地区医疗机构整合的重点在农村，农村医疗救助管理改革的中心在于建立西部地区

---

① 江西省审计厅：《医疗救助资金管理使用存在的问题及改进建议》2015 年 5 月 18 日，http：//audit.jiangxi.gov.cn/art/2015/5/18/art_ 28582_ 4311047.html，2023 年 4 月 13 日。

医疗救助管理信息体系，促使西部地区医疗救助的体系化、信息化、高效化。

通过整合基本医保（职工和居民）、大病（大额）补充医疗保险、商业补充医疗保险、疾病应急救助和慈善医疗救助的资源和功能，进行建库立卡，对需要医疗救助的群体实行分类瞄准和管理。将社会工作引入医疗救助治理体系，扩大治理主体的范围，形成整体性治理的效能，构建西部地区"因病致贫返贫"治理体系。通过社会政策和经济政策相互作用与融合发展，全面提升西部地区整体性贫困治理和社会救助兜底保障的效果。

在西部地区医疗服务供给方面，确立分级诊疗模式，发挥基层医疗卫生机构在医疗费用控制和医疗资源配置方面的积极作用[1]。在大部分西部地区确立分级诊疗模式，探索建立全科医生和家庭医生机制，实现基层首诊和双向转诊，逐步向分级诊疗模式过渡。对于西部地区而言，医疗服务供给需要以"强基层"为发展重点，按照标准化的要求改善基层医疗卫生服务机构的软硬件设施，提高医疗服务质量和水平，为分级诊疗和医疗费用控制工作的开展创造条件。积极引导医疗救助对象合理利用医疗卫生资源，控制医疗费用不合理增长和浪费，减轻贫困患者的医疗负担和医疗保险与医疗救助的支付压力。充分发挥医疗救助的动态控费功能和补助导向功能，提高医疗救助的整体效能。

通过完善支出型贫困家庭救助的治理主体和治理结构，实现对因病支出型贫困家庭的精准识别、精准救助和精准管理。建立贫困家庭的收入和支出信息核对系统，通过各部门的信息联动，实现信息比对和信息共享，结合入户调查和社区监督，确保医疗救助对象的识别精准化和管理精细化。在精准施治和精准救助方面，通过订制个性化、差异化的诊疗方案和救助方案，实现施治精准化和救助精准化。

---

[1] 郑州市政协教科文卫体委员会：《医疗救助精准扶贫路径思考》，2016年6月30日。

四 基本生活救助与医疗专项救助相结合，扩大西部地区支出型贫困家庭医疗救助的保障范围

支出型贫困家庭医疗救助在东部地区已经成为医疗救助体系的一部分，在西部地区也有相关实践。支出型贫困由上海市民政局首次提出，2007 年我国民政部门开始关注，2009 年支出型贫困家庭社会救助成为上海市民政工作的重点，2010 年民政部积极推进，2011 年上海市政府工作报告首次将其列为政府社会救助的发展方向。[①] 作为西部地区的青海省 2015 年出台《关于进一步健全城乡居民最低生活保障制度的通知》，将支出型贫困救助纳入低保救助的范围，通知规定，因家庭成员患重特大疾病导致家庭刚性支出较大且基本生活陷入困境的家庭，参照最低生活保障标准给予生活救助。[②] 青海省支出型贫困家庭中重特大疾病患者在定点医疗机构住院产生的医疗费用，经政策减免、基本医疗保险和大病医疗保险报销或事故责任方赔付后，个人负担费用超过 8 万元以上的部分，政府按照 50% 的比例给予医疗救助[③]。在前期试点和经验积累的基础上，应把支出型贫困医疗救助纳入西部地区社会救助改革的重点，更新医疗救助准入和救助标准，将基本生活救助与医疗专项救助相结合，提高西部地区支出型贫困家庭医疗救助的目标精准度和丰富西部地区医疗救助的层次与范围。

在准入方面，严格规定享受支出型贫困家庭医疗救助的程序和手续，明确申请材料清单，将家庭支出作为甄别救助对象的核心要素，结合家庭收入情况和疾病医疗开支情况进行综合评估。同时应提高信息监测的能力，防止道德风险的发生。明确低保标准和低收入标准，

---

① 徐大慰：《上海支出型贫困家庭的救助模式和经验启示》，《华东经济管理》2012 年第 9 期。
② 青海省民政厅：《关于进一步健全城乡居民最低生活保障制度的通知》，2015 年 3 月 9 日。
③ 赵静：《青海省将支出型贫困家庭纳入社会救助范围》，《青海日报》2015 年 11 月 1 日。

制定适宜的标准对支出型贫困家庭进行认定，依据对象数量筹集救助资金，实现应保尽保、应帮尽帮。对于贫困老年人、未成年人和残疾人家庭在给予基本救助的同时，给予重点帮扶。对于因患重大疾病住院治疗，在享受其他政策补贴或社会保障补助后个人负担医疗费仍有困难的人员，给予基本生活救助和医疗救助，实现社会救助全方位、深层次覆盖。可以借鉴中国精准扶贫模式，实行地区划片、扶贫到户的精准帮扶模式，针对支出型贫困家庭的个性化特征和特殊性需求，因户施策。支出型贫困家庭医疗救助的救助层次应实现供需平衡，既要保证公平，又要满足弱势群体不同层次的医疗救助需求。

五 提高靶向瞄准度和救助精准度，建立西部地区支出型贫困家庭的医疗救助的精细化管理机制

西部地区医疗救助的靶向精准度和救助精准度问题归根到底还是医疗救助准入标准问题。制定新时期的医疗救助标准，首先要对医疗救助"去保险化"，逐渐淡化医疗保险观念，取消医疗救助的起付线、封顶线等限制。在提高西部地区医疗救助靶向瞄准度和救助精准度工作中，要具体到医疗救助的日常运行方面，加强救助对象管理，增强和优化医疗救助项目的瞄准性，降低医疗救助的漏保率和错保率。探索建立以家庭为单位的支出型贫困识别体系与救助保障体系，具体方式为：以一个家庭为考察对象，参考家庭参与经济社会活动所需要的各个方面的支出总和，同时还要考虑不同家庭的人口规模和家庭结构，为每个家庭量身定做社会救助和保障标准。这个标准不只应用于医疗救助，住房救助、教育救助也可以此为重要参考。

西部地区支出型贫困家庭医疗救助不是一项简单的救助工程，而是一项救助和保障合二为一的系统工程。西部地区支出型贫困家庭医疗救助模式和制度的构建应与教育救助、住房救助，乃至医疗保险制度进行统筹协调。医疗救助在社会救助体系中占据核心地位，西部地区尤为突出，建立西部地区支出型贫困家庭医疗救助体系不仅有利于西部地区社会救助事业的高效、可持续发展，同时在扶贫工作中也将发挥战略性的作用，是医疗扶贫的重要机制和有效措施。

各级民政部门、医疗保障管理部门应进一步梳理西部地区医疗救助水平不高的原因，在调查研究的基础上，提出合理的应对措施和解决办法，实现对西部地区支出型贫困家庭医疗救助的标准化、科学化。

第六章　西部地区支出型贫困家庭住房救助研究

自古以来，住房就是人类的基本生存需求之一，住房也就成为最基本的民生需求，故住房救助在专项救助中不容忽视。住房救助是社会救助的重要组成部分，是切实保障经济困难家庭基本住房需求的制度设计，在住房方面起着保障民生、促进公平的重要作用。改革开放以来，尤其是近年来，随着住房的商品化，中低收入人群"住房难，住房贵"的问题成为尤为突出的民生问题。据统计，2014年我国城镇居民人均消费支出为19968.1元，而在总消费当中，住房消费支出为4489.6元[1]，是除食品支出外，我国城镇人口的第二大支出。住房支出作为居民的必要和必需支出，尤其对于流动人口家庭，其住房支出比重相对更高[2]，因住房支出而导致的支出增加也成为支出型贫困的主要诱因之一。在现有住房保障体系基础上，实施针对支出型贫困的救助措施，构建更加完善的住房保障系统，是解决支出型贫困的有效途径。

我国的住房保障体系由针对职工的住房公积金和针对住房困难家庭的住房救助两部分组成。针对贫困弱势群体的住房救助也称保障性住房安居工程，具体包括三个层次。第一层次，是住房救助的最主要内容，

---

[1] 数据来源：《中国统计年鉴2015》，国家统计局，2015年10月，https://www.stats.gov.cn/sj/ndsj/2015/indexch.htm，2023年2月13日。
[2] 民政部政策研究中心：《中国城乡困难家庭社会政策支持系统建设研究报告（2013）》，中国社会出版社2015年版，第20—23页。

也是本书研究的重点，总称保障性住房，包括限价房、经济适用房、公共租赁房（以下简称"公租房"）、廉租房等。其中，限价房是由政府规定房屋面积、销售价格、购买者资质等条件，主要为中等收入家庭提供的住房；经济适用房是由政府规定房屋面积、销售价格、购买者资质等条件，主要面对城镇较低收入家庭的住房；公租房是由政府建设，解决城镇中低收入"夹心层"住房问题的住宅；廉租房是由国家建设或购买，以远低于市场价的租价，分配给城镇最底层人民居住的保障性住房，现已与公租房合并。第二层次主要是棚户区改造，包括城市棚户区、工矿企业棚户区、林区垦区棚户区和煤矿棚户区等。第三层次是农村的危房改造和游牧民定居工程。这三个层次构成了我国的住房救助的整个体系，为城乡居民提供了"居有所安"的住房环境。

第一节 国家和西部地区住房政策梳理

一 国家层面住房政策沿革

（一）计划经济时期：完全福利化的住房政策

在我国计划经济时期，针对城镇居民，我国实行的是完全福利化的住房供给政策，住房保障具有明显的国家福利保障特征。在完全福利化的住房政策下，城镇住房由国家和用人单位投资建设，对职工进行福利分房（实物供给），职工只需要交付少量租金，同时还可获得国家的补贴。在计划经济体制下，住房政策覆盖全体居民，是当时分配体制的重要组成部分。

（二）改革开放至 1997 年：住房市场化改革

改革开放以来，随着经济体制的变化，我国的住房政策也呈现了市场化的时代特征。总体来说，此阶段可分为"售房三三制"时期，"提租补贴"时期和全面推行时期。1980 年，在《关于建筑业和住房问题的谈话中》，邓小平提出了出售公房、全价售房的住房政策改革思路。20 世纪 80 年代初，国家对城镇职工住房实施了"售房三三制"的政策，明确了国家、单位和个人三者的义务，补贴售房试点开启。但由于"售房三三制"对企业和个人的权益均造成了损害，补贴售房也逐步取消。20世纪80年代中期，在住房市场化改革的总体思路下，我国第一个房改总体方案——《关于在全国城镇分期分批推行住房改革实施方案》落地，"提租补贴"开始试点。但因相应配套制度不完善，该项政策在试点阶段就宣告失败。20世纪90年代以来，中央召开第二次住房制度改革会议，至此住房改革在全国推开，住房政策也由实物供给转变为货币分配，基本实现了住房的市场化和社会化。

（三）1998—2005年：住房货币化改革

随着市场化改革的深入，1998年7月，国务院发布《关于进一步深化城镇住房制度改革加快住房建设的通知》（以下简称《通知》），标志着我国住房保障体系由实物供给转变为货币化分配的质变。[1] 同时，该《通知》还构建了城镇住房的基本体系：高收入群体自行购买市场供给的商品房，中低收入人群购买政府和开发商共建的经济适用房，低收入群体可申请和享受政府提供的廉租房。在此阶段，为解决市场化带来的中低收入人群住房问题，我国政府还陆续颁布了《城镇廉租房管理办法》（1999）、《城镇最低收入家庭廉租房管理办法》（2003）、《经济适用房管理办法》（2004）等。

（四）2006—2012年：住房保障与市场调控并重时期

2007年8月，国务院颁布了住房保障领域的标准性文件《关于解决城市低收入家庭住房困难的意见》，进一步强调了加强廉租房的建设，改善城市低收入人群的住房状况。2010年，住建部在原有的以廉租房和经济适用房为主体构成的住房保障体系的基础上，又颁布了《关于加快发展公共租赁住房的指导意见》，旨在为城市中低收入无住房保障的"夹心层"提供住房保障。自此，我国保障性住房四阶梯形成（见图6-1），其中，限价商品房又称为"两限两竞房"，

---

[1] 《国务院关于进一步深化城镇住房制度改革加快住房建设的通知》，中国政府网，1998年7月3日，https://www.gov.cn/gongbao，2023年2月10日。

即政府在进行土地供应时在"限套型、限房价"的基础上,采取"竞地价、竞房价"的办法,以公开招标的方式确定限价商品房的开发商,以降低房价来满足中低收入者的住房需求。

图 6-1 我国保障性住房四阶梯体系

此外,在这一时期,城市的棚户区改造和农村危房改造也开始纳入保障性安居工程体系当中。2008 年《国务院办公厅关于促进房地产市场健康发展的若干意见》颁布,自此我国危房改造进入试点阶段,国家给予经济补贴和政策扶持。危房改造从贵州省开始试点,2011 年扩大到中西部所有省份,2012 年实现了全国覆盖。2009 年,我国国务院首次提出棚户区改造,在全国启动城市和国有工矿棚户区改造。同年,住建部颁布了《关于推进城市和国有工矿棚户区改造工作的指导意见》,各地开始了棚改的实践。至此,以保障性住房、危房改造和棚户区改造为主要内容的住房救助体系在我国逐步建立。

(五) 2013 年及以后:住房保障制度建设的新发展

党的十八大以来,我国住房保障事业面临的环境与形势发生了新的变化,面临着新的机遇和挑战:一方面,我国经济发展进入新常态,经济由高速发展转向中高速发展,政府更加注重保障和改善民生;另一方面,我国住房体系基本建成,在住房保障领域以政府为主导,在商品房领域以市场为主,全国范围内住房数量出现了供应过剩的现象,但不排除一些地区和部分人群的基本住房需求仍未得到满足。在此背景下,我国住房救助的发展进入了新阶段。在保障性住房领域,2013

年12月，我国进一步对现有住房保障体系进行了重大改革，《关于公共租赁房和廉租住房并轨运行的通知》明确了我国现阶段减少并逐步取消经济适用房和"共廉并轨"的改革方向。现阶段，公共租赁房在住房保障中扮演了越来越重要的角色，成为住房保障的主体，而现今公租房的运行均按照《公共租赁房管理办法》（2012）实施的。基于2014年《社会救助暂行办法》有关政策，住建部对住房救助在《关于做好住房救助有关工作的通知》中进行了具体说明。在棚户区改造方面，2013年国务院先后颁布了《关于加快棚户区改造工作的意见》，2014年颁布《国家新型城镇化规划（2014—2020年）》，提出到2020年实现棚改的全部完成。此外，农村危房改造的力度也持续加大。我国住房保障在朝着更加完善、更加惠民的方向继续发展。

（六）改革开放以来我国住房保障主要政策

笔者将改革开放以来有重大影响的住房救助政策以时间为序进行整理，具体如表6-1所示。

表6-1　　　　　　改革开放以来我国住房救助政策汇总

时间	政策名称	意义
1980年4月	《关于建筑业和住房问题的谈话》	开启了城镇住房制度改革
1988年2月	《关于在全国城镇分期分批推行住房改革实施方案》	我国第一个房改总体方案
1991年10月	《关于全面推进城镇住房制度改革的意见》	房改进入新阶段
1993年11月	《加快城镇住房制度改革，促进住房商品化和住房建设的发展》	提出建设社会主义市场经济城镇住房新体系
1998年7月	《关于进一步深化城镇住房制度改革加快住房建设的通知》	我国住房保障体系由实物供给转变为货币化分配
1999年4月	《城镇廉租房管理办法》	建设廉租房保障低收入人群的住房权利
2003年12月	《城镇最低收入家庭廉租房管理办法》	进一步明确了廉租房的保障职能

续表

时间	政策名称	意义
2004年4月	《经济适用房管理办法》	对各地经济适用房加以指导
2007年8月	《关于解决城市低收入家庭住房困难的意见》	成为住房保障领域的标准性文件
2007年12月	《经济适用房管理办法》	对经适房的保障功能进行了更为细致的规定
2007年10月	《关于印发〈关于改善农民工居住条件的制度意见〉的通知》	国家对农民工住房问题加以重视
2009年12月	《关于推进城市和国有工矿棚户区改造工作的指导意见》	棚户区改造工作开始在全国推行
2010年6月	《关于加快发展公共租赁住房的指导意见》	为城镇收入"夹心层"提供了住房保障
2012年5月	《公共租赁房管理办法》	对公租房的保障方式进行了规范
2013年12月	《关于公共租赁住房和廉租住房并轨运行的通知》	"公廉并轨"公租房成为住房保障的主体
2014年3月	《国家新型城镇化规划（2014—2020年）》	明确了到2020年实现棚改全部完成的目标
2014年6月	《关于并轨后公共租赁住房有关运行管理工作的意见》	对并轨后公租房的运行进行了规范

二 西部地区现行住房救助政策

我国西部地区在住房救助方面政策多以国家政策为蓝本，结合西部地区实际情况进行了较为合理的政策设计，在住房政策方面主要有针对城镇居民的保障性住房政策和针对城乡包括农牧区居民的棚户区改造及危房改造政策。

在城镇居民保障性住房政策方面，我国五个西部地区均根据自身实

第六章 西部地区支出型贫困家庭住房救助研究

际制定了相关政策。内蒙古自治区依据区情规定了其公租房的保障对象不仅包括国家政策规定的保障人群，还包括了自治区社会发展需要的各类人才、环卫等一线艰苦岗位人员、见义勇为人员等[1]。同时，内蒙古自治区在公租房的申请和审核过程中还建立起了"三审三公示"[2]的制度，保障了公租房配租的公平性和合理性。宁夏回族自治区在西北地区率先实施了"公廉并轨"，明确了保障人群，更重要的是提出了缴存的住房公积金，12万元以下的车辆等家庭资产可不纳入家庭可支配收入范围。广西壮族自治区颁布《广西壮族自治区保障性住房管理暂行办法》，详细规定了每类保障性住房（公租房、廉租房、经济适用房、限价商品房）的准入、配租、使用、退出及监管等具体机制和办法，还提出了采用"梯度保障、租补分离的方式对廉租住房和公共租赁住房实行逐步并轨管理"的整合方式。新疆维吾尔自治区仅在国家政策基础上进行了小幅调整，提出要大力发展公租房，在外来务工人员集中的开发区、产业园区，集中建设单元型或宿舍型公共租赁住房，同时要因地制宜建设经济适用住房和限价商品房。西藏自治区公租房发展相对滞后，尚未实现"公廉并轨"。西藏的保障性住房体系可概括为"四房三改"（"四房"是指廉租住房、政策性周转性住房、公共租赁住房和经济适用房，"三改"是指城市棚户区改造、政策性周转住房维修改造和农村危房旧房改造）。[3] 周转房是西藏自治区较有特色的保障性住房类别，而廉租房是西藏保障性住房的主体。

在棚户区改造和危房改造方面，我国各地政策制定基本以中央

---

[1]《内蒙古自治区人民政府关于进一步做好保障性住房建设和分配管理的通知》，内蒙古自治区人民政府，2021年9月23日，https：//www.nmg.gov.cn/zwgk/zfxxgk/zfxxgkml/202110/t20211008_1899592.html，2023年2月14日。

[2]《内蒙古自治区人民政府关于进一步加强保障性住房建设和分配管理的通知》，内蒙古自治区人民政府，2021年9月23日，https：//www.nmg.gov.cn/zwgk/zfxxgk/zfxxgkml/202110/t20211008_1899592.html，2023年2月14日。

[3]《西藏自治区人民政府办公厅关于进一步加强我区保障性安居工程和管理的实施意见》，西藏自治区人民政府，2012年5月13日，https：//www.xizang.gov.cn/zwgk/xxgk_424/xxgkzn/，2023年3月2日。

《关于加快推进棚户区（危旧房）改造的通知》为基础实施的，现阶段，我国着力推进货币化安置和配套设施建设工作。此外，各地政策又各有侧重，广西确定以限价房的方式进行棚户区改造，并大力引入市场机制[1]。新疆地区细化了城镇棚户区改造项目认定标准，在原有基础上新增了抗震性能改造等五类住宅房屋改造项目[2]。西藏地区则细化工作，每年均根据区情下达危房改造和棚改的通知。

笔者将近年来（"十二五"时期）我国西部地区住房救助政策文件进行整理，具体如表6-2所示。

表6-2　　　　　　　　西部地区住房救助政策汇总

地区	保障性住房政策	棚户区改造及危房改造政策
内蒙古自治区	《内蒙古自治区关于加快推进保障性安居工程建设的通知》《内蒙古自治区人民政府关于进一步加强保障性住房建设和分配管理的通知》	《关于加快推进棚户区（危旧房）改造的通知》《内蒙古自治区人民政府办公厅关于全区棚户区改造货币化安置工作的指导意见（试行）》
宁夏回族自治区	《宁夏回族自治区公共租赁住房建设分配入住管理暂行办法》《关于公共租赁住房和廉租住房并轨运行的实施意见》	《关于做好棚户区改造货币安置工作的指导意见》《宁夏回族自治区棚户区改造界定标准》
广西壮族自治区	各年度《广西住房保障工作实施方案》（《关于做好城镇保障性安居工程工作的通知》）《广西壮族自治区保障性住房管理暂行办法》	《关于加快推进棚户区改造工作的若干意见》《关于大力推进棚户区改造货币化安置工作的指导意见》《广西壮族自治区危旧房改住房改造暂行办法》

---

[1]　《国务院关于加快推进棚户区改造工作的若干意见》，中国政府网，2013年7月4日，https://www.gov.cn/gongbao/content/2013/content_2455227.htm，2023年3月4日。

[2]　《山东省城镇棚户区改造项目认定办法》，德州市陵城区人民政府，2018年10月16日，http://dzlc.gov.cn/n47372276/n47373288/n47396359/n47396369/c43764763/content.html，2023年3月5日。

续表

地区	保障性住房政策	棚户区改造及危房改造政策
新疆维吾尔自治区	各年度《自治区城镇保障性安居工程建设计划》（关于做好城镇保障性安居工程工作的通知）《关于进一步加强自治区城镇保障性住房建设和管理的实施意见》	《关于进一步做好棚户区改造货币补偿安置工作的通知》《城镇棚户区改造项目界定标准（试行）》
西藏自治区	《关于切实解决我区城镇低收入家庭住房困难的实施意见》《关于加快发展公共租赁住房的实施意见》《西藏自治区住房保障管理暂行办法》《西藏自治区人民政府办公厅关于进一步加强我区保障性安居工程和管理的实施意见》	《2014年全区城镇棚户区（危旧房）改造计划》

当前，我国住房保障的整体思路是"管建并重"，进行住房保障管理工作的前提是建设。在西部地区保障性安居工程的建设工作整体发展较好，开工率和建成率均较高，很多地区均有超额完成任务的情况。保障性安居工程的建设为保障居民住房水平提供了有力的支持，截至2015年底，我国西部地区保障性安居工程的建设及进展情况如表6-3所示。

表6-3　　西部地区保障性安居工程建设及进展情况

地区	开工状况	建成状况	投资状况
内蒙古自治区	开工285087套，开工率100.2%①	基本建成193044套，建成率118.2%②	588.8亿元③

---

① 保障性住房开工42797套，开工率100.3%，各类棚户区改造开工242290户，开工率100.2%。

② 保障性住房基本建成62399套，建成率149.7%，各类棚户区改造基本建成130645套，建成率107.4%。

③ 保障性住房完成投资50.3亿元，各类棚户区改造完成投资538.5亿元。

续表

地区	开工状况	建成状况	投资状况
宁夏回族自治区（年度计划任务）	81065套①	75000套	
广西壮族自治区（2015年11月数据）	已开工23.66万套、2330.26万平方米，完成年度开工目标任务的108.95%	基本建成11.44万套、776.85万平方米，完成年度基本建成目标任务的119.40%	完成投资236.85亿元，约占全年计划总投资240亿元的98.69%
新疆维吾尔自治区	开工（筹集）27.44万套（户），开工（筹集）率101.27%		
西藏自治区②	已开工33785套（户），开工率100%		7.43亿元

资料来源：笔者根据各地住建厅网站数据资料整理而得。

第二节 西部地区现行住房救助对象的范围与识别

一 西部地区现行住房救助政策覆盖人群

在住房救助领域，现阶段，绝大多数地区已实现"公廉并轨"，且各地均在逐步减少经济适用房的建设，我国当前住房救助逐步迈向公租房、廉租房和经济适用房的"三房并轨"。故当前公租房的覆盖人群已不是最初建设公租房提出的仅保障中低收入的"夹心层"，而转变为住房救助的主体，即其保障对象除"夹心层"外还涵盖了原有廉租房的保障对象，而原有已列入廉租房建设计划的住房，建设完成之后也要统一纳入公租房管理体系。

公租房的保障对象，宏观来说，是针对城镇中低收入家庭住房困难家庭，具体来讲，有对申请家庭现有住房条件、收入状况和本市居住时间等方面的限制，即申请公租房的居民须在本地区无房或者自有住

---

① 公共租赁房开工9687套，各类棚户区改造71378套。
② 周转房项目，当年开工669个，开工31056套，完成投资35.11亿元。

房面积低于规定的最低标准;家庭财产符合申请要求且收入低于规定的上限标准;若申请人为非本地户籍的外来务工人员,须在本地稳定就业且达到规定年限时间。公租房制度的建立和发展,不仅使低保家庭和低收入家庭得到了保障,还将新就业职工和外来务工人员纳入保障范围,体现了住房救助政策的完善。现有城镇住房保障体系以公租房为主体,一定程度上打破了户籍制度的限制,实现了覆盖人群的扩大化和保障主体的多元化,这是区别于廉租房和经济适用房的最大进步。但现有公租房体系覆盖人群仍然以收入或财产状况为申请的必需条件,未考虑到支出型贫困家庭是公租房制度设计的主要不足。

西部地区的公租房覆盖人群也各不相同,除普遍包括的中低收入住房困难家庭外,各地具体覆盖人群如表6-4所示。

表6-4　　　　　　我国西部地区住房救助政策覆盖人群

地区	保障人群	备注
内蒙古自治区	自治区社会发展需要的各类人才、新就业人员和有稳定职业并在内蒙古自治区连续缴纳社会保障费达到一定年限的外来务工人员、环卫等一线艰苦岗位人员、见义勇为人员、享受国家定期抚恤补贴的优抚对象、生态移民过程中进城就业的农牧民、孤老病残人员、因"撤乡并镇"造成部分农牧民需陪子女进城就读中小学的人群	环卫等一线艰苦岗位人员、见义勇为人员、享受国家定期抚恤补贴的优抚对象、生态移民过程中进城就业的农牧民、孤老病残人员优先配置
宁夏回族自治区	新就业无房职工和在城镇稳定就业的外来务工人员,驻宁部队符合随军条件家庭,城镇家庭达到法定结婚年龄实施分户管理的个人	驻宁部队符合随军条件家庭,城镇家庭达到法定结婚年龄实施分户管理的个人需满足一定条件
广西壮族自治区	享受城镇最低生活保障待遇的家庭;孤寡"三无"老人;家庭成员患有重大疾病或属于残疾丧失劳动能力的;家庭成员属于重点优抚对象	对保障性住房的整体规定;对上述群体优先配租
新疆维吾尔自治区	新就业无房职工和符合条件的外来务工人员,以及引进人才	

续表

地区	保障人群	备注
西藏自治区	当年新毕业的大中专院校毕业生；符合条件的家庭成员中含有60周岁以上的老人、患大病人员、残疾人员、复转军人、优抚对象等特殊保障对象；属于重点工程拆迁的且符合廉租住房保障条件的家庭	属于重点保障对象的可优先配租

二 现行住房救助政策人群的识别

我国现行保障性住房（公租房，包括廉租房）瞄准人群为中低收入住房困难群体，识别困难户时国家层面主要根据家庭收入状况、居住条件和在本市居住时间来判别。而各地又根据地区实际由省级或市级（多为市级）住建部门具体制定规则，除将以上三方面标准细化外，还增加了婚姻状况、家庭资产、缴纳社保费期限等限制条件。在我国西部地区，除西藏自治区在省级保障性住房文件中明确了承租条件，包括收入、住房面积、户籍等硬性要求。[①] 其他西部地区自治区政府均无明确规定，而申请及承租要求均是由市级住建部门进行规定的。如内蒙古自治区呼和浩特市规定申请公租房要满足：年满18周岁；本市无住房；家庭人均月收入不高于城市居民最低生活保障标准的7倍（3010元）；在呼市连续缴纳两年以上社保（此条件针对外来务工人员）。[②] 宁夏回族自治区的银川市则对申请廉租房的条件进行规定（见表6-5），广西壮族自治区桂林市则将公租房分为A、B两类，并对外来务工人员申请公租房的条件进行了细致规定（见表6-5）。

---

① 即家庭成员平均收入低于当地公布的城镇居民家庭人均可支配收入标准；在当地无自有住房或人均住房建筑面积低于15平方米；具有当地城镇户口或持有当地公安部门发放的居住证明，并在当地实际居住一年以上，具有稳定收入并有缴纳租金能力的人员；申请时未享受当地其他住房保障政策。

② 《呼和浩特市公共租赁住房管理办法》，内蒙古自治区人民政府，2021年12月30日，https://www.nmg.gov.cn/zwgk/gzk/msgz/hhht/202112/P020211230406229544530.pdf，2023年3月8日。

第六章　西部地区支出型贫困家庭住房救助研究

表6-5　　　　　　　　　　银川市廉租房申请条件

本市户籍人口申请条件	外来务工人员申请条件
1. 具有本市市区城镇户籍2年以上； 2. 家庭人均收入标准低于上年度城镇人均可支配收入线的60%以下； 3. 家庭住房建筑面积符合廉租住房保障面积标准，人均住房建筑面积低于15平方米（不含本数）； 4. 申请人未婚，年龄男30岁，女28岁以上的，可单独申请廉租保障； 5. 家庭拥有车辆总价不超过5万元，且仅限于维持基本生活的微型客货车辆	1. 申请人或申请人家庭在本市范围内无住房； 2. 申请人缴纳本市社会保险一年以上或申请人已与用人单位签订两年以上劳动合同并备案； 3. 申请人拥有机动车辆总价不超过12万元（以购车发票为准，不包括残疾人代步车）

资料来源：http：//www.nxyczjj.gov.cn/zfbzgs/201605/t20160530_121164.htm。

表6-6　　　　　　　　　　桂林市公租房申请条件

A类公租房申请条件	B类公租房申请条件	新就业职工及外来务工人员家庭申请条件
1. 家庭成员具有本市市区城镇常住户口，并至少有一人取得本市市区城镇常住户口3年以上（含3年）； 2. 家庭人均可支配月收入低于市政府公布的低收入标准； 3. 家庭成员之间有法定的赡养、扶养或抚养关系； 4. 家庭住房人均使用面积在10平方米以下； 5. 单身申请的，年龄应在30岁（含30岁）以上	1. 具有本市市区城镇居民户籍； 2. 家庭成员人均可支配收入低于市政府公布的低收入标准线2倍（含2倍）； 3. 家庭自有住房人均使用面积在12平方米以下且未承租其他保障性住房； 4. 单身申请的，年龄应在25岁以上（含25岁）	1. 在本市城区范围内实际居住生活并取得居住证明； 2. 家庭成员人均可支配收入低于市政府公布的低收入标准线2倍（含2倍）； 3. 家庭自有住房人均使用面积在12平方米以下且未承租其他保障性住房； 4. 单身申请的，年龄应在25岁以上（含25岁）； 5. 外来新就业住房困难职工申请公共租赁住房的，除符合前四款规定条件外，申请人须持有全日制大中专院校毕业证，自毕业的次月起计算不满5年，已与本市用人单位签订劳动合同，并由用人单位按时足额缴纳社会养老保险费或住房公积金满1年以上； 6. 外来务工住房困难人员申请公共租赁住房的，除符合前四款规定条件外，申请人应在本市城区范围内实际居住生活3年以上，并取得居住证明，与本市用人单位累计签订3年以上劳动合同，并由用人单位按时足额缴纳社会保险费或住房公积金2年以上。 在市区无固定工作单位且未取得市区城镇户籍的外来灵活就业人员不属于B类保障对象

资料来源：http：//glzjw.glin.cn：8213/glzj/InfoDetail/？InfoID=7a23b577-7354-409b-8d05-c909934170eb&CategoryNum=017。

根据上述地区的公租房（包括廉租房）的覆盖范围和识别标准可知，我国西部地区公租房的保障水平已有了大幅提升。从保障的范围来看，已打破了户籍身份的限制，为更多外来务工人员和新增就业人员提供了住房方面的保障；从审核的标准来看，已有部分地区通过收入和资本两条线来进行资历的审查，这是对贫困问题认识观念上的进步，但西部地区仍未出现明确将支出型贫困家庭纳入住房保障范围当中的规定；从针对的人群来看，保障性住房不再仅仅是针对低保家庭的捆绑救助，而将范围扩大到了中低收入住房困难家庭，一定程度上保障了更多人的住房需求。总之，西部地区保障性住房的政策设计在不断发展进步，正在朝着"居者有其屋"的方向发展。

第三节　西部地区现行住房救助政策的实施情况

一　现行住房救助政策补贴方式

当前，我国西部地区保障性住房的补贴方式主要有实物配租、货币补贴以及租金核减。而我国大部分地区的保障性住房补贴是以实物配租和货币补贴为主的。所谓实物配租，是指住建部门直接向保障对象提供保障性住房，并收取一定租金的补贴方式。货币补贴是指政府向保障对象发放补助金，使其在住房市场上租住房屋的补助方式。现阶段，我国西部地区住房保障方式仍以实物配置为主，货币补贴为辅。

当前，我国住房政策当中，对实物配置的规定较为详细，但对货币补贴规定却比较模糊，在中央层面的文件当中，仅提到"要充分考虑住房救助对象经济条件差、住房支付能力不足的客观条件，通过配租公共租赁住房、发放低收入住房困难家庭租赁补贴、农村危房改造等方式实施住房救助"[①]。但对于货币补贴的要求、标准等都未给出，

[①]《住房城乡建设部 民政部 财政部关于做好住房救助有关工作的通知》，中华人民共和国住房和城乡建设部，2014年11月13日，https://www.mohurd.gov.cn/gongkai/zhengce/zhengcefilelib/201411/20141117_219558.html，2023年3月10日。

且未给出明确规范。而在地方法规中，则将货币补贴作为实物配置一定程度的补充规范。以内蒙古自治区为例，其按家庭人口数规定保障面积标准（两人及以下住房标准为 30 平方米，3 人标准为 45 平方米，4 人及以上标准为 50 平方米），补贴额度＝应补贴面积（保障面积标准－现住房面积）×当地每平方米租赁住房补贴标准[1]。在这种补贴标准下，内蒙古自治区 2015 年全年发放租赁补贴 64012 户，远低于实物配置的 165672 户[2]。

当前，我国住房救助的两种补贴方式各有利弊：实物配置能在短期内解决城镇中低收入住房困难家庭的住房问题，并对房屋租赁市场和房地产市场都产生较为积极的影响；但也存在着退出机制不健全且难以发挥作用、低收入家庭集中居住而导致的社会阶层固化和社会排斥问题、政府一次性投入过大、财政负担重、管理成本高，配置监督系统不完善等问题。租赁货币补贴则可较好地克服实物配置存在的问题：发放效率高，准入和退出均不需要过长时间的等待；获得救助的家庭自主选择性增强，避免了阶层固化、小区治安混乱等社会问题；降低了政府财政投入规模和政策行政管理成本与运行成本等制度优势。但货币补贴也存在政府与补助对象之间的信息不对称而导致的监管不力，即补助对象可能将获得的补贴用于生活条件的改善而非租住住房，背离了住房保障的初衷。基于货币补助能有效规避实物配置的现存问题，在 2015 年的《政府工作报告》中，李克强总理首次提出"住房保障逐步实行实物保障与货币补贴并举"，标志着我国住房保障模式发生了根本性变革。我国保障性住房补贴方式向以货币补助为主转型，已成为住房保障的发展方向。

---

[1]《内蒙古自治区人民政府关于进一步加强和改进城镇廉租住房保障工作的通知》，内蒙古自治区人民政府，2010 年 5 月 11 日，https：//www.nmg.gov.cn/zwgk/zfgb/2010n_4950/201007/201005/t20100511_300224.html，2023 年 3 月 13 日。

[2] 注：本数据为 2016 年内蒙古自治区社会救助工作情况数据，数据来源为内蒙古自治区民政厅内部资料。

二 现行住房救助政策的受益对象分析

我国现行城镇住房救助以公租房为主体,而公租房针对的人群是中低收入住房困难家庭,包括非户籍人口。但在西部地区住房救助的实际保障过程中,受益人群往往以低保家庭为主或低保家庭优先配租。以内蒙古自治区为例,在"十二五"时期,内蒙古自治区保障性住房开工套数合计424351套,而全区城镇实施住房救助的低保家庭达229684套,其中实物配置165672套[①]。除去开工而未建设完毕、配租尚未完成等因素,内蒙古自治区保障性住房受益对象仍以低保家庭为主。

统计数据显示,我国城镇困难家庭中,城市困难家庭住房花费占家庭总支出的4.15%,而流动人口家庭的住房花费占16.54%[②],可见非户籍人口的住房支出更大,对住房救助的需求也就更大。调查同样显示,城市困难家庭获得过住房补助的比例为14.53%,自评需获住房补助的比例为34.96%;对于流动人口来说,这一对比更加明显,获得过住房救助的占3.77%,但自评需获救助的占54.14%[③]。目前,住房救助远不能满足城镇困难家庭,尤其是流动人口的需求。总之,我国城镇住房困难家庭的受益人群范围窄,低保家庭与非低保家庭的保障待遇差距大,很大一部分尤其是流动人口的需求未得到满足,住房救助受益人群的落实尚需完善。

三 现行住房救助政策的资金来源与财力保障

当前,西部地区住房救助运行的资金来源主要包括以下几种:财政投入、银行贷款、土地出让收益、住房公积金、租售收入及其他资金来

[①] 注:本数据为2016年内蒙古自治区社会救助工作情况数据,数据来源为内蒙古自治区民政厅内部资料。
[②] 民政部政策研究中心编:《中国城乡困难家庭社会政策支持系统建设研究报告(2013)》,中国社会出版社2015年版,第53—58页。
[③] 民政部政策研究中心编:《中国城乡困难家庭社会政策支持系统建设研究报告(2013)》,中国社会出版社2015年版,第68—70页。

源。其中，财政投入是最主要的资金来源，包括中央财政投入和地方财政配套投入。财政在保障性住房领域的投入主要分为直接投入和间接投入两种，直接投入指在对保障性住房的建设投入及对低收入家庭的租金补贴，间接投入则主要包括土地无偿划拨、税费减免、贴息等财政优惠政策。我国很多地区都已通过向国家开发银行进行贷款等方式进行融资。土地出让受益作为我国地方政府的"第二财政"，根据相关规定在扣除成本后，要用于城市建设、农业农村、保障性安居工程这三个方面。住房公积金不是保障性住房的主要资金来源，但其增值收益和相关贷款也是保障性住房的来源之一。特别值得注意的是，2016年国家机关事务管理局中央国家住房资金管理中心发布了对住房公积金提取的管理新规，规定城镇职工满足被纳入城镇居民最低生活保障或特困救助范围的，可以提取住房公积金，家庭成员患重大疾病等条件可提取住房公积金[1]。住房公积金也在住房保障之外的领域发挥了更重要的作用。保障性住房中无论是公租房还是经济适用房都需要保障对象付款租赁或购买，也就构成了保障性住房的资金来源。此外，我国部分地区开始探索通过PPP（Public-private Partnership）模式等融资方式来引入社会资本参与公共租赁房的建设，在一定程度上减轻了政府的财政负担[2]。笔者将我国保障性住房资金来源整理如下，见表6-7。

表6-7　　　　　　　2014年我国保障性住房资金来源

	投入金额（亿元）	投入占比（%）
总投入	11420	100
财政投入	4968	43.50

---

[1]《关于改进住房公积金提取业务方便单位和职工办事的通知》，中华人民共和国中央人民政府，2016年8月18日，https://www.gov.cn/xinwen/2016-08/18/content_5100275.htm，2023年3月15日。

[2]《关于运用政府和社会资本合作模式推进公共租赁住房投资建设和运营管理的通知》，中华人民共和国财政部，2015年10月16日，https://www.mof.gov.cn/gkml/caizhengwengao/wg2015/wg201505/201510/t20151016_1507431.htm，2023年3月18日。

续表

	投入金额（亿元）	投入占比（%）
中央财政投入	2222	19.46
地方财政投入	2746	24.05
金融贷款新增额	4119	36.06
土地出让收益投入	760	6.65
住房公积金	575	5.03
其他	980	8.58

资料来源：笔者根据国家统计局、财政部、中国人民银行统计数据以及政府工作报告等整理得到。

在西部地区，保障性住房资金来源和全国状况基本相同，但不乏地方特色的创新来源。在财政投入部分，西部地区用于住房保障的公共支出如表6-7所示。以内蒙古自治区为例，自治区人民政府将按照中央、地方财政2.5∶1的比例对保障性住房建设进行地方配套财政投入，同时对棚户区改造和危房改造也加大了政府财政投入力度。同时，各地政府对租住公租房满5年的住户，允许其以低于市场价的价格购买原租住房屋，这样的政策使建设资金得到有效回收，但也存在着保障性住房数量减少，削减其可持续性的问题。呼和浩特市、包头市和乌海市为保障性住房建设搭建了融资平台，推动保障性住房建设公司承担大部分公租房建设任务。此外，各地还建立相关配套融资措施，推动保障性住房的融资渠道多元化：乌海市和包头市分别按照不低于土地出让成交价格的7%和6%用于保障性住房建设；从城市基础设施建设配套费中提取一部分用于公租房的建设[①]。

[①] 吉尔克、付晓枫：《内蒙古保障性住房建设中存在的问题及建议》，《中国乡镇企业会计》2013年第11期。

表6-8　　2014年西部地区住房保障公共预算支出（单位：亿元）

地区	地方一般公共预算支出	住房保障支出（包括住房公积金）
内蒙古自治区	3879.98	157.61
宁夏回族自治区	1000.45	81.39
广西壮族自治区	3479.79	114.67
新疆维吾尔自治区	3317.79	199.31
西藏自治区	1185.51	70.49

资料来源：《中国统计年鉴2015》。

第四节　西部地区现行住房救助政策存在的问题

近年来，我国住房救助取得了较大的成就：保障性住房体系更加合理并渐趋稳定，保障性住房的大范围建设，保障和救助的人群逐渐扩大等。住房救助作为我国社会救助中的专项救助之一，正逐渐发挥越发重要的救助作用。但不可否认的是，现行住房救助体系仍存在一定问题：立法体系不完善、立法层次偏低；建设资金不足；房源相对匮乏；缺乏社会力量的参与等。本章主要针对西部地区支出型贫困人群住房保障存在问题进行针对性分析。

一　准入标准瞄准性不强

我国公租房的运行体系中，总体包括建设和管理两个阶段，而管理阶段是住房保障研究的重点所在。在管理过程中，主要包括申请、审核、轮候、配租、使用及退出这六项紧密联系的步骤，申请和审核两个步骤总体可称为准入环节。在西部地区的保障性住房制度设计中，家庭经济状况是必要的准入条件，各地均对家庭人均收入进行规定，并对家庭资产拥有状况进行限制，如银川市要求申请公租房的家庭需满足家庭人均收入标准低于上年度城镇人均可支配收入线的60%以下；家庭拥有车辆总价不超过5万元，且仅限用于维持基本生活的微型客货车辆。总的来说，西部地区公租房的准入标准主要是以收入为标准进行界定，部分地区也实行收入和资产两条线，但西部地区包括东部发达地区都未有为支出型贫困家庭进行住房救助的制度设计。住房需求是人类的基本需求之一，但中低收入家庭"住房难，住房贵"的问题却一直存在，我国商品房价格多年居高不下，购买或租住商品房不仅对低保家庭困难，对城镇中低收入家庭也同样困难。加之我国住房保障多年作为捆绑救助给予低保家庭，如不对支出型家庭做出制度设计或在制度设计中考虑家庭支出情况的安排，支出型贫困家庭就更加难以实现住房方面的救助。而救助对象的瞄准机制不健全，导致不能做到"应保尽保"，正是西部地区住房救助制度文本设计中的首要问题。

二 不同群体受益差距大

在保障性住房的制度设计之初将保障人群设计为中低收入住房困难家庭，但在实际救助过程中却存在低保家庭和支出型贫困家庭因救助受益情况差别而产生的"悬崖效应"。所谓"悬崖效应"，是指因社会救助不仅对低保家庭提供现金援助，还对其提供捆绑式的专项救助，从而导致低保家庭和低保边缘户之间巨大的保障差异，形成了所谓的"悬崖"。在住房救助中，低保身份无疑就是一张畅通无阻的"通行证"，是申请保障性住房的优先条件。即使低保家庭和支出型贫困家庭同时通过审核，但由于住房的有限性和轮候环节的存在，低保家庭可不受轮候顺序的限制，优先享受配租，但支出型贫困家庭却需要按批准顺序分批摇号选房，若摇号未能获得配租，则自动进入下一轮摇号。这种制度安排不仅导致低保家庭陷入"贫困陷阱"而不愿自拔，更导致了支出型贫困家庭被低保家庭排挤出公租房的享受范围，进而使得支出型贫困家庭贫困程度的深化。即使是在更宽泛的住房保障领域，住房公积金最新的提取办法也规定职工被纳入城镇居民最低生活保障或特困救助的范围，可提取公积金。于支出型贫困家庭来说，这些制度层面对低保家庭的倾斜均为制度设计失当的表现，更加深了支出型贫困家庭和低保家庭间的不公。

三 非户籍人口受益受限

我国非户籍人口收入可能较高，但由于其支出项目比本地居民要多很多，故支出型贫困家庭中非户籍人口占比很大，非户籍人口当中又以流动人口为主。公租房在制度设计时，已突破了户籍的限制，即非户籍人口和本地人员一样可以申请公租房，但并不表示已将非户籍人口与本地人口一视同仁。相比城镇本地家庭，流动人口家庭在住房方面的支出更高。调查显示，我国城镇家庭住房月支出占家庭总支出的4.15%，流动人口家庭要占到16.54%[1]，而流动人口家庭因住房原因（买房、租房和修建房）而借债的比例为28.44%，远高于城镇家庭的8.36%[2]，可见住房支出对流动人口比城镇人口影响更大。但在实际保障中，虽也将非户籍人口纳入公租房的保障范围，但很多地区如桂林市却将户籍人口与非户籍人口区别对待，而对非户籍人口申请公租房要求更为严格，其可得的住房救助也更少，公租房保障性也被削弱。

四 支出型贫困家庭实际居住状况不佳

通过上文分析可见，西部地区申请保障性住房的条件往往是收入限额，却忽视了收支比例，这就导致了支出型贫困家庭往往不符合公租房的申请条件，进而导致了支出型贫困家庭的现有居住状况不佳。数据显示，12.82%的城市贫困家庭居住在危房中，19.9%的农村贫困家庭居住于危房中，而这一比例在流动人口家庭中占比相对较小，占5.83%。城市贫困人口和流动人口多居住

---

[1] 民政部政策研究中心编：《中国城乡困难家庭社会政策支持系统建设研究报告（2013）》，中国社会出版社2015年版，第38—60页。
[2] 民政部政策研究中心编：《中国城乡困难家庭社会政策支持系统建设研究报告（2013）》，中国社会出版社2015年版，第72—75页。

于老旧住房、棚户区和"城中村",而农村贫困家庭更是长期被排斥于住房救助政策之外,居住危房现象十分常见。可见,我国贫困人口的住房问题还是十分严峻的。另外,以支出型贫困为代表的贫困家庭由于难以得到住房救助,往往混住于棚户区中,而这些地区居住环境不佳、交通混乱、治安较差、基础设施建设也很不健全,在此类地区长期居住易导致社会排斥、与社会主流价值观脱节等问题,尤其是不利于贫困家庭青少年的成长。相比保障性住房政策发展,我国西部地区危房改造和棚户区改造政策进程相对滞后,导致了城乡"贫民窟"现象的发生,给支出型贫困家庭带来危害的同时,也导致了许多诸如疾病传播、犯罪等社会问题。与保障性住房"管建并重"的总体思路相比,西部地区的危房改造和棚户区改造政策呈现了"重建轻管"的整体特征,导致了这两种住房保障的人群整体利益受损。

五 补贴方式有待改进

我国住房救助的补贴以实物配租和货币补贴为主要方式,在西部地区均已实物补贴为主。而西部地区现阶段的实物救助的方式有其明显的缺陷:其一,我国公租房制度设计中,"租售并举",即承租人租住公租房一定时间后(一般是3—5年)就可以已低于市场价的价格来购买所租住的房子,无疑会使我国本就数量不足的保障性住房数量减少更加明显;其二,退出机制不健全,即使承租者不再满足租住公租房的条件,政府也不立即要求其搬离公租房,导致公租房的流动性和保障性减弱;其三,低收入家庭集中居住在保障性住房,容易导致社会阶层的固化和社会排斥的加深,使其与社会主流文化脱轨;其四,实物配租时政府一次性投入过大,导致财政负担重,管理成本高。实物配租还存在等待期长、监管难度大等问题。而货币补贴的方式因救助对象的选择灵活性和政府一次性投入较少而在一定程度上解决实物配租的不足。但我国城镇困难家庭中接受过货币补贴的占

14.53%，流动人口就更少了，仅有3.77%的家庭接受过货币补贴[①]。而西部地区这样的问题更加突出，以内蒙古自治区为例，截至2015年，接受过货币补贴的家庭仅占所有接受住房救助家庭的2.78%[②]。货币补贴救助范围相比实物配租更小而且数额少，住房补贴的作用十分有限，西部地区的住房救助补助方式尚不健全。

六 资金投入难以得到保障

我国保障性住房的主要资金来源有财政投入、金融机构贷款、土地出让收益、住房公积金、租售收入及其他资金来源，但现有的来源渠道仍存在很多问题。政府财政投入是保障性住房的最主要来源，当前已由中央政府全部承担转变为由央、地两级财政分担，但由于住房建设一次性投入成本过大，财政投入在住房方面的投入比例基本已达可承受上限，可提升空间极其有限。由于投资保障性住房一次性投资大、资金回笼时间长、风险系数加大等因素，金融机构在其营利性的主导下，会尽量规避保障性住房方面的投资。土地出让收益难以监管、住房公积金增值收益用于保障性住房建设也缺乏法理依据，租售并举使保障性住房大幅减少、可持续性降低，这些都成为保障性住房的资金来源问题。各地融资系统也会使地方财政背负沉重债务，存在很大的违约风险。各类资金来源渠道不仅各自存在问题，而且来源组合方式存在问题，最终仍将融资责任抛向政府，政府财政压力大。总之，我国当前保障性住房的融资方式以政府主导，各级政府负担很重，但却尚未探索出高效、可持续的融资组合。更重要的是，社会力量在保障性住房领域参与极有限，承担责任较少，加深了我国保障性住房的融资困境，各级政府财政负担加重。

[①] 民政部政策研究中心编：《中国城乡困难家庭社会政策支持系统建设研究报告（2013）》，中国社会出版社2015年版，第98—99页。

[②] 注：笔者根据《全区社会救助工作情况数据》，内蒙古自治区民政厅内部资料计算而得。

第五节 西部地区支出型贫困家庭住房救助机制的构建

在我国住房救助体系当中，公租房的保障对象范围无论是最初的"夹心层"还是并轨后的中低收入住房困难家庭，都体现了对非低保家庭的保障功能，这是住房救助制度发展进程中的进步。但是，我国住房救助仍不能很好地保障住房困难家庭的居住问题，突出体现在对支出型贫困家庭的保障不足。与医疗救助不同，我国各地尚未出现针对住房而设计的支出型贫困家庭救助方案，这就使得支出型贫困家庭的住房问题相当严重，而其难以摆脱贫困。

针对支出型贫困家庭住房救助，总体可以有两种思路。一种思路是民政部门专门设计一套针对支出型贫困家庭的救助方案，将医疗、住房、教育、就业等专项救助均囊括其中，实现对支出型贫困家庭完善的制度性保障。但这种思路在当前的社会救助体系之下存在明显的困难，其中最主要的是部门分割为整体性支出型贫困救助方案带来了不便，而且这种整体方案制度设计复杂、难度较大，短期内难以完善，故适宜在支出型贫困制度建设在全国或地区范围内已实现制度化、规范化且较为健全时再推行。另一种思路就是在现有的保障性住房的制度设计中，将支出型贫困家庭添加为保障对象。当前公租房保障对象本就是中低收入住房困难家庭，内涵上已将支出型贫困家庭包含其中，但由于申请条件尚未包括支出因素，才导致了对支出型贫困家庭的"漏保"。这种情况下，将支出型贫困明确在符合申请条件之内，即可一定程度上解决支出型贫困家庭的住房问题，操作简单且政策实施阻力小，是适合支出型贫困融入当前住房救助体系的较好思路。

在将支出型贫困纳入现有住房救助体系的总思路下，建议西部地区支出型贫困家庭住房救助采取以下措施。

第六章 西部地区支出型贫困家庭住房救助研究

一 更新贫困标准确定方法

我国各地在保障性住房申请中均将家庭收入状况作为最主要的衡量标准，也有部分地区设置了收入和资产两条线，我国还没有地区将家庭的支出因素纳入衡量标准，也就导致了大量支出型贫困家庭被排挤到保障范围之外。各地在或是低保线或是当地居民人均收入的一定比例为保障性住房的申请标准，缺乏合理性，也忽视了支出型贫困家庭的住房需求。建议申请时将单一收入的标准转变为"家庭运行标准"这样的衡量方式，也就是将绝对贫困的衡量标准转变为相对的支出型贫困标准。所谓"家庭运行标准"，除考量一个家庭的收入状况外还有将家庭一定时期内的支出状况纳入考量范围，将一个家庭维持生活的基本支出和特殊重大支出均列入这一标准中，当家庭依靠自己的收入不可满足"自我需求"支出时，即可将其纳入支出型贫困家庭的范畴，并接受政府和社会的救助。具体而言，在家庭申请保障性住房时，"家庭运行标准"应包含以下内容：第一，家庭在短期内有大额支出的突发情况发生，如重大疾病、子女求学等困难；第二，在一定时期内家庭总支出大于总收入出现"收不抵支"状况，或者收入减去刚性支出后家庭实际收入情况或家庭实际的生活水平低于当地低保标准的；第三，对家庭中不动产等可变现财产拥有状况进行审核，但允许申请保障性住房的家庭拥有一定量的资产。满足以上状况的家庭，即可视为支出型贫困家庭，再给予其申请保障性住房的资格。在设计"家庭运行标准"时还应考虑的因素有家庭规模、家庭结构及家庭成员的年龄，物价水平和通货膨胀率的变化，最重要的是对认定为支出型贫困家庭进行动态管理。此外，由于非户籍人口在住房方面的支出相比本地住户更多，在对非户籍人口的制度设计上除了必要的居住年限限制外尽量减少其他方面的额外限定，使其无论是在申请条件还是享受待遇方面都与城镇户口家庭差距减小，增强制度的公平性和普惠度。

二 完善西部地区的住房救助体系

我国现阶段住房救助体系分为三个层次，分别是保障性住房、棚户区改造和危房改造，在这三个层次当中，保障性住房是住房救助的主体，已形成了较完整的体系，而其他两个层次则发展相对迟缓。支出型贫困家庭由于未被纳入保障性住房的保障范围，加之无力承租或购买商品房，导致其长期居住于棚户区当中，住房属危房的比例很高，尤其在西部地区的农牧区，危房的比重就更高了。故在完善我国保障性住房对支出型贫困保障水平的同时，更要将棚户区改造和危房改造重视起来，并注重三个层次住房救助的衔接。优先解决最危险、经济最困难的集中的棚户区和危房的改造，并给予改造家庭与改造住房相当或更高的补偿。对于改造开始和最终结束中产生保障的时间滞差问题，则需保障性住房的介入，即在这个时间段内，要给予改造对象保障性住房，以保障其在这个阶段内的住房需求，亦可将改造对象异地安置。此外，为避免公廉并轨后公租房和经济适用房保障人群出现"断层"，而此"断层"中支出型贫困又占绝大多数，故还需注重公租房和经济适用房之间的衔接，防止"断层"问题导致的支出型贫困的加深。同时，还要注重改造后住房的质量，尤为注重其安全性和居住环境的宜居性。更加注重这两种住房改造后的管理问题，增强其对住房困难家庭的保障效果，逐步由"重建轻管"向"管建并重"的思路发展。棚户区改革和危房改造具有时代性和历史性的特点，棚户区和危房会随着经济社会的发展而逐渐减少乃至消失。在当前棚改和危改造仍是住房救助中不可忽略的一部分，解决好这两大住房的改造问题，是解决支出型贫困家庭住房问题的难点，要大力对这两类住房进行改造，更要注重与保障性住房的衔接工作，使针对支出型贫困家庭的住房救助也可以形成一个完整的体系。

三 差别化的补贴方式

我国现有的保障性住房补贴方式以实物配租为主，货币化的租赁补贴为辅,而实物配租存在较多的弊端,前文已详细阐述,在此笔者就不多加赘述。针对公租房现阶段的弊端,建议保障性住房的补贴方式向货币化方向发展,但为防止货币补贴的"效益外溢",对不同状况的家庭应给予不同的补贴方式。对于特殊人群,如孤、老、病、残等家庭经济状况绝对贫困的家庭,仍以实物配租为主,并予以租金核减,以防"效应外溢"现象的发生。而对于家庭经济状况相对较好的,以支出型贫困为主的中低收入家庭,可以给予货币补贴为主,在现有补贴基础上扩大补助范围,同时增加对支出型贫困家庭的补助数额。如此差别化地按人头补贴和按砖头补贴相结合的补贴方式,一方面可以以现阶段有限的保障性住房数量来保障更需要保障的家庭,一定程度上避免较高收入家庭"搭便车";另一方面还可以改善支出型贫困家庭的住房状况。此外,对于实物配租的家庭,最好将保障性住房和商品性住房混建,通过"贫富混居"有效避免社会分化和社会排斥现象的发生。

四 完善资金来源

我国现有保障性住房的资金来源较为单一,融资渠道也相对僵化,导致了各级政府负担较重的同时保障性却没有增强。故在保障性住房资金来源渠道方面,要从两方面入手来完善保障性住房的资金来源,即加大社会化的资金投入力度和引入市场化的融资方式。当然,在这两种融资方式尚未发展成型时,现有资金来源仍要保持当前的投资力度。在社会化资金投入方面,研究和建立不同投资主体同等政策待遇的支持机制,吸引多元化的主体参与建设及管理,国家从补贴、税收优惠、让利等政策优惠吸引民间资本和社会力量参与保障性住房建设,逐步规避利润低、机会成本高、政策不确定等问题,是保障性住房建设尽量低成本、高效率、高安全性。而在民间资本参与保障性住房融资方面,可以有三种参与模式,各地可根据地区实际适当选择:其一,BOT(建设—经营—转让)模式,政府住建部门与民间资本签订特许经营协议，让民间资本承担保障性住房的投资、融资、建设、经营和维护等，同时同意其在一定时期内向承租人收取租金，但政府必须加以监督以保障保障性住房的公益性，在特许经营期结束后，政府获得保障性住房的产权。其二，PPP（Public Private Partnership）模式，该模式的运行与 BOT 模式相近，也是一种民间资本的特许经营，不同的是，PPP 模式将政府和民间资本的合作深化，建立更加深入的合作伙伴关系，最初的投资、融资阶段就是两方合作进行的，更易保障保障性住房的公益性。其三，REITs（发展房地产信托投资基金）模式，将保障性住房交由专业机构进行管理，并将保障性住房的租售收益按比例分配给投资者。综合来讲，我国保障性住房是维护社会公平的手段，要注重其公益性，故 PPP 模式更适合现阶段的保障性住房融资。此外，还要注重各种融资方式在保障性住房建设中的合理比重，更加注重社会化的资金来源，多元化的投资组合要以能保障住房的公益性为核心，使保障性住房的去商品化程度变高。

五 加强配套体系建设

支出型贫困家庭的住房困难不是独立的问题，而是一个家庭整体支出结构的问题，要想使支出型贫困家庭的住房救助发挥更大的作用，一定要注重医疗、教育和就业等其他方面的配套救助体系的完善。支出型贫困家庭住房困难很多都是因为其他方面支出过大，如子女教育支出过大、因病致贫或缺乏就业技能而导致的收入受限，进而导致了住房的困难。所以要根本解决支出型贫困家庭的住房困难问题除了完善住房救助体系外，更重要的是加强配套体系的建设。首先，建立更加完善的医疗保险和医疗救助体系，防止支出型贫困家庭因病致贫、因病返贫；其次，完善教育救助，缓解教育这一长期、大额的支出项带来的家庭贫困；再次，加强对支出型贫困家庭人员的人力资本开发，加强对其教育和培训制度，以"授人以渔"的方式解决贫困的根源；最后，针对西部地区自然灾害相对

第六章　西部地区支出型贫困家庭住房救助研究

频发的特点，还要加强灾害救助。通过这些配套措施的完善，解决支出型贫困家庭的各项可能过大的支出问题，当这些针对支出型贫困的救助措施均配套完善后，即可将支出型贫困家庭的救助措施进行整合，制定出一套包括收入支出和医疗、住房、教育、就业等专项救助的针对支出型贫困家庭的救助方案，实现对支出型贫困家庭完善的制度性保障，进而从实现支出型贫困家庭救助的第二种思路转向第一种思路。

总之，对于支出型贫困家庭来讲，住房问题可能不是其致贫的根本原因，但由于住房是生活必需品，更属大宗商品，如住房救助问题不得到妥善解决，势必会加重支出型贫困家庭的贫困程度，完善支出型贫困家庭的住房救助与医疗、教育救助及现金援助同等重要。当前，我国西部地区住房救助政策在遵循中央文件精神的基础上，均有各地的创新，但都存在忽视支出型贫困家庭住房问题的现象，没有针对支出型贫困家庭住房救助的政策设计。建议将对支出型贫困家庭的住房救助纳入住房救助的整体系统当中，以家庭为单位，建立"家庭运行标准"贫困衡量标准，住建部门在保障性住房的审核过程中考虑家庭支出因素，扩大住房救助的覆盖面，使支出型贫困家庭得到应有的住房保障，进而缓解其经济条件的紧张，免除其住房的后顾之忧，最终保障其顺利摆脱贫困。

第七章　西部地区农村支出型贫困家庭社会救助机制研究

随着城乡一体化步伐的加快，民生保障事业也在不断探索城乡基本公共服务的均等化发展。在经济发展的同时，需要补足农村民生发展的短板，实现城乡均衡发展。西部地区社会保障制度建设的重点和难点均在农村，西部地区贫困户和低收入者也主要居住在农村，因此，西部地区支出型贫困家庭的社会救助机制设计，需要针对西部地区农村的特点，精准识别、精准救助。与城市相比，西部地区农村的自然环境恶劣，交通闭塞，传统文化和习俗保留得更多，因教育、卫生等基础设施发展滞后，公共服务体系残缺，西部地区农村居民的收入水平普遍较低，应对突发事件和支付能力较弱，因而极易造成支出型贫困。

第一节　西部地区农村支出型贫困的类型划分与治理思路

西部地区农村支出型贫困问题的产生有其客观必然性，既包括一般性的普遍性原因，也包括西部地区的特殊性原因。因此，对于西部地区农村支出型贫困的治理，需要在准确划分支出型贫困类型的基础上，通过整体性治理与分项治理相结合，精准施策，方能提升西部地区农村社会救助的整体性效果，为完善西部地区农村社会保障制度、

第七章　西部地区农村支出型贫困家庭社会救助机制研究

助力精准扶贫做出贡献。具体而言，西部地区农村居民面临的支出性风险主要包括灾害支出、医疗支出、教育支出的不确定性，以及确定性支出与西部地区农村居民自身经济基础薄弱和抗风险能力的脆弱性之间的不平衡所造成的风险。基于支出识别贫困，与基于收入识别贫困相比，所反映的问题更为真实，救助的需求更为迫切，是西部地区保障民生、维护稳定的重要环节和工作重心。

基于对我国西部地区常见自然灾害类型及其损失的分析，以及灾前灾后居民家庭生活支出情况的对比，发现因灾支出型贫困问题在西部地区的农村普遍存在。究其原因，是由于地区经济发展状况差导致社会脆弱性程度高、灾害损失巨大导致家庭经济压力剧增、政府和社会组织应对能力差导致家庭灾后重建自负成本高造成的。对于该问题，可以通过多元主体共同参与灾后救助，完善低保救助政策体系，对因灾支出型贫困家庭实行专项救助，以及将临时救助方式作为补充手段纳入救助体系，同时辅之以专业化的灾害保险等措施来解决。建立因灾支出型贫困的综合治理机制，对于完善西部地区社会救助体系和实现贫困救助理念与救助方式转变具有重要意义。

西部地区农村因经济发展滞后，医疗卫生、社会保障等基本公共服务供给严重不足，因病致贫和因病返贫现象时有发生。现行的社会救助机制因未能准确识别受助家庭的特殊需求，加之救助措施缺乏发展性特征，导致其缓解贫困的效果不理想，使西部地区农村因病支出型贫困家庭陷入贫困恶性循环的风险极大增加。应从提供预防性措施、提高救助效率、关注家庭发展、联动社会参与四方面优化西部地区农村因病支出型贫困家庭社会救助机制，帮助西部地区农村贫困家庭提高自身发展能力，摆脱生活困境。

基于对我国内蒙古、新疆、西藏、广西、宁夏地区低收入家庭教育支出情况的对比研究，发现教育支出型贫困问题在西部地区的农村低收入家庭中普遍存在。究其原因，是由于西部地区经济发展落后、政府教育投入不足、教育资源分配不均衡造成的。教育支出型贫困现象容易造成家庭贫困的代际传递，不仅不利于子女的未来发展，还会影响社会人口合理流动和社会公平。对于教育支出型贫困问题，政府应该通过加大财政投入力度合理分担教育成本、完善低保救助政策体系、将低保救助和教育专项救助叠加使用、对教育支出型贫困家庭实行临时救助等方式予以解决。建立教育支出型贫困的综合治理机制，对于完善西部地区社会救助体系和实现贫困救助理念与救助方式转变具有重要意义。

第二节 西部地区农村因灾支出型贫困家庭社会救助机制研究

近年来，国家从宏观层面更加重视灾害治理的顶层设计，积极推进灾害治理体系和治理能力的现代化，灾害救助的及时性、精准性和有效性逐步提升。2016年12月，国务院发布了《国家综合防灾减灾规划（2016—2020年）》，确立了我国关于防灾减灾的指导思想、基本原则与规划目标。2018年3月，新一轮党和政府机构改革新设立了应急管理部，整合了民政部的救灾职责，为受灾居民提供基本的生活救助与灾害应急援助等综合性服务保障。党和国家的这两项重大举措对于抵御自然灾害、防止农村居民家庭因灾致贫具有重要意义。由于自然灾害本身具有波及范围广、影响周期长、破坏性大等特点，当其发生在我国经济社会发展较为落后的西部地区的农村时，极易造成该地区的一些中低收入家庭陷入支出型贫困的处境，成为典型的因灾支出型贫困家庭。因灾支出型贫困与以往的贫困识别与救助标准不同，是一种基于支出测量的新型贫困类型，是目前以收入测定为基准的社会救助政策尚未覆盖的领域。因灾支出型贫困家庭能否得到有效救助与合理帮扶，直接影响到我国的精准扶贫和社会救助两项民生战略的顺利、有效推进，也会影响到我国全面建成小康社会的目标实现进程。

第七章 西部地区农村支出型贫困家庭社会救助机制研究

一 因灾支出型贫困的理论分析

(一) 支出型贫困的概念界定

"支出型贫困"起初被称为"上海式贫困",由上海市民政局首先提出,后来被学术界统一定义为"支出型贫困",与"收入型贫困"相对应。目前,关于"支出型贫困"的定义,学者田北海、王连春、郑瑞强、郭劲光、王敏等人都做出过界定,虽然没有形成统一意见,但也并无太大的分歧。根据多位学者的认定,笔者将支出型贫困定义为由于重大疾病、突发灾祸、子女上学、住房支出等原因,使家庭刚性支出大于家庭收入,导致家庭经济陷入困境的绝对性贫困[1]。该类家庭在没有遭遇重大变故之前,家庭人均收入高于当地的最低生活保障标准,可以维持正常生计,但在风险事故发生之后,家庭生活支出突然增加到家庭收入难以满足的程度,使家庭生活在短期内陷入贫困状态。"支出型贫困"救助属于发展型社会政策,其救助目标是消除或减少那些会使人们陷入不幸或困境的因素,而不是在风险发生之后再进行补救,它将贫困视为收入、医疗、教育、突发事故等原因造成的多维贫困的概念,将人文贫困与经济贫困共同纳入贫困的范畴。

(二) 收入型贫困与支出型贫困的比较

我国现行的两种主要的社会救助制度包括收入型贫困救助制度和支出型贫困救助制度,两者分别为解决不同类型的贫困问题而设计,在救助理念、救助目标、救助形式以及制度设计等方面略有差异。在救助理念方面,收入型贫困倾向于关注和解决温饱问题;而支出型贫困则是注重发展的社会政策,更关注公民的发展性需要,如就业创业、公共卫生医疗保健、公民的社会参与等[2]。在救助目标方面,收

---

[1] 路锦非、曹艳春:《支出型贫困家庭致贫因素的微观视角分析和救助机制研究》,《财贸研究》2011年第2期。
[2] 都芦花:《关于支出型贫困家庭救助的相关思考》,《现代妇女》(下旬) 2014年第4期。

入型贫困救助往往局限于满足受助人群最基本的生存保障，是一种"托底"救助；支出型贫困救助的目标则呈现出多元化的特征，包括降低贫困发生的风险和减弱社会排斥对社会弱势群体的影响，以及帮助贫困家庭通过自身努力摆脱贫困等。在救助形式方面，收入型贫困救助以事后救助为主，符合救助条件的人群才能得到政府的帮扶；支出型贫困救助则把主动发现和及时救助相结合，根据救助对象的实际情况灵活选择救助形式。在制度设计方面，收入型贫困把划定的一条最低收入线作为区别困难群体和非困难群体的标准，低于这条标准线的群体则被视为需要救助的困难群体，可以享受最低生活保障；支出型贫困则针对不同家庭的不同需求实行不同方式的帮助，更能满足贫困家庭的发展性需要[1]。

（三）因灾支出型贫困的内涵

"支出型贫困"概念中提到，"突发灾祸"是导致这种贫困发生的原因之一。"灾祸"在《辞海》中的解释为"灾难，祸患"，可分为自然的或人为的。应自然灾害的发生带有突发性、规律性、客观性以及灾害损失的可测量性特征，本书只探讨由自然灾害带来的支出型贫困。参考"支出型贫困"的概念，笔者将"因灾支出型贫困"定义为由于自然灾害导致家庭短期内生活支出急剧增加，超出家庭承受能力范围，使低收入或处于贫困边缘状态的家庭生活变得拮据甚至贫困的一种绝对型贫困。该类家庭按照收入标准衡量不属于贫困救助对象，但其实际生活水平较低，甚至不如低保户。"因灾支出型贫困"也被称为"因灾致贫"，国内对该种贫困类型的相关研究和对西部地区此类问题的关注甚少，本书尝试从社会救助的视角分析如何构建西部地区农村因灾支出型贫困家庭的社会救助机制。

---

[1] 林闽钢：《底层公众现实利益的制度化保障——新型社会救助体系的目标和发展路径》，《人民论坛·学术前沿》2013年第21期。

二 西部地区农村因灾支出型贫困现状

我国是一个自然灾害频发的国家，自然灾害的种类众多，主要包括气象灾害、海洋灾害、洪水灾害和地质灾害等八大类。我国西北和西南等内陆地区和边疆地区自然条件恶劣，灾害频发。西部地区农村发生频率较高的自然灾害主要有干旱、洪涝、地震和森林草原火灾等。因灾支出型贫困在西部地区农村发生率较高，既是西部地区贫困治理的重点领域，也是西部地区打赢扶贫攻坚战的主要障碍。

（一）西部地区农村的灾害风险

1. 干旱

干旱是指淡水总量少，不足以满足人类生存和经济发展的气候现象。我国淡水资源总量为28000亿立方米，淡水储量占到全球淡水资源总量的6%，名列世界第4位，但是我国的人均淡水资源量只有2300立方米，仅仅是世界平均水平的1/4[①]。资料显示，1987—2015年，我国由于降水量少造成的干旱面积平均约占水旱总受灾面积的53%，最高达到79.09%，最低也有28.39%，除1998年、2008年、2010年、2012年外，这一比重均在40%以上[②]。2009年9月至2010年5月，我国云南、贵州、广西、重庆、四川等地发生严重旱情，灾害损失严重，影响巨大。《中国水旱灾害公报》的统计数据显示，2009年9月发生的西南五省连旱，造成的直接经济损失约928.01亿元，占全国的65.07%，相当于五省2010年GDP总和的2.13%，其中云南和贵州两省的直接经济损失分别为669.24亿元和153.18亿元，分别占2010年本省GDP的9.27%和3.34%。

2. 洪涝

洪水和雨涝简称"洪涝"，是指由于大雨、暴雨或持续降雨使地

[①] 张云、邓桂丰、李秀珍：《经济新常态下中国产业结构低碳转型与成本测度》，《上海财经大学学报》2015年第4期。

[②] 李华文：《改革开放四十年来中国自然灾害与社会救助述论——基于历年灾害与救灾数据的统计分析》，《湖南社会科学》2018年第5期。

势低洼地区被淹没或产生积水的现象，是最常见的一种水灾类型。在我国，洪涝大多发生在长江、黄河和淮河的中下游地区，四季都有可能出现。根据《中国水旱灾害公报2014》中对灾情的描述和统计，2014年7月14日至17日，贵州乌江流域出现持续强降雨过程，毕节、遵义等地降大暴雨，乌江流域发生了1958年以来最大的洪水，流域内贵阳等市和贵安新区52个县、630个乡遭受严重的洪涝灾害，农作物受灾面积150.01公顷，倒塌房屋1.04万间，直接经济损失20.50亿元，且2014年全年，我国共有28个省级地区遭受不同程度的洪涝灾害，受灾人数7382万人，倒塌房屋25.99万间，直接经济损失1500多亿元。就当年由于洪涝灾害造成的直接经济损失来看，广西是西部地区当中受灾最严重的地区，其次为贵州，两省的直接经济损失相加占全国总数的20%。

3. 地震

地震是地壳快速释放能量过程中造成震动期间产生地震波的一种自然现象。我国的地震活动主要分布在五个区域，其中西藏、四川中西部和云南中西部位于西南地震带，宁夏以及新疆天山南北麓位于西北地震带。因此，从地理学的角度讲，我国部分西部地区处于地壳活跃区域，地震发生的可能性极高。2000—2013年我国中小型地震灾害成灾次数较多的省份主要集中在西部省份，包括新疆、云南、四川、甘肃等，其中云南和新疆最多，两省的发生次数约占全国总数的54%，由地震造成的直接经济损失，甘肃和云南最高，两省2000—2013年的损失总数分别为253.94亿元和228.95亿元，占全国地震损失的37.8%和34.1%[①]。《中国环境年鉴》对相关数据进行了统计，2000—2016年，全国共发生218次震级大于五级的地震，直接经济损失高达12005亿元，破坏最大的是2008年汶川地震，全国各地均有震感，除四川外，甘肃、陕西、重庆、云南、宁夏等地也不同

---

① 王瑛、刘天雪、李体上等：《中国中小型自然灾害的空间格局研究——以地震、洪涝、旱灾为例》，《自然灾害学报》2017年第4期。

程度受灾，造成倒塌和严重损坏房屋数量超过 700 万间，直接经济损失约 8451 亿元，占该年由于地震造成的经济损失总数的 99%，占四川省当年 GDP 12506.3 亿元的 68%。

4. 森林草原火灾

相比上述三种在全国范围内均可能发生的自然灾害，森林草原火灾则更容易发生在拥有大面积森林和草原的西部地区。在我国，草原主要分布于东北地区西部、内蒙古高原、黄土高原北部等地区，森林主要集中在东北、西南天然林区。1984—2011 年，内蒙古共发生森林草原火灾 5909 起，年均发生 218.9 起，其中发生在呼伦贝尔市和兴安盟等内蒙古东北部地区的火灾次数共有 3971 起，年均 147.1 起，东部草原森林丰富，火灾发生率明显高于西部[1]。据《中国统计年鉴 2018》，2017 年，全国共计发生森林火灾 3223 次，其中广西为发生次数最多的省份，占总次数的 20%；全年草原火灾受害面积共 3051900 公顷，其中内蒙古占总受害面积的 71%。2017 年 5 月 2 日 12 时 15 分，发生在内蒙古大兴安岭毕拉河林业局大北河林场的森林火灾，火场面积达到 1 万公顷，是大兴安岭近年来最大的一场火灾[2]。

（二）西部地区农村的灾害损失

西部地区自然灾害频发，巨灾风险缺乏有效的风险预防与风险补偿机制，导致自然灾害损失较大，制约了西部地区经济发展与居民可支配收入的提高。2008 年汶川地震涉及的省份包括四川、甘肃和陕西，地震中受灾最严重的汶川县、理县、茂县和北川均拥有藏族、羌族、彝族和回族等民族。其中，汶川县藏族、羌族和其他少数民族的人口数量占总人口的比重分别为 17.33%、31.46%、1.47%[3]。地震

---

[1] 李兴华、武文杰、张存厚等：《气候变化对内蒙古东北部森林草原火灾的影响》，《干旱区资源与环境》2011 年第 11 期。

[2] 白宛松：《内蒙古全力扑救大兴安岭北大河林场森林火灾》，中国政府网，2017 年 5 月 4 日，http://www.gov.cn/xinwen/2017-05/04/content_ 5190747.htm，2023 年 3 月 21 日。

[3] 郑长德：《四川汶川特大地震受灾地区人口统计特征研究》，《西南民族大学学报》（人文社会科学版）2008 年第 9 期。

发生之前，三省共51个县中有1056个村没有通公路，187个村未通电，2686个村未通广播，3647个村未通自来水，1331个村未通电视，371个村未通电话，且三省当年的经济发展水平较低，2010年51个县的GDP总值为2135亿元，人均1.12万元，为全国平均水平的54%，地方财政一般性收入55.6亿元，人均收入273元，是全国平均水平的8%，51个县中大多数是"老、少、边、穷"地区，贫困村有4345个，贫困户为32万户，贫困人口为218.3万，贫困发生率为31%[①]。《中国减灾报告》曾公布一项数据，地震发生后，在该地的43个重点扶贫县中，灾后贫困发生率上升到60%，因灾返贫率达到30%，农民的人均收入从灾前的1800元降到了1000元以下。群众生活面临困难的同时，地区经济发展也受到阻碍。2008年汶川地震后汶川县的人均GDP为12757元，相比于地震前2007年人均28348.9元的水平，地震使得该地的人均GDP下降了约55%，震后两年才勉强恢复到与震前相当的数量，达到人均28688元[②]。

根据2010年人口普查的数据，青海省人口总数约562.67万，约有46.98%的少数民族，省内有自治州6个，自治县7个，主要少数民族有藏族、回族、土族、撒拉族、蒙古族。2010年8月初，在青海玉树地震发生后的四个月左右，北京师范大学社会发展与公共政策学院在玉树地震灾区玉树县结古镇进行了入户调查，调查包括对生活质量的总体评价、灾后居住条件和灾后生活水平等八项内容。对"地震后家庭经济状况"的调查表明，受访者认为家庭经济状况有明显的下降，对当前家庭经济状况的评价选择"下等"选项的受访者相比与地震前增加了10.79%，选择"中上"和"上等"的减少了2.77%；在"受访者家庭主要收入来源"中，依靠"国家救济或补

[①] 吕国荣：《因灾致贫及其政府救助干预策略研究》，硕士学位论文，东北财经大学，2013年。

[②] 陈升、唐元杰：《地震灾后重建绩效测量——以汶川、玉树、芦山地震为例》，《重庆大学学报》（社会科学版）2018年第6期。

贴"的比例从震前的10.5%提高到了30.02%，而诸如"挖虫草或养藏獒"等其他选项的比例均有所减少。

（三）西部地区农村因灾支出型贫困的产生

仍以汶川地震和玉树地震为例，通过比较灾害发生前后居民收入和支出情况的变化，分析灾害对居民收入和支出的影响，以及灾害发生后所产生的额外支出对贫困发生率的影响。

首先，以2008年5月12日发生的汶川地震为例，分析西部地区农村因灾支出型贫困问题的生成，《四川统计年鉴》将农村居民家庭的支出项目划分为家庭经营费用支出、购置生产性固定资产支出、生产性固定资产折旧、税费支出、生活消费支出以及财产性支出和转移性支出。为了分析受灾地区农村家庭灾后的家庭支出增加情况，以及具体是哪些支出项目的增加导致了家庭因灾支出型贫困，本书选取了反映2006—2010年四川省农村居民家庭全年生活消费支出情况的相关数据（见表7-1）。以2008年为基准，地震发生前，农村家庭全年纯收入、总支出以及各项生活消费支出的增幅均维持在相对稳定的水平，只有极个别指标存在略微下降的情况；地震发生后，相比于2008年，2009年农村居民家庭全年纯收入的增幅为8%，全年总支出的增幅为22.8%。由地震导致的全年总支出的增幅大于全年纯收入的增幅，是典型的农村家庭因灾陷入支出型贫困的表现。进一步讲，2008—2009年，生活消费支出的增幅大约为32.4%，显著高于地震前，因此可以认为，生活消费支出短期内大幅度地增加造成了家庭因灾支出型贫困。此外，通过具体分析还发现，包括在生活消费支出中的"居住"这一项指标在地震发生后2018—2019年的增幅（142.4%）约为地震前2007—2008年增幅（28.2%）的5倍，由此可以推断，地震后受灾地区居民因修缮和重建房屋，以及添置生活必需品，导致的居住费用支出短期内急剧增加，带动了生活消费支出的整体增加，使部分居民面临收不抵支的支出型贫困风险。

表7-1　四川省2006—2010年农村居民家庭全年纯收入和总支出及生活消费支出情况（单位：元）

项目\年份	2006	2007	2008	2009	2010
全年纯收入	3002.38	3546.69	4121.21	4462.05	5139.52
全年总支出	3882.55	4498.9	5154.82	6330.46	6162.97
生活消费支出	2395.04	2747.27	3127.94	4141.4	3897.53
食品	1216.19	1435.52	1627.58	1740.59	1881.18
衣着	133.3	156.65	174.59	197.06	226.62
居住	328.58	366.45	469.73	1138.72	625.28
家庭设备、用品及服务	114.13	142.64	163.99	219.63	239.48
医疗保健	160.31	174.75	209.22	258.13	276.06
交通和通信	203.63	241.49	256.08	324.05	360.7
文教娱乐用品及服务	196.64	177.19	173.26	206.67	218.62
其他商品和服务	42.26	52.56	53.49	56.55	69.59

数据来源：2017—2011年的《四川统计年鉴》。

表7-2　青海省2008—2012年农村居民家庭全年纯收入和总支出情况（单位：元）

项目\年份	2008	2009	2010	2011	2012
纯收入	3061.2	3346.2	3862.7	4608.5	5364.4
总支出	4334.5	4660.7	5270.8	6835.1	7406.6
家庭经营费用支出	879.5	880	898.2	1490	1238.5
购置生产性固定资产	260.6	232.2	145.1	306.6	288.7
税费支出	0.4	2	—	0.1	1.7
生活消费支出	2974.9	3243.6	3858.5	4536.8	5338.9
转移性和财产性支出	219.1	300.2	368.4	499	530.3

资料来源：2009—2013年的《青海统计年鉴》。

无独有偶，再以 2010 年 4 月 14 日发生的青海玉树地震为例，分析灾害支出对西部地区农村家庭贫困造成的影响。《青海统计年鉴》将农村居民家庭的支出项目划分为家庭经营费用支出、购置生产性固定资产支出、税费支出、生活消费支出以及财产性支出和转移性支出，本书选取的是 2008—2012 年青海省农村居民家庭全年纯收入和总支出以及具体支出项目的有关数据（见表 7 - 2）。以 2010 年为基准，运用与上文相同的比较方法，同样可以发现，地震发生后，2010—2011 年，农村居民家庭的全年总支出高于全年纯收入，且家庭经营费用支出、购置生产性固定资产支出、生活消费支出、财产性支出和转移性支出四个支出项目的增幅均大于地震发生前。通过对比四川汶川和青海玉树两次地震前后农村居民家庭全年纯收入和总支出与分项支出的数据可以看出，地震使农村家庭的支出总额特别是生活消费支出瞬间增加，超出了其原本就十分脆弱的经济承受能力，成为造成西部地区农村因灾支出型贫困问题的重要现实因素。

三 西部地区农村因灾支出型贫困产生的原因

受灾地区经济发展水平偏低，导致其社会脆弱性程度高，这是西部地区农村出现因灾支出型贫困的根本原因。除此之外，这种贫困的存在，一方面是由于灾害本身造成的损失巨大，超出了家庭经济能力的承受范围；另一方面则受到政府和社会组织应对能力差的影响，使灾后重建的大部分支出仍然需要受灾群众自己负担。

（一）经济发展水平低导致社会脆弱性程度高

脆弱性的概念最初被用于生态学，后来逐渐被不同的学科引用，内涵和外延也逐渐丰富，其核心内容主要是指个体或组织中存在的可能被威胁和利用并造成损害的薄弱环节。将此概念引用到社会问题的研究中，可以用"社会脆弱性"加以阐释，它包括人类社会在遭遇客观危险时的敏感程度和在危险中的暴露程度两个范畴，在其他条件一定的情况下，社会脆弱性程度越高，越容易被危险伤害，越有可能被重大的突发性事件击倒①。Schmidtlein 等认为,社会脆弱性越高的地区越贫困,灾后恢复面临的阻力也越大②。我国西部地区的农村因经济发展滞后、基础设施建设薄弱、自然风险与社会风险高发,属于典型的社会脆弱性地区。由于该类地区主要依靠农业发展当地经济,经济发展方式单一导致经济发展水平偏低,应对风险的财务储备和应急机制匮乏,从而导致了社会脆弱性程度较高,难以应对突如其来的自然灾害,使灾害与贫困相伴而生,深陷贫困窘境难以自拔。

(二) 灾害损失巨大导致家庭经济压力剧增

灾害损失是指灾害造成的人类社会各种既得利益和预期收益的丧失,既包括经济利益的损失,也包括社会利益的损害与政治利益的丧失;既可以是有形的经济损失,也可以是无形的精神损失③。因考虑灾害损失的可测量性与灾害救助的精准性,本书只探讨灾害所带来的经济损失。《中国农村扶贫开发纲要 (2011—2020 年)》划定了六盘山区、西藏和四省藏区(青海藏区、四川藏区、云南藏区、甘肃藏区)、新疆南疆三地州等集中连片特困地区,均属于西部地区。在国家被划定的 14 个特困地区中,农民年人均纯收入为 2676 元,仅相当于全国平均水平的一半④。西南特大连旱共造成了 928.01 亿元的经济损失,根据云南、贵州、广西、四川 2010 年人口普查的数据,四省份当年农村人口共计约 1.3 亿,按照农民每年人均纯收入 2676 元的标准计算,此次灾害造成的经济损失相当于四省份所有农村人口三个月的纯收入。按照同样的方法推算,汶川地震造成的经济损失相当于四省份农村人口两年半的纯收入。相比于由自然灾害造成的经济损失

---

① 黄晓军、黄馨、崔彩兰等:《社会脆弱性概念、分析框架与评价方法》,《地理科学进展》2014 年第 11 期。

② Schmidtlein M. C., Shafer J. M., Berry M., et al., "Modeled earthquake losses and social vulnerability in Charleston, South Carolina", *Applied Geography*, Vol. 31, No. 1, 2011, pp. 269 – 281.

③ 吴吉东:《经济学视角的自然灾害损失评估理论与方法评述》,《自然灾害学报》2018 年第 3 期。

④ 张乐、童星:《民生建设的两翼:灾害治理与社会保障》,《探索与争鸣》2018 年第 10 期。

来说，这些地区农民的人均纯收入根本不足以抵御风险，即使有政府的扶持，需由农民自己负担的部分也远远超出他们自身的承受能力。云南省迪庆藏族自治州某村一户人家，2015年家庭年人均纯收入达到了当年国家贫困线的标准（2800元/人），但由于该地当年发生地震，造成家中房屋损坏，新修房屋使得该家庭在得到政府补贴11000元的情况下，仍借款10000多元，目前仍有4000元未还清[1]。这部分因地震等自然灾害产生的额外支出，使其实际生活陷入贫困，因灾支出型贫困问题由此产生。

（三）政府和社会组织应对能力差导致家庭灾后重建自负成本高

自然灾害使受西部地区家庭的财产遭受到重大损失，不仅改变了其原本的生活方式，也影响到了家庭收入状况和家庭支出结构。汶川地震发生后，政府、企业和各类社会组织都以不同的形式积极参与到灾时救济和灾后重建当中，但是受灾害波及的区域广、破坏性强以及造成的经济损失庞大的影响，国家和地方救灾物资储备库的全部物资仅能满足总需求量的12%，由公众、企业和社会组织共同组成的前往灾区参与救援的志愿者队伍尽管数量达到了300个以上，人数1000万左右，然而由于其缺乏统一的领导组织、相关配套政策的支持和完整的规章制度，一时间难以迅速集中人力、物力和财力来应对突如其来的灾祸[2]。受政府和社会组织灾害应对能力不足的影响，灾后重建出现的困难和所需的资金缺口最终仍然需要通过受灾群众自身解决。原本仅能维持日常生活的家庭由于遭遇突发灾害而陷入经济困境，且短期内无法及时采取有效措施应对，最终形成家庭因灾支出型贫困。

四 西部地区农村因灾支出型贫困的负面影响

因灾支出型贫困影响个体心理健康的同时，还降低了家庭的灾害

---

[1] 庄天慧等：《多维贫困与贫困治理》，湖南人民出版社2018年版，第9—10页。
[2] 周洪建、张弛：《特别重大自然灾害救助的灾种差异性研究——基于汶川地震和西南特大连旱的分析》，《自然灾害学报》2017年第2期。

应对能力,更为重要的是,若这种状态长时间持续,还会破坏社会稳定,进而不利于如期实现全面建成小康社会的目标。

(一) 影响个体心理健康

灾害给受灾群众带来的不仅仅是经济方面的损失,还有巨大而持久的心理冲击和精神创伤。加之由于灾害造成的经济损失和灾后重建所支出的部分费用最终仍然需要家庭自身来负担,这也在一定程度上加重了家庭成员的心理压力。在灾后心理阴影和经济压力的双重重压之下,很容易诱发个体患上焦虑、抑郁等精神性疾病,或者产生消极悲观的情绪,影响其身体和心理健康发展,甚至会因心理问题难以进行正常的生产生活活动,十分不利于家庭关系融洽与社会和谐。汶川地震之后,和汉族群众相比,羌族受灾群众的心理状态受到地震的影响更为显著。据报道,在地震中共计有两万多名羌族人死亡或失踪,占当地羌族总人口的10%[1]。日本早在1961年就出台了《灾害对策基本法》,其中特别强调了心理救助在灾后救助中的重要作用,而我国在震后却几乎没有出台任何有关心理疏导方面的政策措施。

(二) 降低家庭灾害应对能力

支出型贫困家庭具有的一个重要特征是在家庭没有突发重大支出项目时,因家庭收入在贫困标准线之上,可以勉强维持生计,一旦遭遇自然灾害等意料之外的事件且需要支出大量的费用时,家庭经济状况就会急剧恶化,最终会因收不抵支而成为支出型贫困家庭。灾前经济状况越好的家庭,灾后越有条件来消除灾害给家庭带来的负面影响;相反,灾前经济状况越差的家庭,灾后消除灾害"后遗症"的能力则越差,灾前处于贫困边缘的家庭就属于后者[2]。家庭的灾害承受能力与灾害应对能力受到家庭经济状况的制约,贫困家庭与低收入家庭所能承担的灾害损失与灾害应急性支出十分有限。因此,自然灾

---

[1] 陈升、孟庆国:《汶川地震对受灾居民的影响研究——来自四川省5个地震重灾区的调查》,《中国人口科学》2009年第4期。

[2] 张惠:《自然风险治理视角下的城市弹性社区模型研究》,《管理世界》2015年第6期。

害等不确定因素成为这类家庭陷入绝对贫困的致贫因子。当灾害造成的经济损失无法消化以及灾后重建所需成本缺乏筹资渠道时，家庭的财务状况急剧恶化，收不抵支的窘境将影响家庭的现实生活、灾害应急管理与灾后恢复重建的能力与信心，导致家庭灾害应对能力和承担灾害带来的负面影响的可行能力严重不足，甚至会陷入贫困的恶性循环。

（三）破坏社会稳定

一方面，因灾支出型贫困既是经济贫困，又是人文贫困，从某种角度讲，造成西部地区贫困恶性循环的根源就在于人文贫困，人力资本、社会资本匮乏对西部地区脱贫的影响更为深远；另一方面，地区经济发展水平和居民家庭收入状况是贫困治理的物质基础，因受到灾害的侵袭，家庭经济遭受重创甚至陷入收不抵支的生活窘境而无力应对，从宏观角度讲，也不利于社会稳定。灾害加重了西部地区农村家庭贫困深度的同时又缺乏有效的救助机制，不仅不利于西部地区的社会团结与和谐稳定，也不利于精准扶贫工作的实施和全面建成小康社会目标的实现。

五 西部地区农村因灾支出型贫困的治理对策

西部地区的特殊性和我国灾害种类的多样性共同决定了对于西部地区因灾支出型贫困的治理不能采取单一的治理对策，应建立多元主体共同参与灾后救助的社会治理机制。同时完善低保救助政策体系，对因灾支出型贫困家庭实行专项救助。将临时救助方式作为补充手段纳入因灾支出性贫困的救助体系，同时辅之以专业化的灾害保险机制。

（一）多元主体共同参与灾后救助

政府作为灾后救助工作中的主体，承担着主要的救助责任，发挥着不可替代的作用。但政府并不是万能的，政府有明确的责任边界和行政决策执行程序，不可能独立承担全部社会治理的职能，因此需要构建多元主体的救灾合作网络，寻求具有中国特色的救灾合作路径。第三部门、慈善机构和社会组织在资金筹集、资源利用和社会动员能力方面具有明显的优势，在政府的政策扶持之下，不仅有助于分担政府的压力，也能在一定程度上弥补灾害造成的家庭损失，减轻灾后家庭支出增加带来的负担，以此来降低家庭陷入支出型贫困的风险。目前，我国政府与非政府组织合作救灾的模式主要有群团组织协调模式、半官方NGO协调模式、民政部门协调模式等①。这三种模式在芦山地震、岷漳地震、鲁甸地震当中的作用都不容忽视，具体表现为资源协调效率高、交易成本和沟通成本低、信息及时可靠等。由此可见，政府和非政府组织二者通过合作的方式可以形成一个相互促进、相互协调的有机整体，促进灾后重建工作的顺利完成。另外，除了与政府合力进行灾后救助以外，在灾害发生前后的不同阶段，非政府组织也可以单独发挥作用。非政府组织在政府的鼓励和引导之下，在紧急救援阶段，可以直接参与救灾过程，投入到救死扶伤的工作当中；在过渡安置阶段，可以提供物资援助，满足灾后救援的物资需求；在灾后重建阶段，可以帮助群众重建家园，恢复生产生活；在防灾减灾阶段，可以对受灾家庭实行生计支援；在善后处理阶段，可以提供配套的公共卫生服务。此外，灾害救助体系的建立与运行也需要企业等市场主体的积极参与，将营利性组织的社会责任履行和参与社会治理紧密结合，促进灾害治理主体的多元化协调发展。

（二）完善低保救助政策体系

我国现行的农村居民最低生活保障制度在一定程度上能够帮助家庭人均纯收入低于最低生活保障标准或丧失劳动能力的人维持最基本的生存，但却忽视了因医疗、教育和自然灾害等突发事件导致的刚性支出对家庭实际生活的影响。为了解决这一问题，一方面，可以把灾后家庭支出中相比灾前所增加的支出作为一项指标纳入低保资格的申

---

① 董天美、张鸣：《灾害救助中中国政府与非营利组织互动模式研究》，《求是学刊》2017年第5期。

请标准，把收入标准与支出标准结合起来，即扩大低保政策的覆盖范围，抑或在核算家庭人均可支配收入时，扣除因灾造成的家庭硬性额外支出，将扣除该项费用之后的结余作为衡量该家庭是否为贫困家庭的判断依据，逐步改善因灾支出型贫困家庭的生存状态；另一方面，低保政策是针对贫困家庭的物质生活进行救助的，由于支出型贫困本身不仅仅是"经济贫困"问题，更是"人文贫困"问题，因此，对因灾支出型贫困家庭进行救助时，也不能仅局限于实施物质帮助，还应实施必要的发展型社会政策，如积极引导支出型贫困人口发展产业、实现就业等，将"被动式救助"和"主动式自救"相配套，提升农村贫困人口的自我发展能力。

（三）对因灾支出型贫困家庭实行专项救助

目前，我国上海、浙江等发达地区相继颁布了关于支出型贫困家庭的救助办法，而西部地区还没有制定和发布类似的政策。2016年5月，成都市高新区在参照其他地区相关政策的基础上，出台了中西部首个《支出型贫困家庭救助办法（试行）》（以下简称《办法》），探索建立分层次、分类型、多元化的社会救助与帮扶机制，有效扩大社会救助的保障范围，并提升社会救助的保障水平。该《办法》的一个重大突破在于率先将"因灾致贫"纳入了支出型贫困救助范围。《办法》还将灾难种类分为由自然界的异常变化引起的灾难（如地震、干旱、洪水）和突发事件引起的灾难（如车祸），对因灾导致的支出型贫困家庭实施专项救助与慈善救助相结合的办法，形成政府部门、慈善机构、社会组织等共同参与的多元化救助格局。成都市的因灾支出型贫困救助政策与实践值得灾害频发的西部地区学习与借鉴。鉴于此，国家民政部也可以结合多地已实行的支出型贫困救助方案，制定国家层面的支出型贫困救助政策或者指导意见，完善对于支出型贫困家庭的综合社会救助体系。

（四）将临时救助方式纳入支出型贫困救助体系

对于采取低保救助或专项救助方式后仍然面临困难的支出型贫困

家庭，可以尝试进一步对其进行临时救助。这种方式一定程度上也有助于缓解灾害造成的低收入家庭经济和生活方面的困难。在灾后重建工作当中，个别省市曾尝试采取了低保救助政策和临时救助方式相结合的办法来对受灾家庭提供救助，以保障其基本的生产生活需要。采取临时救助的方式来减少灾害给受灾区域和群众带来的损失，是建立多层次的综合社会救助机制与灾害治理机制的有益探索与实践。我国在2014年出台的《社会救助暂行办法》第四十七条规定："国家对因火灾、交通等意外事件……导致基本生活出现严重困难的家庭，或者因生活必需支出突然增加超出家庭承受能力……给予临时救助。"在2017年内蒙古自治区新修订的农村低保办法中，将因自然灾害等原因致使其基本生活暂时出现困难的建档立卡贫困人口，也被纳入了临时救助的范围。未来可进一步考虑在多地试点的基础之上，将这种救助方式在西部地区乃至全国范围进行推广实施。

（五）推行专业化的灾害保险

我国目前的救灾方式以依靠中央和地方的财政拨款为主，近些年，中央与地方灾害救助的投入比例（包括人力、物力、设备及灾后重建的投入）始终保持在55∶45左右[1]，但因救助款在落后地区和发达地区之间分配不平衡，西部地区因地方财力薄弱对灾害的投入十分有限，难以满足受灾家庭不同层次的救助需求。由于商业保险的保险标的较为多样，保障范围较为宽泛，因而推行专业的商业灾害保险可以成为解决这一问题的有效途径之一。我国曾尝试通过设立农村灾害保险试点来减少灾害损失，通过建立灾害损失补偿机制以减少因灾致贫问题，但由于当时我国实行的还是计划经济体制，该项措施仅存在了十多年便被叫停[2]。汶川地震之后，据保监会公布的数据，保险赔款仅占地震损失的1.95%，这

---

[1] 民政部救灾司：《庆祝中华人民共和国成立60周年特别专题 减灾救灾60年》，《中国减灾》2009年第10期。

[2] 金麟根、杨云聪、张聪：《我国农业保险问题及对策探讨》，《广东农业科学》2010年第1期。

说明一般性的商业保险对于灾害的损失补偿模式还不够完善，需要专业的灾害保险发挥补充作用①。应运用市场机制，建立基于商业保险的灾害风险补偿机制，有效预防和化解因灾支出型贫困问题。具体而言，可以借鉴国外已有的专业化的自然灾害保险产品，设计符合我国自然灾害特点和居民支付能力的商业灾害保险产品；采取政府助力下的市场化运作模式，合理设定灾害损失分担机制；明确界定灾害保险责任，科学厘定灾害保险费率，构建适合国情的灾害保障体系②。此外，针对西部地区农村灾害频发、居民收入水平低的特殊性，可以建立灾害保险的参保补贴机制，由中央提供专项转移支付款，同时地方政府提供基于地方财力的配套补贴，积极推进灾害保险在西部地区的发展，切实减轻受灾群众的经济负担，减少因灾支出型贫困的发生。

第三节　西部地区农村因病支出型贫困家庭社会救助机制研究③

自实施精准扶贫战略以来，我国贫困人口每年以 1000 万人以上的速度在减少，新时期扶贫攻坚成效显著。根据国务院扶贫办的报告，2017 年因病支出型贫困占现有农村建档立卡贫困人口的 44% 左右。因此，解决农村因病支出型贫困问题是打赢脱贫攻坚战的重要环节。我国的内蒙古、新疆、西藏、广西、宁夏地区都位于经济社会发展总体滞后的西部地区、边疆地区和老少边穷地区。西部地区农村基础设施建设较为薄弱，缺乏有效和完善的公共服务，现有的医疗设施、技术和人员都难以满足西部地区农村人口的医疗卫生需求，特别

---

① 郑功成：《抗灾救灾：新中国 60 年的经验与教训》，《华中师范大学学报》（人文社会科学版）2010 年第 4 期。
② 解伟、李宁、杨娟等：《灾害风险科学视角的救灾保险制度探讨》，《北京师范大学学报》（自然科学版）2012 年第 4 期。
③ 安华、赵云月：《民族地区农村因病支出型贫困家庭社会救助机制研究——基于发展型社会救助的视角》，《广西社会科学》2020 年第 53 期。

是针对贫困居民的社会医疗保障制度供给严重不足,导致因病支出型贫困在西部地区农村的发生率极高。要想彻底解决西部地区农村因病支出型贫困家庭所面临的困境,需要救助理念与贫困治理工具的创新。发展型社会救助理论是发展型社会政策在社会救助领域的拓展与延伸,在指导国外社会救助实践中成效显著。发展型社会救助理论强调救助理念由传统的事后救助转变为积极的预防性保护,强调贫困家庭的可持续生计与可持续发展。在发展型社会救助理论指导下的贫困治理实践中,不仅要解决贫困家庭的生存问题,还要提高贫困家庭的自我发展能力,既关注经济贫困,同时也关注人文贫困和贫困者精神需求的满足。基于发展型社会救助的理论视角探讨西部地区农村的因病支出型贫困问题,对于减少西部地区农村因病致贫、因病返贫的发生率,巩固扶贫攻坚工作已取得的成效有着重要的意义,同时也为2020年之后西部地区农村的贫困治理提供新的思路。

一 发展型社会救助理念下的支出型贫困

(一)贫困与发展型社会救助

贫困是一种复杂的经济现象,人类早期的贫困概念是基于生存意义上的。英国学者 Rowntree 最早为贫困下过定义:当一个人或家庭的经济总收入不足以满足其最基本的生存需求时,即表示这个人或家庭就陷入了贫困。[①] Townsend 在其著作中指出,所谓贫困,就是个人、家庭或群体缺乏各种食物、参与社会活动的资源与条件。[②] 20 世纪 80 年代,阿马蒂亚·森将贫困的内涵延伸,他认为贫困不仅是物质贫乏,其实质是人们缺乏获得收入的能力。[③] 社会救助制度就是为了解

[①] Benjamin Seebohm Rowntree, *Poverty: A Study of Town Life*, London: Routledge / Thoemmes Press, 1997, p. 120.

[②] Townsend, P., *Poverty in the United Kingdom. A Survey of Household Resources and Standards of Living*, London: Penguin Books, 1979, p. 167.

[③] [印度]阿马蒂亚·森:《贫困与饥荒》,王宇、王文玉译,商务印书馆2001年版,第190页。

决贫困问题而衍生的社会制度安排。社会救助制度以帮助贫困群体摆脱生存危机为目标，以为贫困者提供物质帮助为基本手段，是保障公民基本生存权利的重要社会治理工具。随着经济与社会的进步，贫困的内涵与外延不断扩展，社会救助的理念与实践也随之丰富。发展型社会救助是一种将发展理念融入现代社会救助领域的全新救助理念，其核心理念是通过改善受助对象的发展环境、降低受助对象的生活风险、促进受助对象与社会的融合，实现受助对象自我发展能力的提高。发展型社会救助更加注重对人格的尊重以及对社会权利的保护，是新时期预防与解决贫困问题的重要手段。

（二）收入型贫困与支出型贫困

收入型贫困与支出型贫困是贫困的两种主要类型。收入型贫困是传统的贫困概念，即家庭的收入无法满足家庭成员的温饱，判定贫困的指标是家庭人均收入，其对应的救助方式基于保障生存的目标，强调政府责任，形式以物质补贴和事后补助为主，最典型的实践就是最低生活保障制度。收入型贫困救助在"兜底线"上功不可没，但随着社会的发展，还有很多低收入的家庭无法承受刚性支出，家庭的实际生活水平处于绝对贫困状态，这就引发了人们对于支出型贫困的关注。学界对支出型贫困的普遍认识是"由于家庭成员出现重大疾病、突发灾祸、子女就学等原因，导致家庭刚性支出远远超出家庭承受能力，并在一定时期内实际生活水平低于当地最低生活保障标准的生活状态"。[①] 支出型贫困判定贫困的指标更加关注家庭的基本生活需求与消费支出水平，其对应的救助方式以促进发展为目标，主张实施社会投资型的社会福利政策，更倾向于预防风险和主动发现，为贫困家庭提供更具针对性的帮助。

（三）因病支出型贫困的内涵

因病支出型贫困是支出型贫困的主要类型之一，通过对现有文

---

① 路锦非、曹艳春：《支出型贫困家庭致贫因素的微观视角分析和救助机制研究》，《财贸研究》2011年第2期。

献的分析发现,目前因病支出型贫困的发生原因有如下几种:一是家庭成员突发重大疾病,家庭经济支出远超家庭的承受能力,导致家庭陷入贫困;二是家庭成员因事故受伤,增加了临时的刚性医疗支出,家庭承载巨大压力,生活水平直线下降,甚至陷入贫困;三是由于不同程度的疾病导致家庭主要劳动力丧失劳动能力,从而导致收入减少,家庭人均可支配收入低于贫困线。综上所述,笔者将因病支出型贫困界定为:家庭成员因突发重大疾病或事故受伤产生了大额刚性支出,以及家庭收入来源主体由于疾病降低了劳动力价值,家庭收入减少,造成整个家庭的实际生活处于贫困的状态。疾病对人的伤害可能会留下后遗症并具有后期反复发病的风险,同时也会对家庭其他成员造成负面影响,如精神与经济压力、照顾病人的时间成本、机会成本和收入损失。疾病造成贫困,贫困加剧疾病,疾病与贫困恶性循环,严重阻碍贫困家庭的自我发展。因此,因病支出型贫困更具危害性,对其进行及时有效的救助具有必要性和紧迫性。

二 西部地区农村因病支出型贫困家庭的现状

(一) 西部地区农村家庭收支情况与因病支出型贫困的产生

收入的最终目的是消费,消费则包括当期的消费性支出部分和用于预期消费支出的储蓄部分,意外的大额刚性支出造成了支出型贫困。贫困负担指数是消费性支出部分与可支配收入的比值,其反映了居民抵御意外刚性支出风险的能力,指数越大则居民抗风险能力越低。2017年,我国居民的人均可支配收入为25974元,居民消费支出为18322元,贫困负担指数为0.71。① 我国内蒙古、新疆、西藏、广西、宁夏地区的农村居民可支配收入与消费性支出都远远落后于全国居民平均水平,贫困负担指数却高于全国平均水平,这反映了西部

---

① 数据来源:《中国统计年鉴2017》,国家统计局,2017年9月,https://www.stats.gov.cn/sj/ndsj/2017/indexch.htm,2023年7月5日。

地区农村居民生活水平整体偏低，家庭脆弱性高，当出现意外刚性支出时，大多数家庭极易陷入入不敷出的贫困境地。在全国居民消费性支出结构中，人均医疗保健支出为1451元，占比7.9%，西部地区除了西藏自治区，其他地区农村居民医疗支出占消费性支出的比重都比全国均值至少高出2个百分点，这显示了西部地区的农村因病支出型贫困的发生率更高，因病致贫情况更为严重。西藏地区贫困负担指数与农村居民医疗支出占消费性支出的比重都较低，是因为西藏农村地区位置偏远，基础设施建设落后，缺乏娱乐活动，因此消费性支出较少。加之农村地区藏民偏多，他们多相信藏医藏药，因此医疗保健支出数额较小。但西藏农村居民可支配收入比全国人均低8002元，当其家庭成员遇到突发重大疾病或事故受伤时，他们同样容易陷入贫困。

表7-3　2017年我国部分西部地区农村家庭收支情况与医疗支出占比

地区	农村居民可支配收入（元）	农村居民消费性支出（元）	贫困负担指数	农村居民医疗保健支出（元）	农村居民医疗支出占消费性支出的比重（%）
内蒙古自治区	11873	11650	0.98	1221	10.5
新疆维吾尔自治区	11045	8713	0.79	971	11.1
西藏自治区	10330	6691	0.65	147	2.2
宁夏回族自治区	13087	11507.3	0.88	1554	13.5
广西壮族自治区	11325	9437	0.83	931	9.9

资料来源：2018年内蒙古、新疆、西藏、宁夏、广西五个自治区统计年鉴。

（二）西部地区农村的疾病发生率

第五次国家卫生服务调查显示，农村地区两周患病率[①]排在前五

[①] 指每百名被调查者中两周内患病伤的例数。

位的疾病为高血压、感冒、糖尿病、胃肠炎和脑血管病，即慢性病是我国农村地区主要的疾病类型。近年来，城乡居民慢性病患病率快速上升，尽管目前慢性病患病率仍是城市高于农村，但农村慢性病患病率的增长幅度远大于城市，农村逐步成为慢性病的高发区域。根据数据统计，西部地区农村的慢性病患病率与中部、东部地区的差距逐年缩小，慢性病正在由经济发达地区向落后地区蔓延与扩散。疾病会导致一个家庭的支出增加与直接收入减少，而慢性病对西部地区农村居民的影响更为明显。一方面，一些慢性病对人的器官、骨骼造成一定的伤害，甚至会逐渐限制人的起居生活，这对靠体力获得收入的西部地区农村居民是一种能力剥夺。另一方面，心脑血管类的高风险慢性病容易致残、致死，西部地区的农村由于医疗条件落后，此类疾病会造成更高的残疾率和死亡率。此外，慢性病如果不能得到及时治疗与有效控制，还会引发诸多并发症，对人体的伤害极大，后期的治疗难度将会增大，治疗费用也会成倍增加。

表7-4　　　　　　　调查15岁及以上人口慢性病患病率[①]

指标	合计	城市				农村			
		小计	东部	中部	西部	小计	东部	中部	西部
慢性病患病人数（人）	56417	30298	11017	10063	9218	26199	9525	8422	8172
慢性病患病例数（例）	76093	42214	15285	13934	12995	33879	11039	11039	10543
按人数计算患病率（%）	24.5	26.3	27.9	26.2	24.8	22.7	23.1	23.1	20.5
按例数计算患病率（%）	33.1	36.7	38.7	36.2	35.0	29.5	31.8	30.3	26.4

资料来源：国家统计信息中心，http://www.nhc.gov.cn。

[①] 指每百名15岁及以上被调查者中慢病患病的人数或例数。

（三）西部地区农村因病支出的主要项目

1. 医药费用

医药费用是疾病发生时的首要支出，包括诊断费、检查费、治疗费、药费、手术费等医疗性支出。根据世界卫生组织确定的标准，当一个家庭强制性医疗支出大于家庭一般消费的40%，或者是个人负担医疗费用达到当地居民年人均可支配收入的时候，即认为该家庭发生了灾难性卫生支出，陷入贫困状态。根据国家卫健委发布《中国卫生健康统计年鉴》的数据，2017年常见的30种疾病人均医药费中位数是8815元，是西部地区农村居民消费性支出的75%以上，有些重大疾病的医药费用甚至超过了西部地区农村居民的年消费支出，这对收入本就不高的西部地区农村家庭而言无疑是雪上加霜。与一般的临床型疾病相比，慢性病具有复杂性和长期性的特征，并且难以治愈，对于一个家庭的影响是持续的。学者龚立群指出，我国用于慢性病治疗的医药费用年均增长已经超过GDP的增长速度，慢性病患者经济负担较重；[1] 井珊珊等人研究发现，慢性病患者每年的治疗费用居高不下，对低收入家庭的影响更大；[2] 李杰等人认为慢性病患者经济负担较重，且健康素养普遍较低，无疑会导致医药支出的进一步增加，健康状况改善较为缓慢。[3]

表7-5　　　　　　　2017年30种疾病平均医药费用

疾病名称 （ICD-10）	人均医药费（元）				
		药费	检查费	治疗费	手术费	卫生材料费
病毒性肝炎	7963.7	3793.8	640.5	476.8	300.7	337.9

---

[1] 龚立群：《关于进一步推进全民健康工程的提案》，《经济界》2015年第2期。
[2] 井珊珊、尹爱田、孟庆跃等：《农村居民慢性病患者的就医选择行为研究》，《中国卫生经济》2010年第2期。
[3] 李杰、徐双兰、杨继文：《四川省某县城乡居民慢性病情况、就医现状与经济负担调查》，《现代医药卫生》2014年第22期。

续表

疾病名称 (ICD-10)	人均医药费（元）					
		药费	检查费	治疗费	手术费	卫生材料费
漫润性肺结核	8702.3	3283.7	1000.3	900.5	637.5	690.3
急性心肌梗塞	27552.5	4854.5	1769.0	2467.6	3507.8	12369.7
充血性心力衰竭	8014.1	2963.5	929.0	1145.5	605.5	590.2
细菌性肺炎	7314.0	2811.6	813.4	872.6	266.5	386.7
慢性肺源性心脏病	7699.5	3034.1	889.9	1188.3	224.7	364.0
急性上消化道出血	8650.9	3493.2	880.5	904.1	415.4	575.0
原发性肾病综合征	7834.2	3115.3	782.3	508.4	206.4	401.2
甲状腺功能亢进	5691.9	1618.1	935.6	508.9	2218.2	361.1
脑出血	18524.6	6859.9	2094.9	3291.0	1943.3	2017.1
脑梗塞	9607.0	4226.9	1531.0	1175.1	523.2	499.7
再生障碍性贫血	8928.1	3334.3	609.2	586.5	182.3	335.1
急性白血病	18760.5	8322.6	954.7	1273.0	178.2	895.7
结节性甲状腺肿	12699.4	2426.6	907.3	770.7	3690.1	2489.9
急性阑尾炎	8403.4	2446.4	536.0	634.8	2162.9	1458.4
急性胆囊炎	8153.7	3127.4	950.4	615.8	2183.4	935.5
腹股沟疝	8226.3	1280.9	472.0	490.9	2039.8	2682.1
胃恶性肿瘤	22052.0	7315.0	1809.7	1686.1	3821.3	5875.9
肺恶性肿瘤	21263.7	6091.9	2224.8	1849.1	3085.9	5743.7
食管恶性肿瘤	19189.0	6200.5	1998.2	3176.1	3115.2	3835.7
心肌梗塞冠状动脉搭桥	61051.0	10905.7	3535.2	4197.3	9942.7	24624.1
膀胱恶性肿瘤	18610.8	6019.7	1629.4	1299.4	3497.2	3178.0
前列腺增生	11952.8	3323.4	1131.9	920.4	3031.3	1805.7
颅内损伤	12361.6	4795.0	1679.9	1500.9	1538.2	1471.6
腰椎间盘突出症	9412.5	1808.0	997.1	1595.7	3056.6	2835.3
儿童支气管肺炎	3195.7	1133.3	170.0	458.9	98.3	231.2
儿童感染性腹泻	2618.7	898.5	391.1	252.8	187.1	125.6

续表

疾病名称 （ICD-10）	人均医药费（元）				
	药费	检查费	治疗费	手术费	卫生材料费
子宫平滑肌瘤 13279.8	2557.8	804.0	971.1	3745.4	2429.1
剖宫产 7794.7	1480.0	394.7	774.1	1923.2	1241.1
老年性白内障 6952.2	369.4	469.5	286.2	2207.3	2780.8

资料来源：《中国卫生健康统计年鉴2018》。

2. 康复费用

康复费用包含病人治疗与康复期间产生的伙食费、营养费、护工费，有些疾病或伤残无法一次性根治，这就会产生后续治疗费、保健费、复查费、辅助器具等康复费用。通常，家庭中有成员陷入疾病状态，需要更多食物消费以补充营养，需要专人照料也会产生相应的保健与护理费用，往返医院、康复机构与社区医疗服务中心的次数会增加，这就会引发因一系列消费支出增加且相互影响形成"蝴蝶效应"。而一些"因病致残"的病人，所需的康复费用甚至会高于医疗费用，他们的辅助器具需要定期地维护与更换，身体机能需要进行康复训练，还有的患者需要依靠音乐、气功、磁疗等辅助手段进行康复，这些服务项目加在一起的费用就是一笔不小的支出。康复期相比于医疗期，周期更长，所消费的医药之外的器具与人工服务更多，因而费用也同样很高。

3. 间接费用

间接费用是因病造成的收入损失、时间成本、陪护人员的照料成本以及后期劳动效率低下和健康风险。病人医药费用的自费部分需要动用家庭的储蓄，这就可能影响家庭未来的消费与投资计划，有些家庭需要向熟人或银行借贷，这可能会引发后期的债务危机。2015年民政部城乡困难家庭调查数据显示，农村贫困家庭的户均人口数为3.1人，其中有劳动能力的只有1.1人，如果他们出去工作，家里生病或残疾的 1.6 人以及没有劳动能力的 0.5 人就无人照看。[1] 对于低收入家庭而言，一个人生病导致一个家分崩离析是很普遍的现象。短期来看，大额的医药费用是击垮一个家庭的直接原因，但疾病对劳动力带来的损伤、物质资本的消耗、社会关系的透支以及患者面临的健康风险成为贫困家庭社会资本与人力资本受阻、贫穷局面难以扭转、陷入贫困陷阱的深层原因。

三 西部地区农村因病支出型贫困家庭社会救助的发展困境

（一）现有医疗救助措施作用有限，新农合保障水平偏低

近年来，西部地区不断加大医疗救助的力度，也取得了一定的成效，但西部地区农村的医疗救助水平依然较低，"兜底"保障作用十分有限。以广西为例，广西南宁市农村居民患有重大疾病治疗费用超过 10 万元的，医疗救助有 10000 元和 12000 元两个层次，新农合的报销额为 39555—87588 元，根据调查，当一个家庭治疗费用为 134953.26 元时，可以获得 10000 元的医疗救助与 67518.21 元的新农合报销。[2] 也就是说，该家庭还要自己负担 57435.05 元，这对于西部地区农村家庭而言，依然是无法负担的费用。新型农村合作医疗制度是我国仅有的可供农村居民依赖的制度性医疗保险体系，学术界也有很多学者研究其对农村居民因病致贫的缓解效果。程令国根据 CLHLS 的数据得出结论，新农合虽然降低了自付比例，但对降低实际医疗支出和大病支出负担的作用并不明显；[3] 方黎明的研究表明，由于新农合的报销比例太低，农村贫困居民的医疗经济负担依然沉重；[4]

---

[1] 戈艳霞、李强：《疾病照料负担对困难家庭劳动力就业的影响》，《人口与经济》2018 年第 1 期。

[2] 覃双凌：《精准脱贫背景下提升广西农村医疗保障能力探析——医疗保障系列研究之一》，《广西社会科学》2019 年第 2 期。

[3] 程令国、张晔：《"新农合"：经济绩效还是健康绩效？》，《经济研究》2012 年第 1 期。

[4] 方黎明：《新型农村合作医疗和农村医疗救助制度对农村贫困居民就医经济负担的影响》，《中国农村观察》2013 年第 2 期。

沈正对 CHNS 的数据研究后发现，在基础医疗条件差的农村地区，新农合对农户因病致贫的缓解作用并不大。[①]

（二）公共卫生服务缺失，健康保健意识较差

基本公共卫生服务发挥着健康保健、预防疾病的重要作用。根据第五次国家卫生服务调查报告，我国卫生服务的可及性得到改善，调查对象中有 63.9% 的家庭离最近医疗机构在 1 公里以内，但西部地区农村仅有 47% 的家庭能在 1 公里内找到医疗机构，医疗服务可及性明显低于中东部地区。《中国卫生健康统计年鉴》数据显示，2017 年我国西部地区农村每千人卫生人员数量除广西外其余在全国的排名均为倒数。医疗机构及医务人员的不足造成西部地区农村公共卫生服务的缺失，再加上较差的生活环境与不良的卫生习惯，导致传染病和慢性病的患病率较高。西部地区农村居民大多文化程度低，缺乏基本的健康科学知识，对自身健康的关注也不足。面对常见的疾病，很多人怕花钱，认为没有必要治疗，"小病扛，大病拖，病危才往医院送"的风气导致许多疾病错过了最佳治疗时机，甚至造成患者丧失劳动能力或死亡的悲剧。

表 7-6　农村地区调查家庭与最近医疗机构距离（%）

距离（公里）	东部	中部	西部
<1	63.2	60.0	47.0
1	18.4	18.0	18.6
2	10.3	11.8	12.8
3	3.8	4.4	7.8
4	1.9	2.3	4.9
5	2.5	3.4	9.0

资料来源：国家统计信息中心，http://www.nhc.gov.cn。

[①] 沈政：《新农合对农户因病致贫的缓解效果研究——基于生存分析视角》，《西部经济管理论坛》2018 年第 1 期。

表7-7　农村地区调查人口不同原因需住院未住院的比例（%）

原因	东部	中部	西部
经济困难	5.5	8.3	8.3
自认为没必要	3.0	3.1	5.0
没有时间	1.9	2.0	2.6
无床位	0.5	0.0	0.2
其他原因	2.7	3.2	2.9

资料来源：国家统计信息中心，http://www.nhc.gov.cn。

（三）忽略受助家庭心理，特殊需求难以满足

良好的家庭环境与氛围对于帮助患者康复具有重要作用。西部地区农村人口流动缓慢，是熟人社会，在传统的乡村文化的影响下，许多农村居民喜欢八卦邻里的家事，这在无形中会给因病支出型贫困家庭带来心理负担，加深他们的自卑感。有些社会救助项目对受助对象的家庭情况甚至隐私信息大张旗鼓加以宣传，导致本就敏感的被救助家庭有"被施舍、被可怜"的不适感，这些都不利于贫困家庭重返社会。许多因病致残的患者由于身体的残缺承受着巨大的精神压力，他们除了物质，还有情感需求及康复训练等特殊需求。一些处于教育阶段的孩子患有重大疾病，治疗期间会产生教育和陪伴需求。而目前的社会救助存在着"重物质，轻情感"的弊端，主要靠政府单向输出资金，缺乏社会力量的参与，贫困家庭非经济类的特殊需求难以满足。

（四）救助措施欠缺发展性，家庭陷入贫困循环

目前，西部地区对于因病支出型贫困家庭的救助方式，是救助对象支付医疗费后，再提供相关证明申请救助，这种事后救助方式忽略了多数农村家庭储蓄不足以支撑治疗的现实情况，进而降低他们治疗的积极性，拖延还会引起疾病的加重，导致家庭雪上加霜，即便有家庭通过借贷及时治疗，债务也会使家庭陷入未来贫困的风险之中。对于因病支出型贫困家庭的救助项目也过于单一，仅仅是对医药费的补偿，许多慢性病患者生病后劳动能力会降低，在劳动力市场的竞争力减弱，患病人员重返社会的问题被忽视。低收入家庭具有脆弱性，疾病很容易让他们陷入贫困，导致他们减少子女教育和保健的投资，这会降低整个家庭获得收入的能力，造成更持久的贫困。现有的社会救助机制实效性差，缺乏对因病支出型贫困家庭风险抵御能力的提升和重建人力资本的帮扶，容易使因病支出型贫困家庭陷入"贫困—疾病—贫困"的积累性循环。

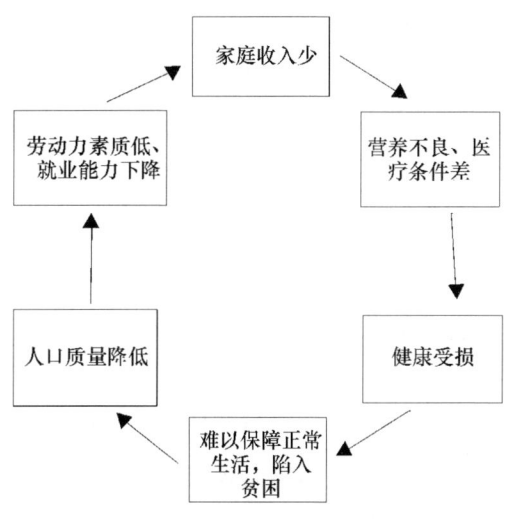

图7-1 "贫困—疾病—贫困"的积累循环①

四 西部地区农村因病支出型贫困家庭社会救助机制的优化

（一）完善医疗服务，提供预防保护措施

身体是从事劳动的基本条件，完善的医疗服务是保障西部地区农村居民就医权利，维系其身体健康的基础。西部地区农村要完善医疗服务，就要从整合医疗资源、吸纳优秀人才、加强卫生教育三方面着手。首先，政府应加大基础医疗建设的资金投入力度，充实各类医疗资源满

---

① [美]帕金斯：《发展经济学》，黄卫平译，中国人民大学出版社1998年版，第197页。

足农村居民的就医需求，将市、县、乡镇、村的卫生机构连接起来，建立帮扶制度，并出台相关激励政策促进优质医疗资源下沉，充分发挥基层医疗机构的作用，方便农村居民看病就医。还可以通过购买私人医疗服务，引导市场医疗服务供给，为农村居民的日常医疗需求提供保障。其次，政府应提高薪酬水平吸引优秀医护人员到基层医疗机构工作，同时利用好高校人才资源，通过为医学院校学生减免学费来培养和吸纳基层医疗人才，特别是要采取有效措施培养掌握双语的医学人才。

积极的预防性社会保护是发展型社会救助的核心要义之一。政府应加强对农村居民的卫生宣传与教育，帮助农村居民形成正确的就医理念与生活习惯，提高地方病与慢性病的防治能力。通过定期体检等方式对"三高"、超重等慢性病高危人群的身体状态进行监控，评估他们的患病风险并进行适当干预。对农村居民进行基础理财教育，鼓励储蓄积累资产，增强低收入家庭的抗风险能力，降低家庭因病致贫的可能性。

（二）筑牢兜底网络，提高贫困救助效率

社会救助的本质功能是"托底"，发展型社会救助从缓解救助对象生存困境的层面出发，扩展社会救助的内涵，使社会救助体系更包容、更全面。筑牢贫困的兜底网络，政府具有义不容辞的责任。政府在政策制定、款项拨付与监督落实方面发挥着重要的作用。政府扶贫和民政部门应为西部地区因病支出型贫困家庭建档立卡，及时掌握贫困居民的经济收支情况与实际生活状况，实施动态管理和及时救助。政府在制定救助政策时，既要关注贫困群体，也要关注低收入群体，将贫困边缘群体纳入帮扶体系，拓宽社会救助的覆盖范围。政府还应细化医疗救助的项目，设立专项救助，使资源配置更精准，兜底保障更可靠。同时，发挥新农合作为基本医疗保险应对疾病风险的经济补偿功能，减轻社会救助的压力。应扩大新农合目录内的药品数量，提高报销比例，实行即时结算与联网报销。对于异地就医或无法即时结算的情况，应简化报销程序，方便农村居民及时获得医药费用补偿。有效衔接新农合制度与医疗救助制度，对于新农合报销后以及医疗救

助后看病经济负担仍较重的家庭予以再次救助。在完善医疗救助机制的同时，加强医疗服务监督，保证医疗服务供给的规范化，杜绝过度医疗造成的医疗保险与医疗救助资源浪费，提升医疗救助的精准度与救助效率。将救贫转变为救急难，提高贫困救助的靶向性，真正实现兜底性保障的社会安全网功能。

（三）转变救助理念，关注家庭发展

传统的救助理念只关注生存，且救助类型单一。发展型社会救助的核心制度要素聚焦于发展，这就要求更加注重人的全面发展与可持续发展，要求救助类型多元化，救助内容多样化，在"他助"的基础上，努力实现"自助"。救助类型多元化意味着除了物质救助，还要增加心理疏导、能力发展、权利维护等新类型，以期在保障西部地区农村贫困人口基本生活的基础上对他们增权赋能。救助内容的多样化对应的是贫困家庭的差别化救助需求。发展型的社会救助应注重贫困家庭的个性化需求，向患病的老年人倾斜养老服务，向患病的青少年倾斜教育资源，向患病的劳动力倾斜就业机会，"缺什么补什么"的救助方式会使救助资源的配置更具合理性与针对性，更有利于贫困家庭的长远发展。

疾病的类型与轻重程度会影响家庭的恢复能力，家庭中唯一劳动力患病对于家庭是毁灭性打击。相比于疾病治愈，家庭因成员因患病所造成心理创伤的愈合更为困难。因此，注重病后家庭的心理状态，帮助他们重树信心至关重要。同时，政府应通过技能培训、实施公共就业计划等方式为贫困家庭提供就业机会，通过小额贷款、税收优惠、技术支持等政策鼓励农民创办微小企业，以创业带动更多就业，通过设立公益岗位帮助康复中病人排解压力、发挥价值。关注贫困家庭病后重建，帮助其建立和恢复人力资本以融入社会，防止其被边缘化与疏离化，是发展型社会救助的最高目标。[①]

---

① 陈剩勇、洪燕文、黄天柱：《关于建构浙江省现代社会救助体系的若干思考》，《商业经济与管理》2003年第7期。

（四）提倡邻里帮扶，联动社会力量参与

发展型社会救助的原则是"平等、参与、共享"，社会力量的参与可以弥补传统社会救助机制的不足。西部地区农村通常地广人稀，受语言和交通的限制，与外界接触较少，很多地区还保留着传统社会与熟人社会的特征，人际交往较为简单。邻里与亲友是因病支出型贫困群体最亲密的人员，亲属邻里的热情支持更容易消除贫困家庭的心理障碍与生活困境，亲属邻里发挥着政府与社会组织无法替代的作用，能够有效弥补西部地区农村社会救助资源可及性低的不足。非营利性社会组织尤其是福利性质的社团会减轻政府救助的财政压力，社会组织中的专业人员会为贫困家庭提供更细致的帮助，同时能够运用专业的视角与服务理念帮助贫困家庭摆脱贫困，政府要与之建立良好的沟通与协作机制，使他们发挥更大的作用。联动社会力量参与，建立起互助的社会网，有利于整合社会资源，拓宽社会救助机制的广度与深度。

第四节　西部地区农村教育支出型贫困家庭社会救助机制研究

教育作为一项重要的民生事业，自新中国成立以来一直受到党和国家的高度重视。2018年9月10日，习近平总书记在全国教育大会上发表的讲话中指出，"教育是民族振兴、社会进步的重要基石，是功在当代、利在千秋的德政工程，对提高人民综合素质、促进人的全面发展、增强中华民族创新创造活力、实现中华民族伟大复兴具有决定性意义"，从中足以看出教育事业在我国全面建设小康社会时期的重要地位。然而，在这样一个经济发展和社会转型的快速变革时期，出现了一部分家庭，尤其是西部地区农村的家庭，因在供读子女读书方面的花费过高而陷入相对贫困的状态，我们把这类家庭称为"教育支出型贫困家庭"，西部地区的该类家庭成为一个越来越需要政府和社会更多关注的群体。

一 教育支出型贫困的理论分析

(一) 支出型贫困的概念界定

"支出型贫困"的概念最早由上海市提出，最初被称为"上海式贫困"，后来学术界将其统一定义为"支出型贫困"，是与"收入型贫困"相对的概念。目前，关于"支出型贫困"的定义，学术界尚未形成一致的意见，学者陈成文、沈君彬、刘沛栋、徐大慰、梁阔德等人都做出过界定，虽然没有定论，但也并无太大争议。所谓支出型贫困，是指由于家庭遭遇突发事件，例如重大疾病、子女上学、住房支出、突发灾祸等，导致家庭短期内经济支出急剧增加，且远大于家庭承受能力范围而导致的绝对性贫困。即该类家庭的人均收入是高于当地的最低生活标准的，在没有重大变故发生的前提下可以维持正常生计，但在风险事故发生之后，由于大额支出使得收入难以满足日常消费支出，从而导致生活在短期之内陷入贫困状态[1]。"支出型贫困"秉承发展型社会政策的价值理念，其救助目标是预防贫困，既消除或减少贫困发生的风险因素，而不是在风险发生之后提供生活保障的被动补偿模式。支出型贫困将人文贫困与经济贫困相结合。采用经济收入与医疗、教育等发展性支出相结合的多维贫困理念对贫困家庭进行识别与救助。

(二) 收入型贫困与支出型贫困的比较

收入型贫困救助制度和支出型贫困救助制度是我国现行的两种主要的社会救助制度，由于两者分别是为解决不同类型的贫困问题而设计的，因此在救助理念、救助目标、救助形式以及核贫机制等方面有所不同[2]。在救助理念方面，收入型贫困侧重于解决温饱问题；而支

---

[1] 沈君彬：《发展型社会政策视域下支出型贫困救助模式的目标定位分析》，《中共福建省委党校学报》2013年第10期。

[2] 谢宇、谢建社：《发展型社会政策视角下的支出型贫困问题研究》，《学习与探索》2017年第3期。

出型贫困主张发展型的社会政策，更关注公民的发展性需要，如就业创业、公共卫生医疗保健、公民的社会参与等。在救助目标方面，收入型贫困救助的目标往往局限于满足受助群体的基本生活保障，是一种"托底"救助；支出型贫困救助的目标则比较多元化，包括预防贫困发生的风险，降低社会排斥对社会弱势群体的影响，以及帮助贫困家庭努力摆脱贫困等。在救助形式方面，收入型贫困救助的形式以事后救助为主，政府仅对符合收入标准等相关救助条件的人群实施有限救助；支出型贫困救助的形式则以事前预防为主，倡导贫困的主动发现和贫困救助的时效性。在核贫机制方面，收入型贫困是通过划定一条最低收入线作为区别困难群体的标准，低于这条线就可以享受最低生活保障，这种识别方法只关注最低消费需求，忽视了对其他需求的满足；支出型贫困则根据不同家庭的不同需求来实行有针对性的帮助，更能满足贫困家庭的发展性需要。

（三）教育支出型贫困的内涵

在支出型贫困的概念中提到，导致家庭发生支出型贫困的原因之一是"子女上学"，家庭供读子女就学属于教育消费行为，因此将此类消费导致的家庭贫困称为"教育支出型贫困"。在参考支出型贫困概念的基础上，笔者将"教育支出型贫困"定义为家庭人均收入水平超过了贫困线和低保线，但由于家庭成员接受教育而导致家庭陷入贫困，且在短期内实际生活水平处于绝对贫困的一种贫困类型。"教育支出型贫困"也被定义为"教育致贫"、"教育消费型贫困"或"因学致贫"，目前国内研究对西部地区的该类问题关注较少，但事实上"教育支出型贫困"的重点主要集中在西部地区，特别是西部地区的农村。我国西部地区是经济发展较为落后的地区，再加上教育资源供给不足以及高额的教育支出，使西部地区生活水平处于贫困边缘的家庭陷入贫困的风险大大增加。

二 西部地区农村教育支出型贫困的现状

衡量农村家庭在教育方面的支出规模与支出负担时，家庭的可支配收入、消费支出以及教育支出是必不可少的三项指标。农村居民教育支出的规模与比重不仅可以反映出教育投入在家庭当中所处的地位，同时还可以看出该家庭的基本经济状况与教育支出负担。在教育支出中，可以根据支出的用途划分为学费、住宿费和子女上学期间的日常生活费等。

（一）我国五个西部地区农村家庭教育支出情况

因部分地区统计年鉴数据没有单列教育支出，这里用教育文化娱乐支出数据代替教育支出数据①。2018年内蒙古、新疆、西藏、广西、宁夏的《统计年鉴》数据显示（见表7-8），2017年内蒙古、新疆、西藏、广西、宁夏农村居民教育文化娱乐支出占消费支出的比重分别为13.45%、8.57%、3.57%、11.95%、12.14%，农村居民教育文化娱乐支出占可支配收入的比重分别为13.02%、6.76%、2.31%、9.96%、11.29%，内蒙古、广西、宁夏教育文化娱乐支出占消费支出的比重均高于10.69%的全国平均水平，同时这三个自治区教育文化娱乐支出占可支配收入的比重也均高于8.72%的全国平均水平，新疆、西藏这两个比重均低于全国平均水平，与这两个地区实施特殊的教育政策有关。综合以上数据，5个自治区的人均可支配收入普遍低于全国平均水平，有3个自治区在家庭人均教育支出占消费支出的比重高于全国平均水平，有2个自治区家庭人均教育支出的绝对值超过了全国平均水平，因此可以看出我国西部地区农村家庭教育支出负担普遍较重，存在较严重的教育支出型贫困现象。在家庭收入水平低却又不得不供家庭子女读书的情况下，教育支出成为整个家庭的一项沉重的负担。

---

① 注：因2018年《中国统计年鉴》《新疆统计年鉴》《西藏统计年鉴》没有单独列出农村教育支出数据，为了便于比较分析，用教育文化娱乐支出代替教育支出，而《内蒙古统计年鉴》《广西统计年鉴》《宁夏统计年鉴》同时给出了教育支出和教育文化娱乐支出数据，教育支出占教育文化娱乐支出的比例分别为82.18%、85.37%、81.02%。由此可见，教育文化娱乐支出的主体是教育支出，这样的数据代替具有一定的合理性。后续问题的分析中，用到了收入五等分数据，也只能采用这一替代数据。

西部地区农村家庭整体面临着较为沉重的教育支出负担,西部地区农村低收入家庭的教育负担更为严重,因学致贫和教育支出型贫困问题更为普遍。按照统计年鉴的收入五等分划分标准对低收入人群进行界定,2017年我国农村低收入家庭的人均可支配收入为3301.9元,而内蒙古、新疆、宁夏农村低收入家庭人均可支配收入分别为1804.77元、1282元、3085元,均显著低于全国平均水平。内蒙古、新疆、宁夏三个地区农村低收入家庭的人均教育文化娱乐支出分别为1272.62元、573元、900元,占人均可只支配收入的比重分别为70.51%、44.70%、29.17%,占人均消费支出的比重分别为13.50%、8.58%、11.66%。因西藏和广西统计年鉴中农村收入和支出五等分数据缺失,无法对其进行计算,其余3个西部地区低收入家庭可支配收入均低于全国平均水平,而低收入家庭的教育支出却高于全国平均水平。教育支出占可支配收入比例最高的是内蒙古,最低的是宁夏。教育支出占消费支出的比例最高的是内蒙古,最低的是新疆。内蒙古农村家庭的教育支出高于其他西部地区,说明该地区居民更加重视人力资本投资,这一意识的转变与内蒙古近些年经济高速发展有一定的关联。

表7-8　2017年全国和五个西部地区农村教育文化娱乐支出情况（元/人）

指标　　地区	全国	内蒙古	新疆	西藏	广西	宁夏
可支配收入	13432.4	12584	11045	10330	11325	10738
消费性支出	10954.5	12184	8713	6691	9437	9982
教育文化　娱乐支出	1171.3	1639	747	239	1128	1212

资料来源:《中国统计年鉴2018》《内蒙古统计年鉴2018》《新疆统计年鉴2018》《西藏统计年鉴2018》《广西统计年鉴2018》《宁夏统计年鉴2018》。

表7-9　2017年按收入等分的内蒙古农村牧区居民家庭教育文化娱乐支出情况（元/人）

指标＼分组	低收入	中低收入	中等收入	中高收入	高收入
可支配收入	1804.77	7341.90	10616.18	15251.71	30575.68
消费性支出	9423.98	10262.21	11212.42	13241.38	17572.15
教育文化 娱乐支出	1272.62	1617.39	1650.55	1876.61	1808.69

资料来源：《内蒙古统计年鉴2018》。

表7-9的数据显示，2017年内蒙古农村牧区低收入家庭的人均可支配收入为1804.77元/人，仅占中等收入家庭（10616.18元/人）的17%左右，占高收入家庭（30575.68元/人）的6%左右，差距之大显而易见；反观消费性支出尤其是教育支出，低收入家庭和中、高收入家庭之间差距却很小。这说明在内蒙古的农牧区，教育支出型贫困现象更容易发生在低收入家庭，低收入家庭最应该成为教育支出型贫困救助的对象。

由此可见，西部地区农村整体存在教育支出大、教育负担重的问题，教育支出成为西部地区贫困产生的一个重要原因，需要社会予以关注。另外，西部地区农村的低收入家庭面临着突出的教育脆弱性风险，在贫困边缘徘徊的低收入家庭很容易因庞大的教育支出而陷入绝对贫困。

（二）西部地区农村家庭教育支出的主要项目

教育支出既是家庭的一项主要生活消费开支，同时也可以算作一项人力资本投资，投资的目的是提高劳动者的素质和劳动生产率，增加家庭收入，改善家庭经济状况。对于西部地区的贫困家庭来说，一方面希望通过教育投资使孩子接受教育从而摆脱贫困，阻止贫困的代际传递；另一方面又由于高额教育成本而陷入更加贫困的状态。我国为了减轻贫困家庭子女教育支出的负担，从1999年开始，建立了高等教育国家助学贷款制度，并且出台了一系列教育资助政策，几乎覆盖了高等教育、义务教育、中职教育、普通高中等所有学段。但是，由于西部地区在家庭教育支出数量、结构等方面均呈现出与其他地区不同的特征，家庭教育的负担依然很重。从中国教育追踪调查（CEPS）2014—2015学年对学生家长的调查问卷中发现，孩子交给学校的费用主要包括学费、书本费（课本）、教辅材料费、校服费、活动费、保险费、餐费、学校住宿费等，除此之外，还有孩子的日常生活费，这些都是家庭教育支出中必不可少的项目。这里主要探讨学费、住宿费和日常生活费三项刚性支出的数量和规模。

1. 学费

学费是指学校规定的在校学生应该缴纳的教育费用。《中华人民共和国义务教育法》中有"实施义务教育，不收学费、杂费"的规定，截至目前，国家对义务教育的投入总计已经超过了两千亿元，而在高等教育阶段则不然，云南省出台的《关于调整规范我省高等学校、普通高中学费收费标准及有关问题的通知》中，分阶段分学校分专业对学费收费标准做出了详细规定。在普通高等院校的专业中，学费最高的为艺术类专业，为每生每学年10000元；学费最低的为哲学和文史类的专业，为每生每学年3400元；普通高级中学一等一级学校收费最高，为每生每学期700元；三级中学收费最低，为每生每学期300元，这其中并没有包括一部分学生需要向学校缴纳的择校费。有数据显示，农村家庭供读一名小学生一年的支出大约1000元，供读一名初中生一年的支出大约1400元，供读一名高中生3年的支出合计要1万多元[1]。随着高校扩招成为趋势，有在读大学生的家庭的学费支出也在剧增。从1994年公立学校开始招收自费生以来，到2000年，收费标准在3000元的基础之上提高了15%，有些地区甚至高达20%，收费标准不断提高在无形中影响着家庭的生活状况[2]。在

---

[1] 付婷婷：《农村教育资源流失存在的问题及对策》，《市场周刊》（理论研究）2006年第10期。

[2] 张卫东：《高等教育学费标准数学模型的构建》，《西安工程大学学报》2011年第3期。

一项对贵州黔南布依族自治州的调查中发现，该自治州某县的农户年均家庭年收入约为 4500 元，供读一名高中生每年要花费 6000 元左右，供读一名大学生每年要花费 1 万元左右，家庭可支配收入的约 90% 都用于教育开支，甚至还需要通过借贷来解决上学问题[1]。相关调查还显示，宁夏吴忠市由于教育支出导致贫困的人口占总贫困人口的 11.9%，如果按照每名贫困大学生每年至少花费 7000 元的成本计算（包括学费、住宿费、生活费等），一个本科生 4 年的最低花费相当于一个贫困县农民 35 年的纯收入[2]。另外，在云南的某些偏远地区，当地记者走访发现村子里房子最破、最穷的家庭，很大可能是由于家里在供读高中生或大学生[3]。

2. 住宿费

随着我国教育体制改革的不断推进，教育事业蓬勃发展，各类学校的办学规模都在逐渐扩大，包括学生住宿在内的学校配套设施和环境不断优化，对于学生和家庭来说可能就意味着向学校缴纳的住宿费用也会增加。1996 年，我国出台了《关于颁发义务教育等四个教育阶段收费管理暂行办法的通知》，通知指出，"住宿费收费标准必须严格按照实际成本确定"。因此，如果以学生公寓从建设到管理全过程所投入的全部成本为参考，住宿费的收取也会随着物价的提高和人力成本的增加而上涨。过去宿舍一般是 6 人间或 8 人间，经过这些年的改造升级，很多学校的宿舍已经变成了 4 人间或 2 人间，住宿成本相应会增加不少。一项调研数据显示，2016 年的生均住宿成本比 2000 年增长了 99.6%[4]。按照该项政策规定，对于需要寄宿在学校的

---

[1] 田晓红、李涛：《民族地区"教育致贫"发生机制与"教育治贫"对策——基于三个民族地区的对比研究》，《中南民族大学学报》（人文社会科学版）2011 年第 6 期。

[2] 刘七军、李金锜：《精准扶贫视阈下民族地区支出型贫困家庭社会救助路径探析》，《甘肃行政学院学报》2017 年第 5 期。

[3] 刘慧娟：《云南民族地区的贫困代际传递》，《陕西学前师范学院学报》2017 年第 9 期。

[4] 王强、李异军：《社会化公寓的成本形成机制及住宿费标准动态调整研究》，《高校后勤研究》2017 年第 S1 期。

学生来说，该类家庭需要向学校缴纳的住宿费也会增多。由于我国南方地区夏季闷热潮湿，冬季阴冷但没有统一供暖，为应对这种气候现象，南方部分城市，如海南、广西、湖北、福建等地在宿舍加装了空调，住宿条件改善的同时增加了装修和维护成本，这部分成本也被分担到了学生缴纳的住宿费当中。

3. 日常生活费

除了必须要向学校缴纳的学费和住宿费之外，学生的日常生活费也是一项重要的家庭支出。一项对在校大学生消费行为和消费心理的调查问卷中反映，当代大学生日常生活中的消费项目主要集中在伙食、交通通信、购物、娱乐交际及其他等五个方面。其中，在"消费来源"这一项，超过80%的学生表示其生活费是由父母提供的，只有极少部分是来自勤工俭学、自主创业或者奖助学金和助学贷款①。腾讯教育在2017年10月做了一项对大学生消费理财观的调查，结果显示，在校大学生月平均开销为1243元，且不包含学费和家庭与学校间往返的交通费。其中，一线城市的学生月均开销最高，为1378元；地级市及以下的学生月均开销最低，为1091元。值得注意的是，有38%的学生表示由于个体家庭经济情况等因素导致生活费不够花。这些数据反映出家庭收入负担着大部分学生的日常支出。地级市及以下地区相比于一线城市来说经济发展缓慢，人均收入也低于一线城市，但在大学生日常生活费的支出上两者却不相上下，因此会有部分家庭因孩子的日常生活费支出过多而导致经济负担加重，直接影响家庭在其他消费项目上的支出。

三　西部地区农村教育支出型贫困产生的原因

教育支出型贫困问题的出现是多方面原因共同导致的，所涉及的主体主要包括家庭和政府，但归根结底还在于地区经济发展水平低。

---

① 黄开展：《大学生消费行为和消费心理调查分析——以广西金融职业技术学院为例》，《时代金融》2017年第15期。

(一) 西部地区生产方式单一导致经济发展落后

有限的家庭收入和必要的教育支出是导致农村家庭教育支出型贫困的两个重要因素。"教育支出型贫困"反映出了家庭可支配收入、消费支出以及教育支出三者之间的平衡关系，收入水平较低的家庭将可支配收入中的一部分用于支持子女接受教育，久而久之，则使家庭陷入贫困或处在贫困的边缘状态。以内蒙古为例，前文提到，该地区人均可支配收入相对于全国水平来说较低，但教育支出所占家庭消费支出的比重却高于全国水平，这是由于内蒙古有史以来游牧民族居多，经济发展长期受到生活方式和自然地理条件的影响，享受国家经济发展的相关政策待遇相对于东南沿海等经济发达城市来说较为滞后，部分地区靠务农和放牧来维持生活，生产方式单一导致经济发展落后，是该地区教育支出型贫困产生的根本原因。

(二) 政府财政投入不合理致使家庭教育成本增加

我国政府每年在教育方面的财政投入占 GDP 总量的 2.5%—3%，低于世界平均水平 3.6%，同时也低于国家规定的 4% 的目标。我国在公共教育方面的经费投入不足，对农村教育的投入则更少。据统计，经济发展相对落后的省份，如内蒙古、新疆、西藏、广西、宁夏，小学生均预算内事业费和生均预算内公用经费与经济发展更发达的省份相差 8 倍和 30 倍；初中生均预算内事业费和生均预算内公用经费与经济发展更发达的省份相差 8 倍和 25 倍[1]，在教育投入成本一定的情况下，政府财政经费投入少会导致成本分摊的过程中家庭所承担的支出会相对增加。但这仅仅是问题的一个方面，当前政府在教育投入方面还存在教育经费投入目标不明确，投入结构不合理，对于不同教育阶段的投入的分配存在不公平等问题。例如，在我国，初等、中等、高等三级预算内财政教育支出经费比为 35.26 : 37.61 :

---

[1] 王灏：《完善义务教育经费投入机制　还原义务教育"义务"功能》，《当代经济研究》2007 年第 3 期。

21.75，而国际通行的该项标准则为 40.5∶29∶17.9[①]，显然我国政府在不同教育阶段的投入是不公平的，这不利于西部地区教育事业特别是基础教育的发展，也不利于私人教育成本的降低和教育的可及性与均等化水平的提高。

（三）教育资源分配不均诱发农村地区人口流动

我国教育资源分配不均衡突出表现在地区之间、城乡之间和校际之间，这种不均衡加剧了家庭之间的竞争。近几年来，我国实施了"农村义务教育改薄工程"等项目，一定程度上使得农村中小学基础设施建设有较大改善，但在师资力量、教育环境、学校和学生的数量以及质量等方面依然呈现出越是偏远地区越是薄弱的状态。以云南为例，云南境内94%都是山区，交通极其不便，经济发展水平低，部分居民还保持着自给自足的生活状态。这些地区由于地理位置、历史和现实条件、经济发展水平等多种因素的限制，使得实现教育资源均衡分配的难度极大。目前，云南通过教育部组织的义务教育均衡发展评估的县市区为52个，不到云南全省县市区的50%，已基本通过的地区还存在较多薄弱环节和问题，如校舍不足、教学设备等物质资源短缺、学校管理水平低等。农村教育的不发达使得农村家庭为了让子女能接受更好的教育，享受更多的教育资源而选择去城镇就读。《中国教育统计年鉴2017》的一项统计数据表明，进城务工人员随迁子女处于义务教育阶段共有1394.77万人，其中1036.71万人在小学就读，358.06万人在初中就读，且增长趋势短期内不会改变。子女随父母进城务工，使得父母微薄收入中的一部分将被用于子女的教育支出，城镇各项消费性支出都偏高，选择在城镇就读的生活成本也远高于农村，这导致进城务工且子女随迁就读的家庭容易陷入支付困境，而这种困境的出现正是我国教育资源分配不均衡的结果。

[①] 曹海娟：《"教育致贫"问题探析》，《教育发展研究》2010年第11期。

四 西部地区农村教育支出型贫困的负面影响

教育支出型贫困最直接的负面影响就是造成家庭中贫困的代际传递,并且会影响子女个人未来的发展;对于整个国家和社会来说,则会导致教育水平的下降,继而影响人口的合理流动和人口素质的提高。

(一) 容易造成贫困的代际传递

子女从接受学前教育开始,经过义务教育、高中教育和高等教育阶段,对于家庭来说是一项长期投资,正常情况下,子女在经过高等教育阶段的培养后,均可通过选拔性考试从事企事业单位或政府部门中专业性较强的工作。由麦克思研究院出版的《2018年中国本科生就业报告》的数据显示,2017年应届毕业生毕业半年后的月收入全国整体水平为4317元/人,高职高专生为3860元/人,本科生为4774元/人,一线城市略高于全国平均水平,二线城市相比于一线城市平均每人每月少800—1000元。如若家庭在子女就学过程中由于负担过重难以继续对其进行教育投资,致使子女放弃学业选择打工,转而通过从事简单、基本的生产活动挣钱贴补家用,这样不仅剥夺了子女选择更多就业机会的权利,不利于子女个人未来的发展,而且由于所从事的都是薪资较低的工作,所创造的家庭财富有限,也达不到期望改善家庭生活状况的效果。另外,如果放弃对子女进行教育投资的话,家庭将丧失通过教育改变命运的机会以及向社会上层流动的可能性,容易出现"越不进行教育投资越贫困,越贫困越不进行教育投资"的恶性循环,使家庭落入贫困陷阱。

(二) 影响子女个人未来发展

教育支出型贫困现象的出现打破了子女个人希望通过读书成才来实现梦想和创造财富的愿望,影响他们对学习的态度以及在教育和职业生涯规划方面的选择。首先,由于家庭经济水平有限,一些贫困学生被迫在读书期间选择兼职,以博取学费和生活费,有的学生是利用课余时间打工,有的甚至是旷课去挣钱,这在一定程度上分散了其用在学习上的时间和精力,造成学习成绩下降甚至学业失败,影响其未来的就业竞争力及个人发展潜力。其次,因教育支出使家庭陷入贫困状态后,子女不仅要承受经济上的压力,还要面对学习和精神上的压力,再加上对于现实的无奈,加深了他们的无助感、失落感,甚至会影响到此类学生的自信,进而还会影响到他们在社会中的人际交往,因人力资本和社会资本的缺失使他们在社会竞争中处于弱势地位,影响其未来发展。

（三）不利于社会人口流动和实现社会公平

教育作为一种公共产品,具有外溢性的特征。从全社会的角度来讲,对于提高社会生产率,增强社会凝聚力以及维护社会和谐等具有积极作用。但由于家庭存在教育支出型贫困问题,一方面,子女会因上不起学而无法提高自身人力资本价值进而改变家庭的经济地位和社会地位,致使社会流动受阻、社会阶层固化和社会资源分配不均,不利于社会人口的合理流动与人才资源的有效配置,同时也不利于高层次人才的培养和国家创新能力的提高,影响国家的综合国力和国际竞争力;另一方面,如果此类问题得不到妥善的解决,教育支出型贫困家庭得不到及时有效的教育救助,将进一步扩大社会的贫富差距,成为我国在实现共同富裕和全面建成小康社会道路上的阻碍,社会的和谐稳定也将受到影响,社会公平将难以实现。

五　西部地区农村教育支出型贫困的治理对策

西部地区教育支出型贫困的特殊性决定了其治理对策不能单靠当前的低保政策,政府应该在财政投入方面分担更多教育成本,完善当前的低保政策体系,并尝试把教育专项救助与低保救助制度叠加使用,或采取临时救助的措施来完善教育支出型贫困救助体系。

（一）政府通过加大财政投入力度合理分担教育成本

政府在教育方面的财政投入不仅要适应我国经济的快速发展,还要尽可能达到教育反哺经济的效果。这就要求政府要增加财政在教育方面的投入,尽快实现占 GDP 总量 4% 的目标,确保投入总量充足,逐渐接近发达国家的水平,并且要向西部地区贫困落后的农村倾斜,根据西部地区在经济发展水平、人口结构和人口素质以及教育水平等方面的特殊性实行差异化投入,减轻居民教育负担。另外,针对部分西部地区生均预算内事业费和生均预算内公用经费少于经济发达的省市的现状及其造成的教育负担重问题,政府应该引导地方政府建立教育成本核算体系,明确地方政府责任分担,规范学校收费标准,避免乱收费现象的发生。与此同时,政府需要更加明确教育投入的目标,下移教育投入的重心,向少数西部偏远地区的义务教育倾斜,保证教育资源的公平分配和合理使用。

(二) 完善低保救助政策体系

我国现行的农村居民最低生活保障制度旨在帮助家庭人均纯收入低于最低生活保障标准或丧失劳动能力的人群摆脱贫困,是将收入标准作为瞄准救助对象的救助制度。该制度在一定条件下和时期内能够维持贫困人群最基本的生存,但却忽视了因医疗、住房和教育等刚性支出给家庭带来的负担。为解决这一问题,首先,应进一步扩大低保政策的覆盖范围,把教育支出作为一项指标纳入低保资格的申请标准,把收入标准与支出标准结合起来,或者在核算家庭人均可支配收入时,扣除教育支出,将扣除该项费用之后的收入结余与低保线进行比较,衡量该家庭是否为贫困家庭,逐步改善教育支出型贫困家庭的生存状态。其次,针对农村家庭经济困难的学生,政府和学校在资助政策方面可以适当向该类家庭倾斜,实行政策优惠,根据实际情况分配救助资金[1]。最后,低保政策是针对贫困家庭的物质生活进行救助的,由于教育支出型贫困不仅仅是"经济贫困"问题,更是"人文贫困"问题,在实施物质帮助的同时,通过实施教育资助和积极引导

---

[1] 武向荣:《农村贫困地区家庭教育支出及负担的实证研究——基于宁夏两个国家级贫困县的调查》,《教育理论与实践》2015 年第 16 期。

支出型贫困人口实现就业等发展型社会政策,提升农村贫困人群的自主脱贫能力,使其获得更多参与经济和社会生活的机会。

(三) 低保救助和教育专项救助叠加使用

低保救助和专项救助叠加使用就是针对贫困群体的共性特点与个性特征,通过基本生活救助和各类专项救助项目对其进行一般性救助与针对性救助。叠加救助可以通过以下两种方式实施。第一,"叠加"是对同类困难的再次救助,应与基本救助方式相结合,对已获得救助但生活仍然困难的家庭,可通过叠加救助的办法来缓解家庭生活困难[1]。2017年出台的《内蒙古农村低保政策》指出,"对遭受特别重大困难,造成家庭重大刚性支出,经社会保险和社会救助后远远超过家庭或个人承受能力的农村牧区低保、特困人员、建档立卡贫困人口要进一步提高救助标准"。该项规定是对叠加使用多种救助方式的一种初步尝试。第二,支出型贫困的社会救助不仅需要政府提供社会救助服务,同时需要社会部门等多方社会力量的扶持。要充分发挥和利用第三部门、慈善机构以及社会团体在筹集资金、资源利用、社会动员能力等方面的优势,对教育支出型贫困家庭给予及时、准确的帮扶,助力家庭早日走出支出型困境,提高其应对大额教育支出的能力[2]。

(四) 对教育支出型贫困家庭进行临时救助

对教育支出型贫困家庭给予临时性救助,也有助于缓解他们的经济和生活困境。上海市民政局将对支出型贫困家庭的救助工作细分为三个阶段,其中第一阶段就是采取临时救助机制,直接针对需要救助的人群发放临时补贴,效果直接又明显。内蒙古自治区在2017年新出台的《内蒙古农村低保政策》中指出,"要拓宽临时救助范围,将

---

[1] 徐大慰、梁德阔:《上海市对"支出型"贫困群体的综合帮扶研究》,《西北人口》2012年第3期。
[2] 李运华、魏毅娜:《贫困衡量视角下"精准"救助的体制机制构建》,《东北大学学报》(社会科学版) 2017年第1期。

因自然灾害、意外事故、家庭成员重病等原因致使其基本生活暂时出现困难的建档立卡贫困人口,也将纳入救助范围,给予临时救助",基于该项政策所划定的救助范围,可以进一步考虑将"教育支出偏高"也作为条件之一纳入其中,探索通过临时救助的方式帮助支出型贫困人口摆脱贫困的新路径。

第八章　其他类型支出型贫困问题

第一节　支出型贫困研究领域的可拓展性

支出型贫困是贫困治理领域和社会救助领域出现的新现象和新问题。支出型贫困救助较之于传统的基于收入调查的社会救助，具有对象广泛性、需求多样性、治理复杂性的特征。因此，支出型贫困问题的研究领域具有可拓展性的特征。在完善一般性社会救助体系的同时，还需针对不同群体的收入和支出特征，针对不同类型的支出型贫困成因，通过差别化救助精准施策。例如残疾人的支出型贫困问题、因婚支出型贫困问题等。同时，随着互联网、信息技术的广泛应用与普及，以及大数据、云计算在社会治理和公共服务领域的使用，支出型贫困的治理手段和工具也应与时俱进，运用新的思维和技术进行创新，提高治理能力和治理绩效。

残疾人作为社会弱势群体，理应受到政府与社会的关心与帮助。然而，当前政府仅对家庭人均收入低于最低生活保障线下的残疾人群体进行救助，而对因特殊原因导致收不抵支的残疾人群体基本没有给予任何救助和帮扶，致使相当部分因特殊刚性支出导致贫困的残疾人群体处于基本生活无制度保护的状态。应改变当前对贫困的识别与测量只关注收入的做法，将其扩大到消费和支出领域，将收入与支出作为导致残疾人贫困的双重重要因素加以统筹考量。通过建立支出贫困残疾人家庭社会救助机制，将一些被排除在现行社会救助制度之外但实际生活水平却处于绝对贫困状态的残疾人家庭纳入救助范围，帮助其走出生存困境，提高贫困残疾人家庭社会救助的可及性与精准性。

改革开放以来，随着农村居民收入和生活水平的不断提高，婚娶支出逐年增加，婚娶消费不断升级，形成了婚娶的奢靡、攀比之风。高额的婚娶支出致使许多已经解决温饱或脱离贫困的农村家庭又重返贫困，由此形成了一种新的贫困类型，即因婚支出型贫困。因婚支出型贫困的出现并非单纯的经济问题，而是经济、文化、村落习俗等各种因素长期影响的结果。因此，需要通过贫困治理机制、社会救助机制的创新与习俗的引导，帮助农村因婚支出型贫困家庭摆脱生存的困境。

与传统的基于收入调查的社会救助政策相比，支出型贫困的社会救助更为复杂，它既要测量社会救助申请人及其家庭的财产和收入，也要考察其家庭支出状况以及收入与支出之间的对比及差额，唯有如此，方能实现精准救助，将有限的社会救助资源分配给最需要的家庭。随着互联网和云计算技术的快速发展，个人或家庭的财产、收入、消费等基本信息都会存入互联网的云服务器中，这些大数据信息将对社会救助部门核查个人与家庭经济收支情况提供有效的参考和帮助，弥补传统收入调查手段单一性与信息有限性的不足。大数据在实现支出型贫困家庭精准识别、精准救助、精准管理方面具有重要的应用价值，为建立和完善支出型贫困家庭社会救助机制提供了新的思路和方法。

第二节　支出型贫困残疾人家庭社会救助机制研究[①]

党的十八大提出了我国未来社会发展的宏伟目标，即到2020年

---

① 安华、陈剑：《支出型贫困残疾人家庭社会救助机制研究》，《社会政策研究》2019年第3期。

我国要彻底消除绝对贫困，全面建成小康社会。目前已经进入全面建成小康社会的决胜阶段，能否实现残疾人的全面脱贫以及全面小康，直接关系到整体小康社会的战略目标的实现。《第二次全国残疾人抽样调查主要数据公报》显示，我国残疾人总数达到8296万人，其中农村残疾人6225万人，城镇残疾人2071万人，分别占残疾人总人数的75.04%和24.96%。由此可见，我国残疾人的总体规模依然较大，且农村残疾人占比较多。2015年《国务院关于加快推进残疾人小康社会进程的意见》指出，我国8500多万残疾人中，有1230万农村残疾人和260万城镇残疾人没有脱离贫困，生活仍然十分困难。2016年国务院颁布的《"十三五"加快残疾人小康进程规划纲要》指出，我国大量贫困残疾人生活在农村，城镇中也有近200万的残疾人生活困难。残疾人贫困问题已经成为影响残疾人小康进程的主要障碍。导致残疾人群体贫困的原因，一方面是由于身体障碍导致劳动能力低进而影响了其经济收入，另一方面是因为部分残疾人存在除基本生活支出之外的医疗支出、护理支出、康复支出等硬性支出。因此，应将针对残疾人群体的整体性救助和针对特殊困难残疾人群体的支出型贫困问题统筹予以考虑，切实提高残疾人的社会救助与福利水平，维护其基本生存权与发展权，促进残疾人群体的社会参与和社会融入。

一 支出型贫困的理论分析

从理论上而言，贫困可以区分为建立在收入基础上的贫困概念和建立在消费基础上的贫困概念。[①] 因此，我们可以将贫困按收入与支出，划分为收入型贫困与支出型贫困。两者在致贫原因、贫困特征、治贫对策方面均有不同。[②]

[①] 周绿林、王璐、詹长春：《基于贫困衡量视角转变的支出型贫困救助问题研究》，《广西社会科学》2015年第9期。

[②] 谢宇、谢建社：《发展型社会政策视角下的支出型贫困问题研究》，《学习与探索》2017年第3期。

（一）支出型贫困的概念

支出型贫困作为贫困的一个类别，是贫困发展的一个新阶段，也是学者对贫困研究的一个新领域。在此概念提出之前，人们对贫困的研究更多的是从收入的视角来展开的，认为通过收入可以清晰地界定出属于绝对贫困的家庭并加以救助。然而，随着社会经济的不断发展，有一部分收入略高于贫困线、处于相对贫困状态的居民，因遭遇了某种不幸事件致使其家庭在短期内因无法承担过高的刚性支出而陷入贫困。对于这部分群体，因处于社会救助的"夹心层"而难以得到相关制度的救助，致使其致贫返贫。鉴于此，很多学者又重新开始认识贫困，认为对贫困的测量不能仅从单一的收入角度来认定，还可以从支出的视角来测量，通过收入与支出双重维度提高社会救助的精准度。阿马蒂亚·森指出，贫困不仅仅是因为过低的收入而造成的，基本能力的缺失，如高额的医疗、养老、教育、住房等民生支出所对应的公民获得健康权、养老权、教育权、居住权的能力的缺失同样也是造成贫困的重要原因。[1] 国内学术界对支出型贫困的研究还处于起步阶段，支出型贫困理论的研究成果也尚且不多。而对于支出型贫困的概念，目前尚未达成统一的概念认定标准。基于学者对支出型贫困概念属性的共性认知，可以将支出型贫困界定为：由于家庭成员重大疾病、子女就学、住房支出等特殊原因，造成家庭刚性支出过大，超出家庭所能够承受的能力范围，致使家庭实际生活水平处于绝对贫困的状态。

（二）支出型贫困残疾人家庭的特征

根据上述定义，可以将支出型贫困残疾人家庭定义为：因家庭中存在身体有残疾的家庭成员导致家庭收入低且家庭硬性生活支出大于家庭收入而引发的贫困。支出型贫困残疾人家庭既符合一般支出型贫困家庭的特征，也存在一些特殊的收入和支出问题。支出型贫困残疾

---

[1] ［印度］阿马蒂亚·森：《以自由看待发展》，任赜、于真译，中国人民大学出版社2012年版，第92—101页。

人家庭包括两类：一类是经过现有社会救助措施帮扶后仍有困难的家庭；另一类是现行的社会救助政策还未覆盖到的困难群体。[①] 支出型贫困残疾人家庭在没有遇到意外突发事件之前，其完全可以通过自身的努力维持基本的生活水平，一旦遇到突如其来的变故，导致家庭支出在短期内急剧增加，则会因家庭经济基础薄弱和抗风险能力的脆弱性而陷入贫困。支出型贫困残疾人家庭具有如下几个显著特征。第一，刚性支出较大。康复、医疗、教育、住房等硬性支出是导致残疾人家庭贫困的主要原因。第二，经济上的低收入性。与大多数残疾人家庭一样，支出型贫困残疾人家庭同样具有经济上的低收入性。因家庭成员身体机能的障碍，致使家中应有的劳动力很难转化为劳动资本，进而大大降低了家庭获得收入的可能性。此外，很多残疾等级较高的残疾人需要家庭其他健康成员的照顾，也在一定程度上影响了家庭收入。第三，生活上的低质量性。支出型贫困残疾人家庭因刚性支出超过了家庭的实际收入，家庭的生活质量普遍较低。家庭的刚性支出不断挤占基本生活费用，看似恩格尔系数不高，但其生活却属于绝对贫困状态，对于教育、住房、娱乐等发展型消费，因家庭经济基础的薄弱而无力顾及。第四，权益上的低保障性。因残疾人社会保障体系不健全，残疾人救助和福利的覆盖范围和保障水平均与贫困残疾人的实际生活需求不匹配、不协调，残疾人的基本生活权益保障不充分。第五，抵御风险能力的脆弱性。支出型贫困残疾人家庭因家庭成员人均收入略高于当地的低保线，因而无法享受到低保及相关社会救助的待遇。一旦遭遇各种突发事件与风险事故，这类家庭因抗风险能力弱而极易陷入贫困。

二 我国残疾人家庭的收入与支出分析

残疾人家庭的贫困既与收入有关，也与支出直接相联系，通过考

[①] 路锦非、曹艳春：《支出型贫困家庭致贫因素的微观视角分析和救助机制研究》，《财贸研究》2011年第2期。

察我国残疾人家庭的就业、收入和支出状况,以及收入和支出的对比分析,不难发现,相当部分的贫困残疾人家庭属于支出型贫困家庭。

(一) 残疾人家庭的就业与收入情况

《中国残疾人事业发展统计公报》数据显示,2015年全国就业的城镇残疾人有430.2万人,在业的农村残疾人有1678.0万人,其中1323.2万名残疾人从事农业生产劳动。近年来,国家虽然多次出台了关于促进残疾人就业的意见及通知,如2015年出台的《国务院关于加快推进残疾人小康进程的意见》指出:"要千方百计地依法推进残疾人按比例就业和稳定发展集中就业,大力支持残疾人多种形式就业增收。"2016年出台的《国务院关于印发"十三五"加快残疾人小康进程规划纲要》提出:"要依法大力推进残疾人按比例就业,稳定多渠道扶持残疾人自主创业和灵活就业,大力发展残疾人辅助性就业和多种形式的就业途径。"但从残疾人整体的就业情况来看,目前我国残疾人总体的就业率仍然较低。《中国残疾人事业发展报告(2017)》显示,2016年我国城乡持证残疾人就业总人数为896.1万人,持证残疾人就业人数仅占残疾人总数的10.5%。[1] 我国残疾人整体的就业形势不乐观,就业率低直接影响了残疾人的收入增加和社会融入。

残疾人家庭的收入是制约其生活质量提升的关键性因素,然而我国残疾人家庭的人均收入水平普遍相对较低,相当部分的残疾人家庭处于绝对贫困或相对贫困状态。《中国残疾人状况及小康进程监测报告》显示,2013年,全国残疾人家庭人均可支配收入为10541.1元,占全国居民家庭人均可支配收入的56.7%。其中,城镇残疾人家庭的人均可支配收入为15851.4元,农村残疾人家庭的人均纯收入为7829.9元,分别占全国城市和农村家庭可支配收入和纯收入的58.8%和88.0%。由于受城乡分割、二元社会格局的长期影响,农村残疾人家庭的人均纯收入远远低于城镇残疾人家庭人均可支配收

---

[1] 郑功成主编,杨立雄副主编:《中国残疾人事业发展报告(2017)》,人民出版社2001年版,第7页。

入，仅为城镇残疾人家庭人均收入的49.4%。众所周知，可支配收入是反映残疾人家庭生活水平的核心指标。从监测数据可以看出，我国残疾人家庭人均可支配收入与社会平均水平相比仍有较大差距，同时城镇残疾人家庭人均可支配收入与农村残疾人家庭人均纯收入相比差距也相当大。可见，我国城乡残疾人家庭的就业与收入都面临着严峻的挑战，残疾人家庭收入型贫困发生的概率大大高于正常人家庭。[1]

（二）残疾人家庭的生活支出项目

《中国残疾人状况及小康进程监测报告》显示，2013年，我国城镇残疾人家庭人均消费性支出中占比最高的前三项依次为食品支出、医疗保健支出和居住支出，分别占总支出的48.4%、18.5%和13.1%。农村残疾人家庭人均消费性支出中占比最高的前三项依次为食品支出、医疗保健支出和居住支出，分别占总支出的48.5%、17.8%和16.0%。从监测数据可知，城乡残疾人家庭的主要支出依然以基本生计为主，食品支出在总支出中占据着绝对比例，近一半的生活开支是用于吃饭的，如此高的恩格尔系数表明城乡残疾人家庭的生活并不富裕。监测结果还显示，我国残疾人家庭医疗保健支出占家庭消费支出的比例远高于全国平均水平，城镇残疾人家庭人均医疗保健支出是全国城镇居民家庭人均医疗保健支出的1.6倍，农村残疾人家庭人均医疗保健支出是全国农村居民家庭人均医疗保健支出的1.7倍。可见，除基本的生活支出外，医疗保健支出成为残疾人家庭的主要经济负担，这也是导致残疾人家庭陷入支出型贫困的重要原因。残疾人的医疗需求、护理需求和康复需求都属于刚性需求和家庭的硬性开支，如果没有妥善的增收渠道和费用分担机制，极易造成部分家庭因残致贫和因残返贫的发生。

（三）残疾人家庭的收支对比

《中国残疾人状况及小康进程监测报告》显示，2013年全国残疾

---

[1] 杜金沛、张兴杰：《农村残疾人隐蔽性贫困及社保制度缺陷》，《华南农业大学学报》（社会科学版）2014年第1期。

人家庭人均可支配收入为10541.1元、人均消费性支出为9674.5元，收支结余为866.6元。而《中国统计年鉴》数据显示，当年全国居民人均可支配收入为18310.8元，人均消费支出为13220.4元，收支结余5090.4元。从数据可以算出，2013年全国残疾人家庭人均可支配收入占全国居民家庭人均可支配收入的56.7%，全国残疾人家庭人均消费支出占全国居民家庭人均消费支出的73.2%，全国残疾人家庭人均收支结余仅为全国居民家庭收支结余的17.02%。2013年城镇残疾人家庭人均可支配收入占全国城镇居民家庭人均可支配收入的58.8%，城镇残疾人家庭人均消费支出占全国城镇居民家庭人均消费支出的52.3%。农村残疾人家庭人均纯收入占全国农村居民家庭人均纯收入的83.0%，农村残疾人家庭人均消费支出占全国农村居民家庭人均消费支出的77.3%。此外，从全国城乡残疾人的差距来看，农村残疾人家庭人均可支配收入占城镇残疾人家庭人均可支配收入的49.4%，农村残疾人家庭人均消费支出占城镇残疾人家庭人均消费支出的59.8%。

综上可知，2013年全国城乡残疾人家庭人均收入和支出均远远低于全国城乡居民人均收入和支出的平均水平，同时全国残疾人家庭人均收支结余也远远少于全国居民人均收支结余。此外，全国城乡残疾人家庭人均收支间的差距也相当大，农村残疾人家庭面临着更为严峻的生活困境。

（四）相当部分残疾人家庭是典型的支出型贫困家庭

残疾人因自身身体的缺陷，在劳动力市场参与和社会参与方面均受影响，作为弱势群体的残疾人是各国社会政策的重点保护对象。尽管有部分残疾人通过自身努力和家庭与社会的帮助获得事业上的成功，成为自食其力者甚至步入社会上层，但多数残疾人在社会融入和社会参与方面仍然面临着一定的障碍。贫困问题更是与残疾相伴而生，残疾人家庭的贫困发生率远高于普通人家庭，且贫困程度深、脱贫能力弱。很多残疾人家庭既属于收入型贫困范畴，也属于支出型贫困范畴。残疾人家庭因家庭中劳动力短缺和就业劣势，而陷入收入型贫困。残疾人家庭因残疾导致的医疗、康复等额外生活开支成为贫困残疾人家庭的沉重负担。支出型贫困是造成残疾人贫困的一个重要原因，相当部分残疾人家庭是典型的支出型贫困家庭，其面临着生存与发展的双重困境，亟待政府与社会的关注。

三 支出型贫困残疾人家庭救助机制缺失的原因分析

尽管诸多残疾人贫困家庭是典型的支出型贫困家庭，其致贫返贫均与因残疾造成的刚性生活支出直接相关，然而针对此类贫困残疾人家庭的社会救助机制却长期缺失，应从经济与社会发展、政府责任与社会责任等方面剖析其深层次原因。

(一) 国家整体经济实力薄弱限制了财政向残疾人倾斜

中华人民共和国成立之初，我国经济基础薄弱，现代工业体系从零起步，在计划经济体制下，通过国家强制性指令计划调动资源发展经济，重积累和投资，轻消费和民生，对于残疾人的保障仅为有限的生存性支持。经过改革开放40年的发展，以及经济和社会发展模式的转变，我国经济发展进入了新常态和跨越中等收入陷阱的关键时期，产业结构不断调整和转型升级，以适应经济供给侧改革的需要。在我国整体经济增速放缓的背景下，国家着眼于宏观战略上的考虑，更倾向于将财政资金用于经济转型的需要，导致投入社会保障领域的资金相对有限。从2000年到2015年，尽管国家财政投向社会保障的资金从1517.9亿元增长至19001.00亿元。但社会保障支出占财政支出的比重却一直保持在11%左右。[①] 此外，我国残疾人口分布的特点在地域上表现为"西高东低"的格局，第二次残疾人抽样调查数据显示，我国西部、中部、东部地区的残疾发生率分别为6.67%、

---

① 刘正才：《我国社会保障的政府责任问题及改进研究》，《云南行政学院学报》2017年第5期。

6.46%、6.11%。① 从区域经济发展差异来看,我国西部地区由于经济发展水平较低,地方财力有限,很多政府无力承担残疾人的社会保障支出。致使现实中我国仍然有相当一大部分生活在落后地区的残疾人困难群体处于基本生活无制度保障或保障不足的状态。

(二) 社会保障体系不完善导致残疾人家庭抵御风险能力的脆弱性

健全的社会保障体系应由社会保险、社会救助、社会福利等构成。我国目前的残疾人社会保障体系和社会保护机制不够完善,在对残疾人的各种权益保障方面存在发展不均衡、保障不充分、保障服务可及性差等问题,导致部分困难残疾人家庭所面临的生活风险缺乏社会化的化解机制,成为产生支出型贫困问题的外在结构性因素。② 首先,我国的社会保险是基于权利和义务相对等的原则而设立的。而残疾人因自身残疾的特点导致他们与正常人相比,就业率和工资水平普遍较低,且大多数为临时就业,劳动关系极为不稳定,因此很多残疾人因就业的非正规性和缴费能力不足等原因而被排除在社会保险之外,工作风险和生活风险无法得到有效化解和分散。其次,我国的社会救助政策是对因各种原因而陷入生存困境的公民,给予物质帮助和生活扶助,以保障其能够维持最低生计需要的社会保护制度。在现实中,由于部分残疾人被排斥在社会保险制度之外,社会救助既是很多残疾人的托底性保障,也是基本生活保障。国家统计局数据显示,截至2015年我国城乡残疾人纳入低保制度的人数仅为1105.64万人左右,而相对于我国有8500多万的残疾人总数来看,我国尚有很大一部分处于贫困状态的残疾人尚未被纳入社会救助制度中。未纳入社会救助的残疾人家庭既包括收入型贫困家庭,也包括支出型贫困家庭。导致此问题产生的根本原因是核贫机制和救助理念存在问题。最后,

---

① 郑功成:《残疾人社会保障:现状及发展思路》,《中国人民大学学报》2008年第1期。
② 田北海、王连生:《支出型贫困家庭的贫困表征、生成机制与治理路径》,《南京农业大学学报》(社会科学版)2018年第3期。

我国的社会福利包括普惠性福利和特惠性福利两部分。对于残疾人来说，因其兼有普通人与残疾人的双重身份特征，因此他们既能够享受到一般性的社会福利待遇，同时也能够享受到特殊性的福利待遇。但是在现实中，残疾人能够享受到的社会福利却十分有限，最近几年才开始实施的残疾人"两项补贴"政策，存在覆盖人群范围不大、待遇保障水平不高的现象。对于我国这样的人口大国，因社会福利的普惠性与社会福利资源的有限性之间存在矛盾，导致包括残疾人在内的全体公民的普惠性社会福利水平很难达到一个较高的水平。不同类别和等级的残疾人有不同的社会福利需求，而福利资源的总体性供给不足和差别化、层次化供给机制缺失，使得残疾人最终能够获得的福利待遇微乎其微。总之，社会保障体系的不健全，使得兼有贫困与残疾双重特点的支出型贫困残疾人家庭比普通正常家庭生活更加地困难，且抵御各种未知风险的能力也相当脆弱。

（三）社会组织发展滞后制约了残疾人社会救助的多元化供给

目前，我国对残疾人的救助主要有正式救助与非正式救助两种方式。其中，正式救助是以政府为主体的社会救助，而非正式救助是以个人、家庭、社区、企业、第三部门等多元主体参与的救助。由于我国残疾人口基数庞大、结构复杂、贫困程度深、对社会救助需求迫切、居住分散且大多生活在农村地区等特点，使得政府在落实残疾人社会救助时会面临很多复杂的问题，需要家庭、社区和社会组织的共同参与合作治理。据中国残联于2013年对全国残疾人康复需求的调查数据：31.9%的残疾人有康复医疗需求，30.9%的残疾人有功能训练需求，91.9%的残疾人有辅助器具需求。[①] 面对如此规模庞大的生活需求和服务需求，家庭和社区的救助和服务能力是十分有限的，需要社区、社会组织和社会工作者的相互结合，实现"三社联动"。在国外，活跃于民间的各种社会组织，如慈善机构、非营利组织等在残

---

① 李令岭、刘垚、敖丽娟：《我国残疾人社区康复存在问题与发展探讨》，《中国康复医学杂志》2017年第2期。

疾人社会救助领域发挥着巨大的作用，可以有效弥补政府残疾人社会救助的不足。社会组织可以通过各自独特的方式援助生活困难的残疾人群体。与政府救助相比，社会组织的救助方式更加灵活、救助内容更加丰富、资金筹措更加快捷、救助效果更加明显。但由于当前我国对社会组织参与残疾人救助有多种限制条件，致使社会组织的参与率偏低。此外，由于缺乏对社会组织的培育和孵化机制，以及必要的引导和扶持机制，导致目前我国社会组织的数量不足、服务能力和服务质量不高，一些社会组织由于自身发育不足，致使其在具体参与残疾人社会救助时往往显得力不从心，这也影响了社会组织参与残疾人救助的积极性。因此，缺乏社会组织参与的多元化救助机制，必然会导致残疾人救助主体缺位和基本生活保障不充分等问题产生。

四 建立支出型贫困残疾人家庭社会救助机制的必要性

（一）有利于扩大残疾人社会救助的覆盖范围

目前，我国残疾人社会救助的水平仍然比较低，国家对残疾人的救助主要集中于对其基本生存的保障，而对残疾人的发展性需求给予的保障较少。同时，在救助对象的选择上，政府仅将符合收入要求和财产限制条件的残疾人纳入社会救助范围，为其提供最低生活保障或特困人员供养等基本生活救助。救助对象的有限性、救助范围的单一性、救助水平的低保障性制约了残疾人享受社会救助的受益面，并造成残疾人接受社会救助的可及性与均等化程度较低。将残疾人贫困家庭的识别由收入型贫困向支出型贫困拓展，有利于扩大残疾人社会救助的覆盖范围，提高残疾人社会救助的可及性与针对性。建立支出型贫困残疾人家庭社会救助机制，其目的就在于将社会中那些收不抵支、有实际困难且处于无制度保障状态的贫困残疾人群体纳入社会救助制度中，为其提供基本的生活救助和专项救助。与传统的残疾人救助制度相比，支出型贫困残疾人家庭救助制度的救助范围更广、救助目标更明确、救助项目更具体、救助力度更大、救助手段更科学。

(二) 有利于防止残疾人家庭因刚性支出而致贫返贫

与正常的家庭消费相比,残疾人家庭的消费支出更多。他们不仅同普通家庭一样有衣、食、住、行等方面的消费,还因家中有残疾人的存在而产生特殊性支出,如康复医疗、辅助器具、社区托养等。因此,刚性支出是导致残疾人家庭致贫和返贫的重要原因。与收入型贫困救助相比,支出型贫困救助更加注重贫困预防,更加注重提高救助对象的可持续生计能力,通过建立贫困预防机制和预警机制,最大限度减少残疾人家庭贫困的发生。支出型贫困残疾人家庭救助机制是一种暂时性的、临时性的社会救助,能够通过动态管理提高社会救助的精准度。当前,在精准扶贫与全面建成小康社会的大背景下,巩固好当前精准扶贫的已有成果显得格外重要,它不仅关系到我国整体扶贫战略的顺利推进,而且直接影响着我国能否全面进入小康社会。因此,建立支出型贫困残疾人家庭社会救助的政策体系和运行机制,能够有效防止残疾人家庭因遭遇突发变故或刚性支出过大而致贫返贫。

(三) 有利于完善我国的残疾人社会保护体系

当前,我国的残疾人的数量依然庞大,从人道主义角度出发,国家应在财力允许的范围内为残疾人提供尽可能全面的社会保护,促进残疾人社会融入和平等参与经济社会生活。残疾和健康程度与劳动力水平直接联系,之所以认为残疾人是社会弱势群体,正是因为其具有"低收入和高支出"的个人或家庭财务特征。因此,针对残疾人的社会保护应该是多层次、全方位的,既应包括残疾人的生活保障制度,也应包括促进残疾人发展的支持性政策。建立和完善支出型贫困残疾人家庭的社会救助机制,既能为残疾人提供基本生活救助,也能为残疾人的医疗、康复、教育等发展性需求提供必要的支持,还能为残疾人分享经济社会发展成果提供可行路径,满足残疾人对美好生活的需要和向往。

五 支出型贫困残疾人家庭社会救助的机制设计

支出型贫困残疾人家庭的问题是我国残疾人社会保障事业发展中

出现的新问题,需要结合残疾人自身的收入与支出特征进行制度设计与机制创新,扩大残疾人社会救助的覆盖范围和提升保障水平,实现贫困残疾人的精准救助与多元主体协同治理。

(一) 支出型贫困残疾人家庭社会救助的原则

1. 普惠性与特惠性相结合的原则

支出型贫困残疾人作为特殊的社会群体,兼有支出型贫困与残疾的双重特征。因此,在对该类群体进行救助时要坚持普惠性与特惠性相结合的原则。所谓普惠性,是指民政部门要将所有符合支出型贫困救助条件的残疾人家庭全部纳入该制度,从政策层面确保应保尽保。所谓特惠性,是指由于支出型贫困残疾人家庭致贫因素存在多样性,政府在对其进行救助时要遵循基于差别需求的差异化救助与服务,做到因户施策和具体问题具体分析,对有不同特殊困难的残疾人群体给予相应的救助,进而实现救助服务的供需一致和精准帮扶。也就是说,普惠性所提供的是大众化的标准化服务,而特惠性所提供的是差别化的服务。建立普惠与特惠相结合的支出型贫困残疾人家庭救助机制,应保持政策制定的科学性和政策执行的有效性,确保政策条文上的形式平等与政策实践上的实质平等能够同时实现。

2. 平等与效率相结合的原则

社会救助中的平等是指存在生存困境的公民有均等的机会从国家或社会获得物质帮助,贫困程度相同的公民,获得相同的救助待遇。社会救助中的效率是指救助对象识别的精准性和救助资源配置的有效性,即用最小的成本实现最大的社会效益。在支出型贫困残疾人社会救助制度中,平等与效率是相辅相成的。其中,平等是效率的基石,而效率是平等的发展。因此,在支出型贫困残疾人社会救助过程中,要合理地将平等与效率相结合。一方面,对社会中有实际困难的支出型贫困残疾人群体,不论职业、性别、民族、户籍,一律将他们纳入支出型贫困救助制度中,并依据其具体困难提供适宜的救助；另一方面，获得救助的残疾人在脱离贫困后，就要将其及时地清退，确保有限的社会救助资源配置的有效性，促进支出型贫困残疾人社会救助制度的可持续性发展。可以依据公平与效率相结合的原则，从临时救助和试点救助两种模式中选择支出型贫困残疾人的救助方式。①

3. 保障水平适度性原则

过低的残疾人社会救助保障水平会因救助力度不足而无法从根本上解决贫困残疾人的实际困难，同时也难以发挥出残疾人社会救助制度应有的作用。但是，过高的残疾人社会救助水平也会因超出当前国家和地方财政的承受能力而无法可持续，这不利于残疾人社会救助事业的长远发展，甚至还会影响到我国社会经济的正常运行。因此，适度的支出型贫困残疾人社会救助，有利于平衡残疾人基本生存保障与残疾人社会救助资源稀缺性的矛盾，有利于鼓励残疾人自力更生和自我发展，避免社会救助福利化导致的残疾人发展动力不足的问题，有利于统筹规划和使用残疾人收入型贫困救助和支出型贫困救助的财政资金，优化残疾人基本生活救助和专项救助的制度结构与扩大保障范围。

（二）支出型贫困残疾人家庭社会救助的流程

任何社会救助的前提是要有一个科学的救助流程，进而确保救助的适当性、精准性、有效性。支出型贫困残疾人家庭社会救助与传统的收入型社会救助一样，在救助的过程中同样要遵循以下几个流程。第一，救助对象的识别。在具体的识别过程中，政府部门可以采取申请者自愿申请、各办理机构逐级审核的方式来实现救助对象的识别。第二，建档立卡。当救助对象确定以后，就需要对每个支出型贫困残疾人建档立卡，并建立全国支出型贫困残疾人社会救助信息网络系统。通过对所有贫困残疾人群体的信息进行录入、保存，可以为以后

---

① 刘央央、钟仁耀：《基于博弈论视角的支出型贫困救助政策扩散研究》，《社会保障研究》2017年第5期。

具体的救助及动态管理提供事实依据。第三，实施救助。政府部门在详细了解残疾人困难群体的致贫原因、贫困程度后，通过合理有效的救助措施对支出型贫困残疾人提供具体的帮助，解决他们自身及其家庭的实际困难。第四，动态管理。支出型贫困残疾人家庭救助制度不同于托底型的残疾人社会救助制度，其不具有长期为残疾人贫困群体提供援助的职责，而是坚持"进退灵活"的原则，即对已解除困难的残疾人群体进行及时的清退，而对新出现的有实际困难的残疾人群体在多方考核下，及时地将其纳入该救助制度中，做到动态管理和精准服务。

（三）支出型贫困残疾人家庭的精准救助机制

当前，我国残疾人社会保障资源十分匮乏，对支出型贫困残疾人家庭的救助只能根据其贫困程度、致贫原因与脱贫能力采取不同类别和不同档次的救助。在具体的救助过程中，政府部门不仅要评估出支出型贫困残疾人家庭的困难程度以及脱贫能力，还要对他们进行分类分层，目的是能够更好地设计出符合不同残疾人家庭的救助套餐与救助档次标准。首先，对申请家庭贫困程度的评估。政府要借助支出型贫困家庭社会救助系统，对申请家庭的具体信息进行查询以了解其具体情况，并计算出直接衡量申请家庭贫困程度的系数。其次，对申请家庭实际脱贫能力的评估。在现实中，申请家庭的实际脱贫能力涵盖诸多方面，评估中很难对每一种情况都考虑周全。因此在具体的评估中，可以选择有代表性的指标来反映申请救助家庭的脱贫能力，如收入类指标、支出类指标、家庭状况类指标、特殊照顾类指标等。其中，收入类指标具体指家庭每月人均收入，支出类指标主要指家庭每月人均支出以及家中残疾人特殊支出，家庭状况类指标主要指家中就业人数、劳动力人数以及家中成员享受社会保险的人数，特殊照顾类指标"顾名思义"即家中是否有残疾人需要照顾。再次，对申请家庭的分类分层。在对申请家庭贫困的分类分层上，政府部门不仅要凭借之前收集到的资料确定出申请家庭因何种因素致贫，如突发事件类致贫、医疗康复类致贫、教育类致贫、住房类致贫等,还要在确定致贫因素后将之前算出的衡量家庭贫困程度的系数与申请家庭具体的致贫因素相匹配。综合两方面的因素,最终确定出申请家庭的贫困等级。在这里,贫困等级可划分为四级,即极度贫困、深度贫困、中度贫困、轻度贫困。最后,在救助套餐与救助档次的设计上,政府一般将极度贫困且脱贫能力较弱的支出型贫困残疾人家庭作为救助的主要对象,并将救助这类家庭的标准作为支出型贫困残疾人救助的最高标准,救助套餐与救助档次也依据这一标准进行设计。此外,还应做好支出型贫困救助与其他社会保险项目和社会救助项目的精准衔接,以减轻支出型贫困救助制度的财务压力,为残疾人提供更加全面的基本生活保障。[①]

(四)支出型贫困残疾人家庭社会救助的精准管理机制

建立支出型贫困残疾人家庭社会救助精准管理机制的目的,一方面旨在将那些纳入救助制度中的残疾人进行适时的调查与监测,进而了解他们是否获得了有效的救助并解决了他们的实际困难;另一方面旨在将那些已脱离困境的残疾人进行及时的清退,而将一些新监测到的残疾人困难群体及时地纳入支出型贫困残疾人救助项目中。在"互联网+"思维与大数据和云计算的技术背景下,政府部门要通过网络化的方式实现所有救助对象数据的有效对接与动态更新,积极推动多层次、跨部门、信息共享的支出型贫困残疾人救助信息平台和信息传递机制的建设,打破残疾人社会救助的部门信息壁垒,提高工作效率。同时,建立支出型贫困残疾人家庭社会救助定期入户调查复核机制与动态管理机制,提高救助管理服务的精准度。

(五)支出型贫困残疾人家庭社会救助的财政保障机制

从一定意义上来说,政府财政投入力度的强弱直接关系到残疾人

---

① 王超群:《因病支出型贫困社会救助政策的减贫效果模拟——基于 CFPS 数据的分析》,《公共行政评论》2017 年第 3 期。

社会保障事业的发展。与具有权利义务相对应特点的残疾人社会保险事业相比，残疾人社会救助必须而且只能由政府财政承担主要筹资责任。改革开放以来，尽管我国经济获得了快速的发展，国内生产总值成倍增长，但经济的发展并没有体现出与国民福利同步增长的趋势。随着我国发展重心由经济建设向社会建设与民生改善转向，为残疾人社会保障事业发展提供了难得的机遇。从当前我国的财政收入水平来看，政府完全有能力将全国残疾人困难群体纳入社会救助中来，尤其是应将那些被排除在现有残疾人社会救助制度之外但生活十分困难的支出型贫困残疾人群体纳入社会救助范围。因此，政府应加大对残疾人社会救助的投入力度，扩大残疾人社会救助的制度覆盖范围与人群覆盖范围，通过财政向残疾人倾斜，加快推进残疾人小康社会的进程，使我国残疾人能够平等地享有公民的社会保障权益，并给予优先保障和重点保障，使其共享经济社会发展的成果。

（六）支出型贫困残疾人家庭社会救助的多元主体参与机制

当前，在多元主体协同治理的大背景下，我们要转变残疾人保障仅限于政府或家庭责任的旧观念，形成以国家、市场、社会、家庭、个人等多元主体参与残疾人救助的新观念。社会组织因分布的广泛性、筹资的多元性、救助的及时性、手段的灵活性与多样性，以及更贴近残疾人生活、更了解残疾人具体需求的特征，使得他们对残疾人的救助更有效率、更具比较优势。因此，要积极地鼓励社会组织及其他多元主体参与支出型贫困残疾人家庭救助，进而通过多元主体的协同治理，扩大残疾人的救助范围，并将那些处于低保制度之外但确有实际困难的残疾人纳入救助中来。多元主体参与支出型贫困残疾人家庭救助，不仅能够扩大残疾人的救助范围，为残疾人救助提供资金支持与服务援助，还能保障支出型贫困残疾人家庭救助制度的可持续运行，进而为完善我国残疾人社会保障体系提供动力支持与经验支持。

第三节 农村因婚支出型贫困家庭社会救助机制研究[①]

近年来，在我国农村地区，尤其是偏远山区，因高额的婚娶支出而导致家庭陷入贫困的现象时有发生，且数量呈逐年递增的趋势。这种现象引发了一系列的社会问题，并减缓了我国农村地区经济的发展速度。党的十八大提出，到2020年我国要实现全面建成小康社会的战略目标，当前我国扶贫和社会救助面临的任务仍然十分艰巨。2016年民政部社会服务发展统计公报显示，截至2016年底，我国低保总人数为6066.7万人，其中城市低保对象有1480.2万人，农村低保对象有4586.5万人，特困救助人员有496.9万人。[②] 政府在为6563.6万贫困人口提供社会救助的同时，也应对低保边缘家庭、低收入家庭和支出型贫困家庭的生活困境给予必要帮扶。因婚支出型贫困相对于其他贫困类型具有一定的特殊性，因婚支出型贫困不仅是经济贫困问题，更是文化贫困问题，具有多维度贫困的特征。经济贫困是因婚支出型贫困产生的根本原因，落后的村落文化与民间习俗以及攀比之风是造成支出型贫困问题发展演化的外部环境因素。数额巨大的婚娶费用开支无疑使许多贫困家庭甚至是普通家庭陷入婚姻支出负担的牢笼中，依靠自身的努力很难在短期内摆脱贫困，造成了贫困的恶性循环和代际传递。介于此，为了巩固当前我国扶贫脱贫的已有成果，以及实现全面建成小康社会的战略目标，政府和社会应高度关注因婚支出型贫困问题，将其纳入贫困治理的政策框架体系和治理机制中。应在准确把握因婚支出型贫困的发展现状和致贫原因以及农村地区的婚姻

[①] 安华、陈剑：《农村因婚支出型贫困家庭社会救助机制研究》，《社会政策研究》2018年第3期。

[②] 《2016年社会服务发展统计公报》，中华人民共和国民政部，2017年8月3日，http://www.mca.gov.cn/article/sj/tjgb/201708/20170800005382.shtml，2023年4月3日。

消费理念和消费结构的基础上，通过实施精准化的社会救助政策，妥善解决农村地区的因婚支出型贫困问题，并出台相关法律法规使农村因婚支出型贫困救助机制制度化、法制化。此外，还应通过舆论引导，改变农村地区的婚嫁习俗，形成健康的婚嫁礼仪和行为方式，减少不必要的开支和浪费，缓解因人为因素导致的贫困。

一 因婚支出型贫困的理论分析

作为支出型贫困研究的一个新视角，因婚支出型贫困是指因高额的婚姻支出而导致贫困的现象。对因婚支出型贫困的研究，同样要遵循支出型贫困的相关理念，然后从因婚致贫的视角出发对该内容进行微观的拓展，并以逻辑化的结构形成因婚支出型贫困自身的理论分析框架。

（一）支出型贫困的概念界定

当前，我国学术界对支出型贫困的研究并不多，所以对其概念的界定没有一个统一的标准。综合各学者的观点，可以将支出型贫困界定为：因家庭成员遭遇突发事故、重大疾病、自然灾害等情况，导致家庭在短期内生活支出远大于经济收入，超越家庭经济承受能力范围的突发支出使家庭实际生活水平处于低保标准以下的绝对贫困状态。也就是说，这类家庭在没有遇到此类突发变故之前，依靠自身的收入完全可以维持家庭的日常生活，但因遭遇上述突发事件，且短期内支出巨大，使其无法采取有效措施应对，从而导致生活质量短期内急剧恶化并陷入贫困。[1] 从一定意义上说，支出型贫困概念的提出更新了贫困认识的理念，使现有贫困理论得到丰富与发展，扩大了贫困概念的内涵与外延。支出型贫困倡导贫困识别标准从收入转向支出，贫困救助目标从事后被动救助转向事前风险预防，贫困救助对象从个体转向家庭。[2]

---

[1] 沈君彬：《发展型社会政策视域下支出型贫困救助模式的目标定位分析》，《中共福建省委党校学报》2013年第10期。

[2] 徐大慰：《上海支出型贫困家庭的救助模式和经验启示》，《华东经济管理》2012年第9期。

(二）收入型贫困与支出型贫困的比较

长期以来，我国的社会救助制度是以"收入"作为衡量贫困的唯一标准，忽视了以"支出"作为衡量贫困标准对于提高救助精准度的重要作用。收入型贫困救助制度与支出型贫困救助制度是同属于我社会救助制度的两种不同的形式，是对同一时期共存的不同类型贫困问题的具体回应。收入型贫困与支出型贫困在救助理念、救助标准、制度设计、救助目标和救助对象方面均存在着明显差别。从救助理念上看，收入型贫困救助侧重于解决困难群体的"经济贫困"；而支出型贫困救助则更加关注"人文贫困"与"多维贫困"问题。[①] 从救助标准上看，收入型贫困救助以人为划定的贫困线为参考，目标是为贫困群体提供最低生活保障；支出型贫困救助将支出作为衡量贫困和提供救助的标准。从制度设计上看，收入型贫困救助是以贫困线为基准，参考贫困家庭的人均收入实行补差救助；支出型贫困救助制度在设计上更强调精准识别和分类救助，根据致贫原因设计差异化的救助方案，兼顾贫困家庭的一般性需求与个性化需求。[②] 从救助目标上看，收入型贫困是对已陷入贫困的群体进行的事后消极救助；而支出型贫困则更加注重对贫困的预防，是一种发展型的社会政策。从救助对象上看，收入型贫困所救助的对象为绝对贫困群体；而支出型贫困的救助对象不仅仅是贫困群体，还包括短期内刚性支出过大的低收入家庭。支出型贫困救助制度的建立并不是否定收入型贫困救助制度，而是在收入型贫困救助制度的基础上进一步完善现行社会救助体系，它是对收入型贫困社会救助制度的一种补充。[③]

[①] 都芦花：《关于支出型贫困家庭救助的相关思考》，《现代妇女》2014 年第 4 期。
[②] 林闽钢：《底层公众现实利益的制度化保障——新型社会救助体系的目标和发展路径》，《人民论坛·学术前沿》2013 年第 21 期。
[③] 钟仁耀：《支出型贫困社会救助制度建设：必要性及难点》，《中国民政》2015 年第 7 期。

(三) 因婚支出型贫困的内涵与特征

1. 因婚支出型贫困的内涵

因婚支出型贫困作为支出型贫困研究的一个视角，其在兼具支出型贫困内涵与一般特征的同时又具有自身的特点。结合支出型贫困的定义，笔者将因婚支出型贫困定义为：在经济有所发展、贫困有所改善的农村地区，因高额的婚娶支出而导致家庭陷入困境或重返贫困，且在一定时期内其实际生活水平处于绝对贫困状态的一种贫困类型。可见，因婚支出型贫困的救助对象为因高额的婚娶消费而陷入贫困的低收入家庭。在没有发生婚娶行为之前，这类家庭的人均收入水平超过了贫困线和低保线，依靠家庭成员的自身努力是可以维持正常生活的。

2. 因婚支出型贫困的特征

作为流传千年的一种婚嫁风俗，婚娶过程中的各种礼仪性消费已演化为人们所共同遵循的规则，尤其在"彩礼"的给付上，更代表着男女双方缔结姻缘的一种象征性礼仪与两家联姻的意愿所在。因此，因婚支出型贫困的产生具有习俗性、传统性、长期性和普遍性的特征。因婚支出型贫困的治理，与一般的贫困救助不同，是一个十分复杂的社会系统工程。

二 农村婚娶的主要支出项目与因婚支出型贫困现状

农村因婚支出型贫困问题的存在，表现为农村居民收入和支出结构的不匹配。在有限的家庭收入约束下，高额的婚娶开支甚至成为比维系生活的日常开销更具有刚性支出特点的消费。我国农村目标的婚娶支出项目主要包括高额"彩礼"支出、高额房车等生活设施支出、高额婚宴支出三项。这三项支出对于农村贫困家庭无疑是雪上加霜，让一些农村低收入家庭甚至是普通家庭陷入贫困。

(一) 农村婚娶的主要支出项目

1. 高额"彩礼"支出

给付"彩礼"是历经千年历史传承的婚娶文化，同时"彩礼"

也具有一定的婚姻保障功能。所谓"彩礼",也就是我们日常所说的聘金,是男女双方在缔结姻缘时男方主动给予女方的现金与实物。"彩礼"给付一般是基于婚姻关系,一方出于真实意思表示而发生的赠予关系,而不是出于一般性的礼尚往来。[①] 随着社会与经济的不断发展,农村的婚娶彩礼价码逐年递增,其上涨之快、数额之大令人咋舌。例如,在甘肃陇东地区,因不断演化升级的高彩礼支出致使许多农村家庭致贫返贫。据记者入户调查,当地农村居民的人均年收入不过4000多元,村民大多是中低收入户或者贫困户,但当地的彩礼却畸高,且逐年一路飙升,2010年,当地的平均彩礼大概为10万元之多,而到2014年,彩礼已上涨到25万元之多,[②] 而这种成倍增长的彩礼几乎是当地农村家庭全家年收入的20倍之多,这种情况致使陇东地区的许多未婚适龄男性"望婚兴叹"。在"天价彩礼"的压力之下,许多农村家庭不仅省吃俭用,还要通过向亲朋好友借款、向银行举债等方式来凑足彩礼。高彩礼已成为背负在农村婚娶家庭身上的一座大山,很多低收入家庭对此无可奈何,因短期内高额透支消费,让整个家庭陷入了生活贫困。

2. 高额房车等生活设施支出

随着社会经济的不断发展,以及男女性别比例在农村地区的不断拉大,婚嫁消费在农村地区愈加升级。女方家庭一改过去只要彩礼的要求,除了彩礼之外,还要求婚姻当事人必须具备车房,且婚房内各种精装修以及家电器具一应俱全。这种如日中天的婚娶消费,无疑又加重了婚娶家庭的经济负担。据调查,在黑龙江省三道镇合乐村,当地结婚的费用大体在40万元左右,有时甚至达到60万元,婚礼的花费除了高额的彩礼钱外,还包括买房、买车、新娘三金首饰、电器及

[①] 阎云翔:《礼物的流动:一个中国村庄中的互惠原则与社会网络》,上海人民出版社2000年版,第192页。

[②] 顾鑫鑫:《误入歧途的婚庆彩礼》,《时代金融》2015年第15期。

家具等的花费。① 这些不菲的开支致使婚娶家庭债台高筑,天价花费的婚娶习俗致使当地居民苦不堪言。尽管房车乃生活必需品,但作为大件家庭资产,应当是一个长期积累的过程,不应要求在结婚时就一应俱全、一步到位,并且作为男女能否顺利结婚的一个前置条件。这种不健康且不合理的消费方式,是造成农村男性婚配率低和生活质量差的根本原因。被硬性的房车等大额开支挤压,农村家庭的日常生活开支被压缩到仅能维持生存的最低水平,生活水平和幸福指数并不能因拥有房和车而提高,相反可能还会降低。而这种幸福感,恐惧感、无力感、压抑感将长期伴随婚娶家庭。

3. 高额婚宴支出

近年来,随着我国农村地区经济的发展和农村居民收入的提高,在婚礼上大搞排场、盲目攀比的风气越来越盛。高档的婚庆模式、豪华的轿车迎亲、阵容庞大的乐队演奏等都成为他们炫耀财富的方式。人们普遍认为,结婚的场面越热闹越盛大,结婚的双方才会更有面子。如果一个婚礼寒酸或者草草了事,会让女方家庭感觉在亲朋好友面前没面子。因此,在极其看重面子的中国,结婚的排场顺风而起,水涨船高。但在讲排场、摆阔气的背后,却是用巨额的金钱来支撑的。对于生活并不富裕的农村居民而言,在攀比之风盛行的婚娶中,他们只能靠压缩日常生活开支迎合当地的村落风俗,以负债累累作为婚礼排场的代价。婚宴作为婚礼过程中的重要组成部分,其消费支出不容忽视。随着农村生活水平的提高,婚宴的食材、种类以及规模等也在悄然发生着变化,海鲜和牛羊肉等食材的选用,在提升婚宴档次的同时,也拉高了婚宴的成本。加之餐桌上高档烟酒饮料应有尽有,高额的婚宴支出成为体现婚宴档次的标尺。② 在追求婚宴质量的同时,婚宴的规模和场面也要相互攀比,规模越办越大,最终导致的结果是

---

① 范光来:《扶贫先扶志》,《奋斗》2016年第2期。
② 李怀:《婚嫁消费升级的意义供给机制转型:一个多重逻辑的分析》,《浙江学刊》2017年第3期。

婚宴支出成倍地增长,超出了农村家庭自身的经济承受能力范围。宴席数量的盲目增多,助长了农村婚宴铺张浪费之风,导致因婚支出型贫困现象在农村地区频频发生。

(二) 农村因婚支出型贫困的现状

近年来,在我国农村地区尤其是西部偏远农村地区,出现了一种新型的贫困类型,即因婚支出型贫困。这种贫困在很大程度上不是因制度干预导致各地资源分配不均的贫困,也不单单是因经济落后而导致的贫困,而是因传统文化与村落遗俗等原因致使农村地区婚姻市场失灵所产生的贫困。目前,因高额的婚姻支出而导致贫困的现象频频发生,成为一些农村地区区域性贫困和困难家庭陷入深度贫困的主要原因。例如,在山西省壶关县树掌镇出现的"天价彩礼"现象。据介绍,该地的彩礼由2000年前的几千元上涨到近期的十多万元,农村待嫁的姑娘互相攀比,她们在订婚前就要求婚姻当事人必须房车兼备,倘若没有达到此种条件,她们要么取消婚约,要么要求对方提前预支房车钱,其数额少则十几万元、多则几十万元。该地一份农村家庭婚礼账单显示,"结婚彩礼为12万元,押房钱为15万元,车钱为6万元,再加上其他婚礼开支等,消费将近40万元"。[①] 这一笔不菲的开支致使婚姻当事人负债累累,且婚后生活难以为继。再例如,在高额彩礼问题比较突出的山东农村地区,彩礼的现金数额已普遍达到了10—15万元之多,且当地更有"三斤三两"(该重量的百元钞票根据新旧程度不同为136000元—148000元人民币),"万紫千红一片绿"(一万张五元、一千张百元、一百张五十元的钞票合计155000元人民币) 等说法。[②] 对于这种新出现的贫困,学术界关注得甚少,政界对此采取实质性举措也是凤毛麟角。从宏观上看,因婚支出型贫困问题关系到当前及今后我国农村地区经济的发展与文化的繁荣,也关

[①] 秦凤鸣:《彩礼一路飙升农家不堪重负》,《中国老区建设》2014年第6期。

[②] 李赞:《如何跳出高彩礼致贫返贫的泥潭即对解决农村彩礼飞涨的对策建议》,《农村经济与科技》2016年第18期。

系到城乡一体化目标的顺利实现以及我国能否顺利按时实现脱贫攻坚的总体战略目标。从微观上看，因婚支出型贫困问题关系到农村家庭全面小康的实现速度与实现程度，关系到已有脱贫成效的巩固与发展。因此应采取切实有效的措施，保障农村贫困家庭生存与发展的合法权益，避免因婚致贫和因婚返贫问题的产生与发展。

三 农村因婚支出型贫困问题产生的主要原因

从表面上看，农村因婚支出型贫困问题的产生，是由于高额婚娶支出造成的。但究其实质，传统文化、风俗习惯、经济发展不充分、社会政策供给不足才是农村因婚支出型贫困问题产生的根本性原因。

(一) 传统文化与生育政策致使人口性别比例失衡

我国男女性别比例的失衡，在很大程度上是重男轻女的传统观念和计划生育基本国策影响的结果。一方面，重男轻女的传统思想源于传宗接代、养儿防老的需要。在我国，传宗接代与养儿防老的历史传统延续至今。尤其是在农村地区由于经济的落后及各类社会保障制度的不完善，致使农村居民的养老模式依然为家庭养老。按照传统习俗，女儿并不承担为父母养老的职责，所以在很多农村地区，人们依然以生养男孩为荣，且对男孩人力资本的投资大于女孩，其目的在于父母年老之后，男孩更有能力为他们养老送终。另一方面，生育政策也对人口性别产生了一定的影响。为了控制人口规模，提高人口素质，从20世纪80年代开始我国实施了少生优生的人口生育政策。但受我国重男轻女和养儿防老传统观念的影响，当妇女生育的第一胎为男孩时，迫于政策的压力，他们就会停止生育，但当第一胎为女孩时，政策允许其生二胎，这无形中增加了男性出生的概率。如果第二胎仍旧是女孩，农村居民就会千方百计地通过逃离到外地或是承担罚款等形式生养男孩，目的是最终能够养儿防老，其导致的结果是拉大了人口结构的性别比例。2010年全国第六次人口普查资料显示，我国出生人口的性别比为118.06∶100，比 2000 年的 116.86∶100 增加了 1.2 个百分点，男女性别比远远超出了 103—107∶100 的正常区间范围。① 可以说，经过 10 年的发展，我国出生人口的性别比例严重失调问题不但没有妥善解决，反而在加剧和恶化。此外，医疗技术的不断改进也为农村居民偏好生育男孩提供了性别选择的技术支持。人口出生性别比例失衡，加剧了农村婚恋市场的供需矛盾，推高了农村的婚娶消费支出水平。

（二）人口流动性增强导致部分农村女青年外嫁

随着社会经济的发展，人口流动的速率和规模逐年增加。从全国第五、六次人口普查数据的比较中可以看出，"六普"时居住地与户口登记地不一致且离开户口登记地达到半年以上的人口数量超过了 2.6 亿人，比"五普"时增加了 1.1 亿人，人口流动和迁移的数量增长了 81.03%。② 可以预计，中国人口的流动在未来一段时间内仍将持续增加。人口流动为农村青年男女进入城镇打工提供了机会。但同时也出现了一个问题，即外出务工的女青年由于受到城市经济、文化的影响，其思想观念发生了转变，她们大多不愿意再回到贫困的农村地区，而是选择留在城市发展，最后在城市中择偶安家，这一现象导致的结果是农村地区的女性婚姻资源更加稀缺。由于男青年受传统因素与家庭实际情况的限制，他们大多会选择在本地完婚且选择在农村生活，致使农村婚姻资源在结构上出现了明显的"男多女少"现象，婚姻资源的结构性失衡导致适龄男性在婚姻市场中谈判能力下降，最终博弈的结果是权力天平开始向女方倾斜，女方在婚姻市场中的要价越来越高。③ 农村男性要想婚配成功，就必须支付高额婚娶费用。

（三）农村经济落后导致"买卖婚姻"博弈

西方学者贝克尔认为，如果将数量较少的女性分配到数量较多的

---

① 李硕雅：《从全国第六次人口普查看我国人口问题》，《经济论坛》2012 年第 1 期。
② 李硕雅：《从全国第六次人口普查看我国人口问题》，《经济论坛》2012 年第 1 期。
③ 桂华、余练：《婚姻市场要价：理解农村婚姻交换现象的一个框架》，《青年研究》2010 年第 3 期。

男性中，男女之间的组合并不可能完全符合随机性原则，能给出更高彩礼的男性，娶得妻子的概率越大。① 可以看出，在男女性别比例失衡的现实条件下，高彩礼成为青年男子在婚姻博弈中取胜的重要砝码。彩礼出得较高的一方，从一定程度上也代表着其经济实力较强，更容易打败竞争对手。在我国很多偏远农村地区，由于地理条件和自然环境恶劣、经济落后，很多女性不愿意嫁人，所以当地男性只有付出更高的聘礼才能娶到妻子，这就致使"买卖婚姻"盛行。"买卖婚姻"加剧了农村因婚支出型贫困的发生，很多农村居民因受传宗接代传统观念的影响，迫使他们在面对天价的彩礼时也会不惜一切代价为之努力，以保障他们的血脉得以延续。但同时他们为此付出的代价也是十分巨大的，高额的婚礼消费致使他们陷入生活的贫困，且这种现象在广大农村地区循环往复，甚至会出现贫困的代际传递。

（四）攀比之风与"好面子"文化助长了婚娶消费升级

社会经济的快速发展使农村居民的生产生活方式以及价值观念发生了巨大改变，特别是消费观念逐步超前，这些因素导致婚姻消费不断升级。如今，农村婚娶的聘礼也由过去用于满足日常生活需要的实物转变为以现金为主，实物方面则偏好于奢侈品。农村居民开始关注婚礼物品的品牌档次，他们的消费观念在都市消费模式的影响下也开始趋于非理性，喜欢炫耀、盲目攀比。此外，在中国的传统文化中，面子问题大如天。正如鲁迅先所说："面子是中国精神的纲领。"对当代的中国人而言，他们将婚姻视作人生中的一件大事，因此对婚礼的举办十分重视，每个人都希望自己的婚礼能办得风光体面，并得到众人的赞赏。因此，在传统文化理念与攀比之风的影响下，婚姻消费随着经济的发展而逐渐升级，这无疑加重了农村家庭婚娶的经济负担，数额巨大的婚姻消费支出，成为压垮贫困家庭的"最后一根稻草"。

---

① 夏琪：《风俗治理视角下六盘山区婚姻致贫问题研究》，硕士学位论文，中南民族大学，2015年。

四 农村因婚支出型贫困的负面影响

农村因婚支出型贫困的发生，不仅对农村居民的日常生活产生影响，也会影响到农村经济的可持续发展和农村老人的养老问题。更为重要的是，高额的婚娶支出还会扭曲农村婚娶市场，形成不良社会风气，影响社会和谐与稳定。

（一）婚后拮据的生活与沉重的经济负担

近年来，随着农村居民收入的增加，其生活也得到了极大的改善，但婚娶的价码也水涨船高。结婚除了有聘礼外，房、车也开始成为结婚的必备品，这种过高的要求往往致使婚姻当事人为之付出了沉重的代价。一些处于贫困边缘的家庭，其彩礼的筹集方式主要以向亲戚朋友借款、向银行贷款为主，这种筹资的方式在很大程度上让一些本来已脱离贫困的家庭又重返贫困。对于已结婚的家庭而言，因婚前为举办婚礼而背负的巨债，致使他们婚后的生活格外拮据，很多家庭因经济压力过大产生精神压力而引发一系列的姻亲关系问题，如夫妻关系不和、婆媳关系紧张等。

（二）致贫背后难以掩饰的养老难

在我国农村地区，很多男方家庭父母为了给儿子筹集高额的彩礼费用，不惜四处举借外债、变卖家产，甚至提前预支他们的未来收入。当其儿子结完婚后，他们也变得一贫如洗，并且背上了沉重的外债负担。因其要偿还大量的婚姻外债，使得他们很少有结余的资金用来养老，养老缺乏足够的资金储备和经济保障。加之农村社会养老保险保障水平偏低，商业养老保险因农民自身缴费能力限制而在农村发展不足等原因，因婚致贫和因婚返贫的农村居民面临着十分复杂的养老困境。随着农村劳动力向城市流动，很多子女婚后会外出打工，常年不返乡，农村"空巢"老人面临养老经济保障和服务保障的双重困境。

（三）投资性支出的减少不利于农村经济发展

尽管农村经济发展速度逐年提高，但相比于婚姻消费的增幅来看，仍显不足。在很多农村家庭中，常常能看到这种景象，即父母为了给自己的儿子娶媳妇，他们省吃俭用，将自己所有的积蓄都花费在儿子的婚事上，并且还欠下了一大笔的债务，甚至有一些家庭为了娶亲，不惜将来年买化肥、农药、种子等从事农业生产的钱都花光了，致使他们没有了从事再生产和发展农业的资金。从长期来看，这种情况很不利于农村经济的发展。同时，高额的婚娶费用也使农民丧失了购买股票、债券、理财产品和副业投资的可能性，从而无法获得除劳动收入外的财产性收入，限制了农民增收和脱贫能力的提高。

（四）影响社会稳定并形成不良社会风气

在我国农村地区，由于婚娶费用已明显超出了部分贫困农村居民的收入水平及支付能力，这种现状导致一些未婚男性最终无法娶妻，长时间的单身生活引发抢劫、盗窃、强奸等社会越轨、失范和违法行为的发生。同时，由于适龄男性娶不到伴侣，也会招致同村居民的鄙视与冷落，这无疑给他们的身心造成了巨大的心理负担，人格的扭曲会导致许多不确定性危害事件的发生，严重影响了社会的和谐与稳定。此外，高额婚娶消费也败坏了乡风文化。由于高额彩礼风气的形成，致使许多青年男女形成好逸恶劳，不劳而获，啃老的消极心理。青年男性认为，父母是强大的经济后盾，对于婚礼的消费应完全由父母承担，而自己坐享其成。青年女性认为自己无须奋斗，更无须支付婚姻的成本与开销，通过索要彩礼即可保障自己今后的生活，甚至可以通过婚姻改变命运。这种不健康的社会心理导致青年男女失去了拼搏的斗志，也使社会丧失了向前发展的动力。

五 农村因婚支出型贫困的治理对策

与一般收入型贫困与支出型贫困的治理之策不同，农村因婚支出型贫困问题的解决，不能以社会救助机制的建立为治本之策，而是应从移风易俗、提高收入水平等方面入手，从源头上进行治理。此外，还需采取必要的社会救助手段，为陷入贫困的农村居民提供基于底线公平的兜底性生存保障。

（一）政府通过法律规制与政策引导减少不合理婚娶消费

农村因婚支出型贫困现象由来已久，且具有深厚的文化传统，因此这种相对普遍的高额婚娶消费习俗不可能立即自然消失，政府必须通过法律规制与政策引导对不合理的婚姻消费进行控制和干预。我国《婚姻法》规定：严禁买卖婚姻、包办婚姻和干涉他人婚姻自由等非法行为，并对以婚娶为借口向他人有意索要财物的行为进行严厉惩处。政府应运用法律手段，并辅之以劝说和引导等温和手段，促进农村居民移风易俗，改变不合理、不理性的婚娶消费习惯和婚娶浪费行为，规范农村的婚姻市场。与此同时，政府还应适时地出台促进婚姻健康发展的政策措施，引导农村居民树立新型的人生观、价值观和婚姻观。例如国家卫计委、民政部等多部门联合下发的《关于"十三五"期间深入推进婚育新风进万家活动的意见》，有助于现代婚姻新风尚的形成。此外，政府还应加大新型婚姻理念和婚恋风尚的宣传教育力度，引导农村居民的婚娶消费行为能够回归理性，婚娶要根据家庭经济情况量力而行，避免举债大操大办、盲目攀比，对索要高额彩礼的婚娶行为进行批判与公示，以此逐步消除农村不良婚嫁习俗。

（二）大力发展农村经济提高农村居民收入水平

农村因婚支出型贫困现象的发生，归根到底还是因为经济发展的不充分、不平衡所造成的。经济的落后必然导致文化教育、社会习俗等各方面不同程度的落后。落后的婚娶思想导致婚娶消费支出急剧膨胀，与农村居民的低收入水平形成巨大差距，导致因婚支出型贫困的发生，并演变为地区性的普遍致贫因素。通过发展农村基础设施与增加农业投入，提高农村经济发展水平，可以一定程度上提高农村居民的收入水平，进而提高婚姻消费的能力，缓解农民居民对美好婚姻生活的向往与自身经济条件存在差距的矛盾。同时，经济发展和农民收入水平的提高，也有利于促进村民移风易俗，改变遗风陋俗，减少不必要的婚姻开销和浪费，从源头上避免支出型贫困的发生。

(三) 对因婚支出型贫困家庭进行精准救助

针对农村地区普遍存在的因高额婚姻支出而导致家庭陷入贫困的现象，政府应在科学分类的基础上，采取多种精准化救助措施，缓解农村家庭的经济和生活困境。首先，对于收入和财产符合最低生活保障覆盖范围的农村家庭，应及时纳入低保制度，为其提供制度化的基本生活保障。其次，对于因临时性和突发性事件产生巨额支出导致贫困的农村家庭，应根据致贫原因实施专项救助和临时救助。最后，对于有劳动能力的农村贫困人群，应通过就业援助和精准扶贫政策，由政府提供资金、技术、培训和职业介绍，帮助其通过自身努力实现脱贫致富。通过以上措施，帮助农村贫困家庭摆脱贫困，婚配的概率和婚后的生活质量。在为贫困居民提供基本生活救助的同时，还应实施教育、医疗等发展型社会政策，促进农村贫困群体的能力提升，使之能够有更多的权利平等地参与经济社会生活。但对于因不合理婚姻消费支出导致债台高筑和生活贫困的家庭，政府不应承担全面救助责任。相反，政府应建立社会救助的约束和激励机制，对于已经纳入社会救助范围的农村居民家庭，倘若发生巨额婚姻开支，应立即取消其全部社会救助资格。此外，政府还应建立家庭收入和支出以及财产的经济核对系统，通过各部门的相互协调配合以及互联网、大数据技术的运用，提高社会救助对象识别的精准度。

(四) 完善相关家庭政策和补贴政策

传统的社会政策只关注对已陷入贫困的群体进行事后的物质救助，而发展型的社会政策则致力于防患于未然，对可能发生的不幸事件做好事先的预防，尽可能地做到在萌芽中消灭事故所造成的危害，它侧重于事前的主动预防而非事后的被动救助。通过完善农村家庭的生产和生活补贴政策、生育津贴政策以及教育培训资助政策，在提升家庭收入水平的同时，减轻家庭支出负担，帮助农村贫困家庭摆脱生存困境，避免农村新婚家庭支出型贫困问题的发生。此外，通过退耕还林补贴、征地补贴和土地流转补贴等措施，可以有效提高农村贫困家庭的收入水平，扩大家庭的财产规模，为子女结婚和生育提供强大的物质保障。

第四节 大数据背景下支出型贫困家庭社会救助机制研究

随着互联网与云计算技术的飞速发展，人类活动的海量信息将会被存储到基于互联网的云服务器上，由这些信息构成的大数据具有潜在的巨大价值。目前，大数据技术的运用已经渗透到人类工作生活的各个领域，为人类带来了便利与效率。基于互联网与云计算的大数据技术首先在商业领域获得了快速发展和广泛应用，并取得了显著的经济效益。大数据因其数据规模大、数据黏度高、数据价值大等特征，已成为各国政府所推崇的基础性战略资源。近年来，大数据在政府公共治理方面也开始发挥重要作用。例如，家庭收支状况调查与核对、社会经济分析、社会危机预警等方面均显现出了大数据技术的优势。

作为社会保障体系中最基本的兜底性制度——社会救助，其根本目的在于通过各种救助项目将救助资源公平合理地分配给那些真正需要帮助的困难群体，进而解决他们的实际生活困难。社会救助在具体的实施过程中涉及对大量救助申请者和受救助对象的信息处理，而当前政府由于顶层设计及技术上的缺陷使得相关部门在收集、处理各种信息数据时显得力不从心，影响了社会救助的工作效率和精准救助的实施效果。大数据技术因其能够对巨量的信息进行收集、归纳、分析并整理成有关部门决策的资讯，因此其在社会救助领域也备受关注，目前已经在最低生活保障和精准扶贫中尝试逐步应用。支出型贫困救助作为我国社会救助的一部分，其根本目的在于将社会中那些处于社会救助边缘层次的困难群体纳入社会救助中，并解决他们的实际困难。与收入型贫困所不同的是，支出型贫困由于救助对象分布广泛、基数庞大、结构复杂等特点，致使政府在收集、处理这些信息时会面临诸多的问题。而大数据技术对海量数据收集、分析、处理的显著优势，能够很好地为政府相关部门有效地处理支出型贫困人群的巨量信息提供技术上的支持，并最终实现对支出型贫困家庭的精准救助。

一 支出型贫困家庭社会救助需要大数据思维

（一）大数据的时代背景及概念内涵

随着信息技术的快速发展，"大数据"成为一个出现频率越来越高的词汇。通常大数据是用来定义和描述数字时代和信息社会所产生的海量数据信息资源及相关的信息处理技术。关于大数据的概念，目前学界并没有统一的定义，现有的各种定义也基本上都是从它的特征出发，通过对其特征的阐释进行概念界定。学界对于大数据特征的认知主要以大数据的规模性、多样性、高速性和价值性为基本共识。[1] 大数据作为信息资本和数据资源，在今后的发展中将会对国家治理、政府决策、公共服务、社会组织方式和业务流程等方面产生巨大的影响。当前，在信息科技及信息技术与经济社会协同发展与深度融合的背景下，数据信息的产生与传输速度越来越快。大数据的信息收集与处理能力能够有效促进信息资源的充分利用，充分发挥信息资本的经济价值与社会价值，使数据治理成为政府行政管理和社会管理的重要工具。特别是随着云计算和互联网技术的快速发展和普及利用，大数据将推动公共政策的决策科学化与公共服务的供给模式创新化，进而提升政府公共管理和国家治理的现代化水平。许多发达国家已进行了政府大数据管理的先行探索，并且取得一定的成效并积累了丰富的经验。毫无疑问的是，大数据在改变传统数据采集处理方法与技术、促进数据信息的应用领域有效扩展的同时，也在潜移默化地改变着人类

---

[1] 孟小峰、慈祥：《大数据管理：概念、技术与挑战》，《计算机研究与发展》2013年第1期。

的思维方式，人类理解和研究社会经济现象的技术和方法将发生根本性的变革。

(二) 大数据在传统社会救助领域中的实践

互联网技术的普及与发展是当下社会生产力发展的主要动力之一，而信息化、数字化同样是推动社会治理规范化、科学化的重要因素。为了提高社会救助的科学性与精准性，目前，政府在低保与扶贫领域尝试性地引入了大数据技术，取得了一定的成效，并积累了丰富的应用经验，为大数据与社会救助的深度融合及向其他领域拓展提供了有益经验。

1. 大数据在低保中的运用

大数据技术在低保中的运用，主要是在低保家庭财产统计与收入核算中发挥作用。低保家庭财产与收入信息的来源，主要是利用政府建立的低收入家庭收入核查平台，通过对低保申请家庭的财产和收入信息进行网上查询与家计调查，最终确定低保家庭的收入和财产情况。政府建立的低收入家庭收入核查平台是基于大数据技术实现的，该平台不仅与相关政府部门的数据库联网，还能与银行、保险、证券、基金等金融机构以及房管局、车管所等不动产登记机构联网，通过信息采集与信息比对，全面核查低保申请人或低保户的家庭财产与收入情况。此外，在低保救助管理中使用大数据技术，还需要处理好相关法律关系并完善组织管理和经办流程。居民家庭的经济状况作为家庭的隐私信息，其涉及面较广，因此救助部门在对低保申请家庭的经济状况进行核对时，首先要征得低保申请家庭的同意，保障了信息查询的告知性与合法性，然后通过成立独立的低保家庭收入核查平台且在建立严格的网络安全系统后，对低保家庭的经济状况进行核查。同时，救助部门在对低保家庭信息核查的过程中要确保信息的安全，避免泄露和丢失。低保家庭收入核查平台由于地域行政级别和区域划分的不同，其层次也不相同。不同区域的低保核对中心只负责核对本辖区内的信息，而关于其他辖区信息的获取，政府主要是通过建立信息共享专线来实现信息资源的查询与核对。大数据技术的本质就是数据共享与数据分析，在居民家庭信息核对过程中也应该本着信息共享的原则，广泛开展部门间的沟通与合作。此外，在对低保家庭的信息进行核对后，要将信息进行存档，为以后低保对象的动态管理和低保工作的审计监督提供基础数据。因大数据在资料生成与统计中也会存在许多技术问题，难免会造成数据失真与遗漏，因而基于大数据的低保家庭经济信息核对结果只能作为低保申报和延续的重要参考，但不能作为唯一的决策依据。

2. 大数据在精准扶贫中的运用

基于互联网技术与云计算技术的快速发展，在记录自然与人类活动的海量信息后，通过相关专业软件对其进行整理、分析和处理，进而形成大数据为人类所利用。大数据技术与扶贫对象的精细化管理高度契合，因而成为政府开展精准扶贫工作的重要技术手段，能够有效促进政府贫困治理能力的提升。大数据技术在扶贫对象精准识别、精准帮扶和精准管理方面均有用武之地。首先，将大数据技术运用到扶贫对象的精准识别中，其具体的思路是依托互联网技术和云计算功能，将申请扶贫项目的贫困者的收入信息全部收录，然后运用大数据技术对服务器中的数据进行整理、分析和处理，最后按照扶贫对象识别标准对处理后的信息进行评估，进而精准识别出扶贫对象。精准识别是开展扶贫工作的逻辑前提，只有准确识别出扶贫对象，才能在其他环节的配合下实现精准帮扶。其次，大数据技术能够对贫困户的贫困状态、致贫原因进行准确判断与分析，并结合贫困家庭所拥有的各类资源条件和知识技能水平为其量身定制适合贫困家庭自身特点的脱贫方案，通过一户一策实现精准帮扶。同时大数据技术还能够较好地对扶贫进程进行全程跟踪和实时跟进，根据扶贫项目自身的发展变化和贫困家庭收入的变化对扶贫项目进行必要的调整，在提高帮扶效果的同时促进扶贫资源的合理优化配置。最后，大数据技术在扶贫对象精准管理方面的应用主要体现在档案的信息化管理和动态管理与监督方面。大数据技术在扶贫对象档案信息化管理中的应用,旨在提升档案信息的服务能力,加快档案管理的智能化进程,提升档案管理的信息安全性。大数据技术在扶贫动态监管中的应用,主要是依靠互联网技术改变以往的静态管理模式,实现扶贫管理由静态管理到动态监测的跨越。

3. 大数据实现支出型贫困家庭精准救助的可行性

支出型贫困救助制度是我国社会救助制度的重要组成部分,也是我国社会安全网与社会保护制度的核心构成要素。支出型贫困救助是继低保和扶贫政策之后的一项社会救助领域的重要制度创新。所谓支出型贫困,学界普遍将其定义为:因重大疾病治疗、子女上学教育支出、突发事件应对支出等原因造成家庭短期内刚性支出剧增,且远超家庭经济收入能够承受的范围,导致家庭的实际生活水平处于绝对贫困的状态。[1] 可见,满足支出型贫困救助标准必须同时具备以下三个条件:一是家庭收入处于低保边缘,存在贫困脆弱性风险的低收入家庭;二是家庭中存在重大疾病、子女就学、突发意外等特殊和紧急情况;三是家庭在短期内刚性支出剧增,并远远超出了其能力所能够承受的范围。[2] 在支出型贫困救助中,将有限的救助物资与资金精准及时分配给最需要的人,是制定和实施该制度的根本初衷。在当前的救助实践中,如果对支出型贫困家庭的识别依然采取传统的上门走访、基层干部评价和居民民主投票等方式,就很难精准地识别出救助对象。究其原因,是由于传统的核贫机制与方法不能清晰地量化出申请人家庭的真实经济状况,且在实际评估中因不可避免的主观判断与推测增加了精准识别的偏差度。同时,传统的评估方式也会滋生人情救助、关系救助等不良现象,致使现实中很难精准地评估出支出型贫困

---

[1] 路锦非、曹艳春:《支出型贫困家庭致贫因素的微观视角分析和救助机制研究》,《财贸研究》2011年第2期。

[2] 徐大慰:《上海支出型贫困家庭的救助模式和经验启示》,《华东经济管理》2012年第9期。

家庭的财产、收入与消费支出情况，救助政策的靶向性与可及性会受到影响。

当前，大数据已经开始在企业生产、居民生活、社会管理等方面发挥着越来越重要的作用。随着经济与社会运行速率的加快，人类进入了信息社会，数据信息的规模呈几何级数的增长，巨量的信息对数据的采集、传输、分析和管理提出了挑战。人类需要突破传统的思维定式，只有通过大数据技术对全量信息进行采集与分析，才能做出更为科学理性的决策。同时，信息技术的变革能够帮助人类获取新知识、新资讯、新商机，将信息资本转化为社会生产力，促进人类社会文明发展。随着互联网技术的快速发展，政府及社会各部门已不再是完全封闭、各行其是、独立运行的部门，而是不可避免地要与其他部门或多或少地发生各种联系和关系。同时，在倡导多元化主体协同治理的社会大背景下，社会各部门也认识到了自身力量的局限性，因而会主动地寻求与其他各部门间进行合作与交流，通过彼此间信息的交换、资源的共享达到双赢或共赢。大数据技术增加了社会各部门间交流的频次与概率，大数据技术能够将海量的信息保存到网络服务器中，并通过对数据的加工处理实现数据的应用价值提升，促进社会各部门间的合作积极性与合作效益的提高。

支出型贫困社会救助作为对收不抵支的贫困家庭进行的专项救助，其涉及对千千万万个家庭信息的收集、整理、分析与处理。在这一过程中，保障数据的客观性、完整性和准确性显得至关重要，这也是实现社会救助精细化、科学化的客观要求。大数据因其全量分析替代样本分析的核心要义，以及其对巨量信息处理的先天优势，为它在支出型贫困救助领域的运用奠定了基础。利用大数据技术可以较为全面地收集支出型贫困家庭的收支信息，通过对大数据的分析与处理实现支出型贫困救助的精准化，这也是支出型贫困救助领域里运用大数据技术的主要原因。支出型贫困家庭救助涉及救助对象的识别、救助标准的确定、救助过程的管理、救助结果的监督测评、整个救助流程的动态管理等诸多环节,而在每个环节中都需要客观准确的数据,大数据对海量数据的监测与专业处理为支出型贫困家庭的精准救助提供了技术上的可能性。

二 大数据在支出型贫困家庭社会救助中的应用领域

(一) 大数据信息共享助力支出型贫困家庭精准识别

任何社会救助制度,其首要关注的问题在于救助对象的精准识别,因为这直接关系到社会救助的实施效果。对于支出型贫困救助而言,精准地识别出救助对象直接决定了这项制度存在的必要性。当前,由于我国缺乏对居民家庭经济状况核查的系统机制与顶层设计,导致社会救助普遍面临着救助对象难以识别的问题。在支出型贫困救助对象的识别中,由于申请家庭结构的复杂性与成员职业类别的多样性,致使其收入与财产信息分散于社会各个部门,进而增加了信息收集的复杂度。大数据的核心特点在于其能够依靠互联网技术与云计算平台,对申请家庭的收支情况进行全方位的核查,进而掌握他们实际收支的真实情况。在具体的收入核查中,救助部门可以利用大数据技术建立支出型贫困家庭收入核对系统,整合公安、财政、工商、税务、民政、人社、教育、住建、卫生等政府部门的数据信息,以及相关金融机构和社会组织所掌握居民信息,对救助申请家庭的收入、财产信息进行联网查询和信息比对,特别是通过与教育、住建、卫生部门的信息复核,对救助申请家庭的刚性支出的真实性及其金额进行评估,通过基于互联网的大数据信息管理与处理系统,实现信息的动态更新与实时查询。支出型贫困家庭收入核对系统的建立,既可以为救助申请人的信息核准提供系统支持,又可以通过信息比对与预警,建立社会救助对象的主动发现机制,提升救助的精准化程度。[①] 支出型贫困救助申请人家庭的收入和财产信息可以通过现有的低保信息核查

[①] 郑瑞强:《"支出型贫困"家庭社会救助模式设计与发展保障》,《农业经济》2016年第2期。

机制进行比对与校验，而对于支出型贫困救助申请人家庭一定时期内的医疗支出、教育支出、住房支出、突发事件支出等特殊支出的考核，政府可以依托顶层设计打通各部门间的封闭状态，并要求相关部门建立信息共享平台，以便救助部门利用大数据技术对申请家庭的各类支出信息进行收集、加工，最终确定申请家庭因何种支出而导致贫困。总之，精准识别是开展支出型贫困救助工作的逻辑前提，只有通过对支出型贫困家庭相关信息的完整收集、整理，并在大数据平台中归纳评估这些信息以形成支出型贫困家庭识别的指标参考，才能确保支出型贫困家庭的精准定位。

（二）大数据信息分析实现支出型贫困家庭精准救助

大数据实现对支出型贫困家庭的精准救助，是通过运用大数据技术将已识别出的支出型贫困家庭进行分级评估、致贫分析，然后按不同救助比例、不同救助项目对支出型贫困家庭进行精准施策。所谓分级评估，是指将已识别出的贫困家庭按其实际贫困程度由高到低地分为不同的等级，如轻度贫困、中度贫困、深度贫困、极端贫困等，然后按其等级的不同对其进行不同比例金额的救助。[1] 所谓致贫分析，是指由于各类支出型贫困家庭致贫因素不同，政府部门在对其进行救助时要具体分析致贫的原因，最后才能提供满足差异化需求的差别化救助方案。由于支出型贫困救助是政府对一些因遭遇各种不幸导致刚性开支过大，支出远超实际承受能力而陷入贫困的家庭进行的救助。因而政府在救助时可以通过分析这类家庭的具体致贫原因，如是否为医疗支出致贫、教育支出致贫、突发事件支出致贫、住房支出致贫等，是否为兼具两种以上致贫原因的复合型支出贫困等，在详细了解申请家庭具体致贫原因及致贫程度后再对其进行有针对性的救助。[2] 精准救助是支出型贫困救助的内在要求，也是实现救助资源优化配置的重要方式，大数据技术为支出型贫困救助在分级评估、致贫分析等

---

[1] 李朋朋：《支出型贫困家庭救助问题研究》，《社会福利（理论版）》2017年第4期。
[2] 左玲：《支出型贫困家庭致贫原因分析》，《经营管理者》2015年第4期。

工作环节所必需的海量数据分析、信息处理提供了技术与服务支持，有助于对支出型贫困家庭实施精准救助，从而提高社会救助的有效性与可及性。

（三）大数据信息监测推动支出型贫困家庭精准管理

传统的收入型贫困救助由于管理信息系统滞后，使得系统中的数据得不到及时的更新，数据的时效性不足，大大降低了数据的应有价值以及社会救助的效率。为了摆脱传统社会救助管理上的缺陷，支出型贫困救助必须在充分吸收传统社会救助管理有益经验的基础上重新寻找更加科学的救助管理方式，以便提高救助效率，实现救助资源配置的帕累托最优。在信息时代背景下，大数据技术的价值理念、大数据信息的动态更新与及时反馈机制为支出型贫困救助的精准管理提供了新的发展路径。通过不断完善网络信息系统和网络监管制度，建立救助对象档案信息管理系统，形成政府相关部门紧密配合的支出型贫困救助动态监督机制，对已纳入救助体系的申请家庭的经济状况变动情况进行严密的监测与及时的信息更新与反馈，进而实现对申请家庭的精准管理和有效救助。可见，将基于大数据技术的信息及时反馈机制引入支出型贫困救助的具体实施与动态监管体系中，不仅使政府救助部门能够及时地掌握支出型贫困救助政策的运行状况，对救助中出现的救助力度不足、救助方向出现偏差等问题进行及时的纠正，同时还可以及时地更新支出型贫困家庭的档案信息与家庭收支数据，更好地贯彻落实支出型贫困救助"应保尽保、应退尽退"的基本工作原则。支出型贫困救助管理部门通过大数据监测技术与动态信息反馈机制及时了解受助对象的家庭收支情况和生活状态，及时将已摆脱支出困境且脱离贫困的受助家庭进行清退，而对新申请救助的家庭及时进行信息核对与收支状况核查，将符合救助条件的困难家庭及时地纳入支出型贫困救助制度中。同时，利用大数据的信息监测技术，建立支出型贫困家庭的主动发现机制与贫困预警机制，帮助有实际困难但不了解政策的家庭及时得到救助。让数据"多跑路"，让群众少跑路，也是支出型贫困救助精细化管理与精准管理的应有之义。

三 支出型贫困家庭社会救助中运用大数据所面临的障碍

(一) 部门间信息壁垒阻碍数据信息共享

现实中，由于各部门掌握的信息资源与部门职能、部门权力、部门利益紧密关联，并且在目标导向的绩效考核机制下，各部门掌控的各类资源会优先服务于本部门的工作目标，而对于部门间的信息共享特别是服务于其他部门的信息提供的主动性与积极性不足，因而政府各部门间往往因部门利益的不一致而信息沟通不畅。支出型贫困家庭的救助与低保救助一样，同样需要对贫困家庭的经济状况进行详细的核查，但与低保不同的是，支出型贫困救助增加了对申请家庭的支出状况的核查项目。从理论上而言，对支出型贫困家庭的救助，首先要对申请家庭的信息进行收集、整理、分析和处理，然后将符合救助条件的家庭纳入救助项目中，并在评估出这些家庭的贫困程度与致贫原因后，针对不同需求进行差别化救助。从当前的实际来看，由于支出型贫困家庭救助是一种新型的救助模式，国家对支出型贫困家庭的救助至今没有制定相应的法律法规与政策，也没有与之相配套的管理体制与工作机制，因此在具体开展支出型贫困救助时必然困难重重，其中政府部门间信息壁垒的存在便是一个阻碍因素。现实中，由于政府各部门间政务系统是相对独立的，它们各自数据库的排版方式、软件编码和安全系统也各不相同，导致政府各部门间因信息系统不能有效地对接而阻碍了信息的交换与共享。这种政府间的信息壁垒给大数据的应用以及支出型贫困家庭的精准救助带来极大的障碍，进而导致支出型贫困救助工作开展缓慢，效果甚微，大数据的信息资源优势无法充分发挥。

(二) 数据信息存储和交换过程中存在安全隐患

大数据技术在为制定政府公共政策、提供公共服务、社会治理创新做出巨大贡献的同时，应用中也面临着诸多挑战。大数据的公开性、透明性、共享性特征与公民信息的隐私保护存在一定的矛盾。当大数据被运用于社会救助领域时很可能会造成救助申请者和救助对象相关信息的泄露，导致救助申请者和救助对象遭受财产损失、精神与心理受到伤害。从理论上而言，确保使用信息的安全性与保密性应该成为信息对接的必要前提。支出型贫困家庭的信息在政府部门间进行共享时，申请数据信息的部门应当与提供数据信息的部门签订信息保密合约，规范双方的信息使用权利和信息保密义务以及在信息共享过程中的保密技术细节，将信息保密与信息使用安全纳入制度化的操作流程。但从当前社会救助的现实情况来看，受救助家庭的信息被人为泄露的情况时有发生，对政府的公信力与救助制度的群众满意度均造成了不同程度的影响。究其原因：一是由于信息使用人员信息保密意识淡薄和职业道德缺失造成信息泄露；二是由于缺乏相关的保密考核制度与监督机制，造成信息泄露成本较低；三是由于信息安全技术与保密措施发展滞后，增加了信息泄露风险。

（三）大数据专业技术人才不足

在我国，大数据技术起步较晚，尽管国内已经有一些从事网络信息方面的专业人才，他们对程序和软件开发与运用非常娴熟，但由于数据的挖掘与处理方面缺乏专业性训练与实际工作经验积累，很难真正有效对大数据资源进行充分利用，最大限度地发挥出统计数据的价值与作用。大数据的基本特征决定了其在实际应用中需要大量的综合型、复合型人才，以满足其对数学、统计学、数据分析和语言处理等多方面的技能要求。[①] 支出型贫困家庭的信息涉及面较广且存储分散，其数据源不仅在政府部门，而且金融部门、企事业单位、社会组织等各部门都有涉及，数据的复杂性与分散性对数据处理人员的专业素质提出了较高的要求。然而，当前民政部门的基层工作人员由于自身大数据专业素养不高，收集、分析、处理数据的能力有限。因数据处理

---

① 马婧、舒永久：《大数据时代的农村精准扶贫对策研究》，《职大学报》2017年第1期。

人员不能全面准确地挖掘和分析出数据的信息价值和潜在价值，导致大数据在支出型贫困家庭救助中应用的领域和深度十分有限，数据价值未能充分发挥，数据成本与数据收益严重不对等。

四　促进大数据与支出型贫困家庭社会救助深度融合的建议

（一）打破部门壁垒，实现信息共享

支出型贫困社会救助中运用大数据时面临的最大的问题在于数据源的普遍性与数据使用的精确性之间存在矛盾。在现实的社会救助过程中，信息的部门壁垒造成了信息收集难、信息共享难、信息反馈难等问题，影响了居民家庭信息核对的准确性与及时性。因此，为了打破部门间的信息壁垒，就需要从以下几个方面采取措施。第一，建立专门的协调机构，推进信息共享工作。支出型贫困家庭的信息涉及多个部门，各部门在将自身的信息与其他部门共享时，就需要有一个专门的协调机构负责信息共享的规范制定与监督管理。同时，各部门内部也需要设立一个与该协调机构对接的信息管理机构，处理信息共享与信息更新中的相关问题。第二，及时准确更新信息，提升信息共享质量。现代社会的生产生活节奏越来越快，信息也在不断地产生与更新，各部门间信息共享的效果受到信息时效性与准确性的影响。如果政府及社会各单位不能及时地将本部门的信息更新，社会救助中的居民信息核查机构就无法准确地获取救助对象的全面信息，救助的及时性与精准性将会受到影响。因此，各政府部门内设的信息管理机构应及时地对本部门的数据信息进行更新和校对，向信息核对机构开放信息查询端口与查询权限，提高信息查询的准确性。第三，公私合作，拓宽信息共享领域。支出型贫困救助申请家庭的信息不仅涉及公共部门，而且涉及社会中的各类企业及社会组织。随着互联网技术和云计算的发展，社会中的各类企业性质的营利性组织与非政府的社会组织的信息也将以数字化的形式保存在各自的数据库中。对于企业组织而言，出于商业利益的考量，其信息管理具有高度的保密性，一般不会

对外公布。对此，民政等相关政府部门可以利用政府公信力或部门权力与企业进行协调，在不损害企业经济利益的前提下积极争取企业的配合，并通过建立信息共享专线及时掌握救助申请家庭的收支状况和日常生活消费情况，从而确保所核对信息的准确性与完整性。

（二）规范保密协议与制度，确保信息使用安全

在支出型贫困申请家庭信息的采集与核对工作中，最重要的是确保信息使用安全，保护救助申请人的隐私。因此，支出型贫困救助部门应建立和完善相关管理制度，在对救助申请家庭信息采集与核对时要确保信息的规范化使用。第一，规范信息查询的经办程序。信息查询的申请与授权是开展信息收集与信息比对工作的必经程序，社会救助管理部门在对申请者家庭信息核对前应通知被查询对象严格按照程序和要求填写家庭收支信息核对的申请表与授权书，告知信息查询与核对的主要内容和相关流程，确保被查询对象享有知情权和监督权，从而避免出现矛盾与纠纷。第二，规范信息查询的安全标准与保密技术。在实际的信息查询与核对过程中，如果查询人员不按照事先所规定的标准与程序进行查询，数据库就有可能遭到网络黑客或系统病毒的攻击，造成信息损坏、删除或被盗用的情况发生，进而造成巨大的经济损失。因此，在数据更新、数据连线与传输的过程中，应选择性使用防火墙技术、局域网隔离技术与不同级别的密钥技术，确保数据库和云存储的信息安全。应加强信息查询与核对工作人员的密钥管理，按照级别设置查询与核对范围，对其查询与核对数据的轨迹进行记录，便于事后追踪调查。此外，还需加强网络硬件管理，确保信息存储载体的安全，通过云存储技术对数据库信息进行远程备份，规避数据丢失风险。第三，规范信息报告制度。负责信息查询与核对的工作人员要严格按照规定进行标准化、专业化的查询操作，在工作中除了要持密钥上岗，对查询数据的轨迹进行实时监测记录外，在信息的报告阶段还要对申请家庭的信息进行加密处理，一般情况下，不直接显示居民家庭收支的详细数据信息，只显示对比结果的一致性或差别

度技术指标。① 确有必要时，才会启动二次查询程序，显示被查询对象的详细收支信息，用于救助申请者的诚信认定与退出裁决。

(三) 引进大数据专业人才，增强政府数据治理能力

支出型贫困家庭救助中引入大数据思维与技术，需要社会救助部门不断地提高自身数据处理与运用能力，培养和引进大数据专业人才是提高各级政府民政部门数据治理能力的关键。大数据技术在支出型贫困救助领域中的应用，要求知识复合型、技能多元化的人力资源的支持。不仅要求救助管理人员对统计学、数学等科学知识以及相关各种软件和程序精通掌握，还要求他们具备专业的社会学、管理学、心理学等人文社科知识。目前，在我国已经有一些专业性的大数据应用企业，如京东、阿里巴巴等，它们已经培养和储备了大量的精通大数据业务的专业数据处理人才。政府部门可以通过与大数据应用企业开展合作，通过人才流动与业务对接实现技术共享，进而满足政府在社会救助管理方面的需要。同时，政府还可以通过委托高校培养、从海外引进等方式满足支出型贫困救助领域的大数据人才需求。大数据专业技术人才不仅可以为支出型贫困家庭精准救助提供人力资源支持，同时也为推进社会救助治理体系和治理能力现代化提供人才保障。

五 研究结论

支出型贫困救助制度以支出作为衡量贫困的标准，其目的在于扩大原有社会救助制度的救助范围，将社会中那些因特殊刚性支出而导致贫困且未被社会救助制度覆盖的困难群体纳入社会保护制度当中，它是对传统收入型贫困救助制度的一种补充。与传统收入型贫困救助制度相比，支出型贫困救助制度是一种弹性化的、注重预防的发展型社会政策。其作为社会救助制度中的一个分支，同样需要实现精准救助，进而节约社会资源，实现制度目标并解决贫困群体的实际困难。

---

① 杨浩：《上海市大数据信息核对制度在低保收入核查中的运用研究》，《长沙民政职业技术学院学报》2016年第3期。

大数据凭借互联网与云计算技术，可以对海量数据进行收集、加工与处理，将其引入支出型贫困救助中，能在很大程度上提升政府对救助对象的精准识别、精准救助以及精准管理的水平。当前，尽管大数据技术在支出型贫困救助领域中的运用还面临着一些问题，如信息共享壁垒、信息安全隐患、技术人才缺乏等，但随着科学技术的不断发展、政府治理能力的不断增强，以及国家对大数据专业人才的培养，相信在不久的将来，大数据技术在支出型贫困救助领域中的应用将会不断深入与拓展。

第九章　内蒙古社会救助的实证研究

内蒙古作为典型的西部地区，进入 21 世纪以来，经济发展速度加快，社会事业蓬勃发展，民生保障稳步推进。通过分析内蒙古以低保制度为核心的传统收入型救助制度的实施效果和科学确定低保标准的可行方法，能够为内蒙古支出型贫困家庭社会救助的发展提供思路和方法，也能为内蒙古支出型贫困家庭社会救助机制的建立提供科学的准入标准和救助标准。同时，也为其他西部地区拓宽社会救助范围，引入支出型贫困救助理念，建立发展型社会救助机制提供参考。

第一节　内蒙古最低生活保障制度的绩效评估[①]

一　指标与权重设计

（一）指标的选择

适用于社会政策绩效评估的指标体系是由多层次结构构成的负载体系，常见的是三级指标体系。[②] 体系中的一级指标即评估目标，它反映指标体系的评估目标以及整体思路与理念；体系中的二级指标即基本指标，是评估目标维度下较为具体化的形式，没有达到量化形式

[①] 赵云月：《内蒙古城镇居民最低生活保障制度的绩效评价与优化研究》，硕士学位论文，内蒙古大学，2020 年。注：该文作者系课题负责人指导的学术型硕士研究生，参与了课题研究，并负责本部分的报告撰写。

[②] 卓越主编：《政府绩效管理概论》，清华大学出版社 2007 年版，第 189 页。

主要侧重评估策略目标；三级指标即具体指标，是基本指标的进一步细化，其可量化，是指标体系评价目标的支持系统。[①]

依据民政部办公厅、财政部办公厅关于印发《2015年度各省（自治区、直辖市）最低生活保障工作绩效评价指标和评价标准》与学术界现有的低保制度评价指标体系构建的方法，现将本文的绩效评价指标体系的基本框架定为1个一级指标，4个二级指标和13个三级指标。一级指标为内蒙古城镇居民最低生活保障绩效评估指标体系，在此基础上，从制度设计、执行效果、政府参与和社会效益四方面进行考察，并细化出低保标准制定、申请程序设计、配套救助设计、对象精准识别度、低保覆盖程度、生活改善程度、财政投入水平、人员配备水平、规范化管理水平、政策知晓度与服务满意度、就业效果和脱贫效果共十三项三级指标。

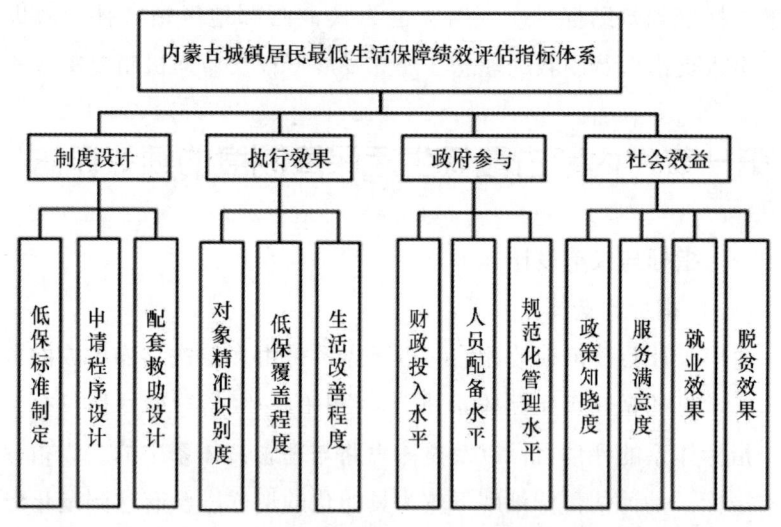

图9-1　内蒙古城镇居民最低生活保障绩效评估指标体系

[①] 漆娜、陈红霞：《论城市最低生活保障工作绩效评估指标体系的建构》，《学理论》2013年第3期。

在制度设计方面，制度的设计要符合政策的总体目标，应具备科学性、可操作性与合理性，因此从低保标准制定、申请程序设计、配套救助设计三方面进行考察。低保标准制定应与当地的经济发展水平相匹配，满足日常生活的最低消费，这是评价政策科学性的指标。申领程序的设计应是标准化的，简洁、明确的申领程序有利于提高行政效率，这是评价制度设计可操作性的指标。配套救助的设计是最低生活保障制度的辅助措施，因此应与该制度有较好的衔接性，并可以有效补充救助的不足，这是评价制度设计合理性的指标。

在执行效果方面，主要考察政策执行效果的广度与深度，广度主要显示的是精准识别的情况和覆盖程度，因此设置了对象精准识别度、低保覆盖程度两项指标，深度就是指政策执行的力度，因此将生活改善程度设置为三级指标。对象的精准识别度意味着低保对象准入和退出的精确，是实现社会公平，维护社会和谐的重要保障，这是评价低保对象识别严格性和准确程度的指标。低保覆盖程度反映了低保制度对贫困人口的惠及程度，这是评价贫困人群基本权益实现程度的指标。低保制度的政策目标之一是改善贫困家庭的生活质量，生活改善程度是评价低保政策实施力度的指标。

在政府参与方面，主要考察政府的支持程度、人力投入和管理水平，因此设置了财政投入水平、人员配备水平、规范化管理水平三个指标。低保制度的资金主要来源于地方政府的财政预算和社会捐赠，低保财政支出可以最直观地衡量政府参与度，财政投入水平是评价政府对低保制度支持程度的指标。人力是政策执行的重要保障，低保工作中的基层工作大多由居委会承担，模糊的政策认知会带来许多弊端，因此配备拥有专业知识技能的人员十分重要，这是评价政府人力投入的指标。公共部门及其公务员的工作应对人民负责，低保的各项工作应有清晰的程序与规范，权责分明，规范化管理水平是评价政府部门管理水平的指标。

在社会效益方面，主要结合社会满意情况与社会激励情况进行考核评价，前者可以通过政策知晓度与满意度进行考核，后者则通过就业效果和脱贫效果进行考察。政策知晓度反映了民众对于低保制度的了解程度，是对政策透明性的评价指标，较高的政策知晓度有利于群众的支持与配合。制度的执行效果应由广大人民进行评价，服务满意度是评价大众对于低保制度实施与工作人员满意程度的指标。贫困者可以通过自食其力融入社会，脱离政府救助，这是低保制度的终极目标，就业效果就是评价低保制度与就业联动性的指标。脱贫是每年因家庭收入提升或家庭中就业人数增加而退出低保的行为，这是评价低保制度是否起到积极作用的指标。

（二）指标权重的确定

本研究指标权重的确定方法主要选择德尔菲法和层次分析法。层次分析法是利用评价者或专家的偏好在两两比较中给出偏好一致的分析与决策，其兼顾主客观因素，适合具有分层交错评价指标的目标系统以及测量难以量化的复杂问题和数据不能完全收集到的情况，具有较强的科学性。[1]

1. 构造判断矩阵

评价因素之间的错综复杂关系通过层次结构得以反映，然后不同决策者对于各评价准则衡量目标的重要性程度的认识和主观认真并不一定相同。在对某一具体问题的评价上，不同的人可能会有不同的观点，甚至是专家的观点有时也会不一致，甚至会出现相互矛盾和相反的结论，以此为基础的评价，无法保障评价过的准确与客观性。[2] 两两比较的方法在一定程度上可以有效避免此类情况。但是当需要两两比较的因素较多时，会在很大程度上影响判断的效率和效果。研究表明，普遍来说在 7±2 范围，用 1—9 尺度表示它们之间的差别较为合适。另外，为了提供更多的决策信息并且通过各种不同方面的进行反

---

[1] Satty T. L. Satty, *The Analytic Hierarchy Process*, New York: Mc Graw-Hill, 1980.
[2] 鲁琪：《江油云锣山景区生态旅游开发潜力评价研究》，硕士学位论文，成都理工大学，2019年。

复比较，从而得出一个比较科学合理的排序，做 $n(n-1)/2$ 次两两判断是非常有必要的。

表9-1是9个重要性等级及其赋值。

表9-1　　　　　　　　　　1—9 标度法

标度	含义
1	C_1 元素和 C_1 元素的影响相同
3	C_1 元素比 C_1 元素的影响稍强
5	C_1 元素比 C_1 元素的影响强
7	C_1 元素比 C_1 元素的影响明显的强
9	C_1 元素比 C_1 元素的影响绝对的强
2, 4, 6, 8	C_1 元素比 C_1 元素的影响之比在上述两个相邻等级之间
1, 1/2, …, 1/9	C_1 元素比 C_1 元素的影响之比为上面的互反数

2. 层次单排序一致性检验

根据判断矩阵，计算出本层次与上一层某因素有联系的各因素的重要性顺序的过程称之为层次单排序。[①] 层次单排序利用公式 $AW = \lambda_{max} W$ 计算出每一个判断矩阵的特征值及特征向量。其中 A 为判断矩阵，λ_{max} 为判断矩阵的最大特征值，W 就是相应的特征向量，组成特征向量的每一个元素 W_i 即为所要求的层次单排序的权重值，具体计算步骤如下：

首先，将判断矩阵的每一列进行正规化，得：

$$bij = \frac{aij}{\sum_{j=1}^{n} aij} \quad (i,j = 1,2,3,\cdots,n) \tag{9.1}$$

正规化后，每一列元素之和都是1。

[①] 陆薇薇：《创业板公司的技术创新力评价研究》，硕士学位论文，南京大学，2019年。

其次，将正规化后的判断矩阵按行相加，得：

$$Vi = \sum_{j=1}^{n} bij (i,j = 1,2,3,\cdots,n) \tag{9.2}$$

接下来，对向量 $V = [V_1, V_2, \cdots, V_n]^T$ 进行正规化：

$$Wi = \frac{Vi}{\sum_{i=1}^{n} Vi} (i = 1,2,3,\cdots,n) \tag{9.3}$$

此时，向量 $[w_1, w_2, \cdots, w_n]^T$ 即为权重向量。

最后一步是计算判断矩阵的最大特征根 $\lambda \max$：

$$\lambda \max = \sum_{i=1}^{n} \frac{(AW)i}{nWi} (i,j = 1,2,3,\cdots,n) \tag{9.4}$$

上式中 $(AW)i$ 表示 AW 的第 i 个元素，n 为阶数。通常，我们在进行层次单排序时必须检验一致性，检验的目的是防止专家对因素进行两两比较时可能出现的自相矛盾的现象，具体步骤如下：

计算一致性指标 CI：

$$CI = \frac{\lambda \max - n}{n - 1} \ (n\text{ 为判断矩阵的阶数}) \tag{9.5}$$

CI 是一个尺度它可以衡量判断矩阵 A 对其主特征向量 W 中原构成的矩阵偏离程度。

定义随机一致性指标均值 RI：

对 $n = 3 - 9$ 阶，经过计算，可以分别得出它们的 RI，考虑到 1，2 阶判断矩阵总有完全一致性，其 RI 的数值自然为 0。由此，1 - 9 阶的判断矩阵的 RI 如下所示：

表 9 - 2　　　　　　　　　　　矩阵 1

阶数	1	2	3	4	5	6	7	8	9
RI	0.00	0.00	0.58	0.90	1.12	1.24	1.32	1.41	1.45

计算一致性比率 CR：

$$CR = \frac{CI}{RI} \tag{9.6}$$

对于 $n>3$ 的判断矩阵 A，将计算得到的 CI 与同阶（指 n 相同）的 RI 相比，两个的比值即为 CR，当比值小于等于 0.1 时，认为 A 的不一致程度在容许范围之内，则可以通过一致性检验；当比值大于 0.1 时，认为判断矩阵没有通过检验，此时应对判断矩阵作适当的修正并继续检验直至通过。

3. 构建判断矩阵及计算权重

利用上述标度法，本研究邀请 8 位专家分别对指标的重要程度进行打分，对打分结果进行讨论与归纳后得到的两两判别矩阵如下所示：

表 9-3　　　　　　　　　　矩阵 2

	制度设计	执行效果	政府参与	社会效益
制度设计	1	1/3	1/2	1/4
执行效果	3	1	2	1/2
政府参与	2	1/2	1	1/2
社会效益	4	2	2	1

首先计算出判断矩阵的最大特征值 $\lambda_{max} = 4.0458$。然后进行一致性检验：

$$CI = \frac{\lambda_{max} - n}{n-1} = \frac{4.0458 - 4}{4 - 1} = 0.0153 \tag{9.7}$$

平均随机一致性指标 $RI = 0.9$。随机一致性比率：

$$CR = \frac{CI}{RI} = \frac{0.0153}{0.9} = 0.0170 < 0.10 \tag{9.8}$$

由于 CR 小于 0.10，因此可以认为判断矩阵的构造是合理的，因此我们计算出指标的权重如下。

表9-4 矩阵3

指标层	权重
制度设计	0.0969
执行效果	0.2863
政府参与	0.1820
社会效益	0.4348

制度设计层面各项指标权重的计算要构造判断矩阵 $S = (u_{ij})_{p \times p}$：

表9-5 矩阵4

	低保标准制定	申请程序设计	配套救助设计
低保标准制定	1	4	2
申请程序设计	1/4	1	1/3
配套救助设计	1/2	3	1

计算出判断矩阵的最大特征值 $\lambda_{\max} = 3.0183$，进行一致性检验：

$$CI = \frac{\lambda_{\max} - n}{n - 1} = \frac{3.0183 - 3}{3 - 1} = 0.0091 \qquad (9.9)$$

平均随机一致性指标 $RI = 0.58$。随机一致性比率：

$$CR = \frac{CI}{RI} = \frac{0.0091}{0.58} = 0.0158 < 0.10 \qquad (9.10)$$

CR 小于0.10，我们可以认为判断矩阵的构造是合理的，得出指标的权重如下。

表9-7 矩阵6

指标层	权重
低保标准制定	0.5584
申请程序设计	0.1220
配套救助设计	0.3196

知晓效果层面各项指标权重计算需要构造判断矩阵 $S = (u_{ij})_{p \times p}$：

表9-8　　　　　　　　　　　　矩阵7

	对象精准识别度	低保覆盖程度	生活改善程度
对象精准识别度	1	1/2	1/3
低保覆盖程度	2	1	1
生活改善程度	3	1	1

计算出判断矩阵的最大特征值 $\lambda_{max} = 3.0183$，进行一致性检验：

$$CI = \frac{\lambda_{max} - n}{n - 1} = \frac{3.0183 - 3}{3 - 1} = 0.0091 \qquad (9.11)$$

平均随机一致性指标 $RI = 0.58$。随机一致性比率：

$$CR = \frac{CI}{RI} = \frac{0.0091}{0.58} = 0.0158 < 0.10 \qquad (9.12)$$

CR 小于 0.10，我们可以认为判断矩阵的构造是合理的，得出指标的权重如下。

表9-9　　　　　　　　　　　　矩阵8

指标层	权重
对象精准识别度	0.1692
低保覆盖程度	0.3874
生活改善程度	0.4434

政府参与层面各项指标权重的计算构造判断矩阵 $S = (u_{ij})_{p \times p}$：

表9-10　　　　　　　　　　　　矩阵9

	财政投入水平	人员配备水平	规范化管理水平
财政投入水平	1	5	2

续表

	财政投入水平	人员配备水平	规范化管理水平
人员配备水平	1/5	1	1/2
规范化管理水平	1/2	2	1

计算出判断矩阵的最大特征值 $\lambda_{max} = 3.0055$，进行一致性检验：

$$CI = \frac{\lambda_{max} - n}{n - 1} = \frac{3.0055 - 3}{3 - 1} = 0.0028 \quad (9.13)$$

平均随机一致性指标 $RI = 0.58$。随机一致性比率：

$$CR = \frac{CI}{RI} = \frac{0.0028}{0.58} = 0.0048 < 0.10 \quad (9.14)$$

CR 小于 0.10，我们可以认为判断矩阵的构造是合理的，得出指标的权重如下。

表 9 – 11　　　　　　　　　　矩阵 10

指标层	权重
财政投入水平	0.5954
人员配备水平	0.1283
规范化管理水平	0.2764

社会效益层面指标权重的计算需要构造判断矩阵 $S = (u_{ij})_{p \times p}$：

表 9 – 12　　　　　　　　　　矩阵 11

	政策知晓度	服务满意度	就业效果	脱贫效果
政策知晓度	1	1/2	1/4	1/5
服务满意度	2	1	1/2	1/3
就业效果	4	2	1	1
脱贫效果	5	3	1	1

计算出判断矩阵的最大特征值 $\lambda_{max} = 4.0155$，进行一致性检验：

$$CI = \frac{\lambda_{max} - n}{n - 1} = \frac{4.0155 - 4}{4 - 1} = 0.0052 \quad (9.15)$$

平均随机一致性指标 $RI = 0.9$。随机一致性比率：

$$CR = \frac{CI}{RI} = \frac{0.0052}{0.9} = 0.0057 < 0.10 \quad (9.16)$$

CR 小于 0.10，我们可以认为判断矩阵的构造是合理的，得出指标的权重如下。

表 9 - 13　　　　　　　　　矩阵 12

指标层	权重
政策知晓度	0.0824
服务满意度	0.1579
就业效果	0.3499
脱贫效果	0.4098

根据上述步骤我们得到的指标权重如表 9 - 14 所示。

表 9 - 14　　内蒙古城镇低保制度绩效评价体系指标权重

一级指标	权重	二级指标	权重	综合权重
制度设计	0.0969	低保标准制定	0.5584	0.054109
		申请程序设计	0.122	0.011822
		配套救助设计	0.3196	0.030969
执行效果	0.2863	对象精准识别度	0.1692	0.048442
		低保覆盖程度	0.3874	0.110913
		生活改善程度	0.4434	0.126945
政府参与	0.182	财政投入水平	0.5954	0.108363
		人员配备水平	0.1283	0.023351
		规范化管理水平	0.2764	0.050305

续表

一级指标	权重	二级指标	权重	综合权重
社会效益	0.4348	政策知晓度	0.0824	0.035828
		服务满意度	0.1579	0.068655
		就业效果	0.3499	0.152137
		脱贫效果	0.4098	0.178181

内蒙古城镇居民最低生活保障制度绩效评价指标体系构建完成后，本研究将进一步结合内蒙古城镇居民最低生活保障制度实施的现状，并根据构建的指标体系，通过问卷调查对内蒙古城镇居民最低生活保障制度进行绩效评价。

二 模型构建与数据来源

政策评价的常见问题是指标多因不能精确描述而具有极大的模糊性，因此客观评价具有一定的困难，需要采用更为科学的方式进行评价。模糊综合评价法是以模糊数学为基础，以模糊关系合成为基本原理，按照多个评价要素对被评价事物的隶属关系等级进行的综合评价。[1] 该方法更适合多因素、多层次的复杂问题，因此该部分选取模糊综合评价方法对内蒙古城镇居民最低生活保障制度的绩效进行评价。

（一）模型构建

模糊综合评价法计算步骤包括因素集、评语集、关系矩阵、权重集、合成模糊评价集五个步骤。[2]

1. 构建因素集

因素集是指被评价对象的各种属性构成的集合，设有 P 个评价指

---

[1] 陈为西、李会甫、李胜：《模糊综合评价在水电工程移民安置独立评估中的应用》，《水力发电》2020年第7期。

[2] 周鹏飞：《模糊综合评价法在建设项目水资源论证后评估中的应用研究》，硕士学位论文，河北工程大学，2018年。

标，则因素集 U 表示为：

$$U = \{u_1, u_2 \cdots, u_p\} \qquad (9.17)$$

2. 构建评语集

评语集是包含于被评价对象中各种可能出现情况的集合，设 m 种评价结果，评语集 V 表示为：

$$V = \{v_1, v_2, \cdots, v_p\} \qquad (9.18)$$

3. 建立模糊关系矩阵

构建了模糊子集后，要从单个因素 u_i（$i = 1, 2, \cdots, p$）上进行量化，以确定被评价对象的评价集 V 的隶属程度，这一过程也被称为单因素模糊评价。

$$R = \begin{bmatrix} r11 & r12 & \cdots & r1m \\ r21 & r22 & \cdots & r2m \\ \cdots & \cdots & \cdots & \cdots \\ rp1 & rp2 & \cdots & rpm \end{bmatrix} \qquad (9.19)$$

4. 建立权重集

每个指标的相对重要性次序是不同的，因此我们要对各项指标因素赋予一个权重 a_p，并将这些权重构成一个集合 A，通常 a_p 是大于等于零的。

$$A = (a_1, a_2, \cdots, a_p) \qquad (9.20)$$

5. 合成模糊评价集

为了使各指标的综合影响程度被客观反映，计算时应将各指标权重纳入模糊关系矩阵。将权重集 W 与模糊关系矩阵 R 进行合成，即得到评价对象的模糊综合评价向量 B：

$$B = A \times R = (a_1, a_2, \cdots, a_p) \times \begin{bmatrix} r11 & r12 & \cdots & r1m \\ r21 & r22 & \cdots & r2m \\ \cdots & \cdots & \cdots & \cdots \\ rp1 & rp2 & \cdots & rpm \end{bmatrix} = (b_1, b_2, \cdots, b_m) êú \qquad (9.21)$$

(二) 数据来源

1. 对象的选取

本研究以调查问卷的形式采集问卷对象的评价意见。在介绍问卷调查目的与意义的基础上，将问卷发放于低保户、基层低保工作人员、低保工作管理人员、专家学者及其他人员，由每位问卷对象对相关数据进行模糊评价。问卷主要发放给低保相关人员，旨在探究低保利益相关者对于低保制度的绩效评价，少量问卷将发给专家学者与社会其他人员，旨在了解专业意见和社会大众对低保制度的认知。

2. 问卷内容

根据本研究需要，将问卷分为两大部分：第一部分为个人情况，本部分内容用于了解问卷对象的性别、受教育程度、身份等信息；第二部分为问卷对象对内蒙古低保的各项工作与成效的认可度与满意度调查。

3. 问卷整理与统计

本次问卷线上线下同时发放，最终回收问卷243份，其中有效问卷235份，问卷有效率为96.7%，将这235位受访者组成内蒙古城镇最低生活保障制度的绩效评价小组。在受访者中，男性82人，占34.9%。女性153人，占65.1%。这是由于在从事低保的工作人员以女性为主多，因此样本性别具有合理性。受访者的身份分布为：低保户32人，占13.6%，低保基层工作人员106人，占45.1%，低保管理者30人，占12.8%，专家学者48人，占20.4%，社会其他身份人员19人，占8.1%。（如图9-2所示）受访者的受教育程度为：初中及初中以下27人，占12%，高中或高职54人，占23%，本科或大专109人，占46%，研究生及以上45人19%。（如图9-3所示）

第九章 内蒙古社会救助的实证研究

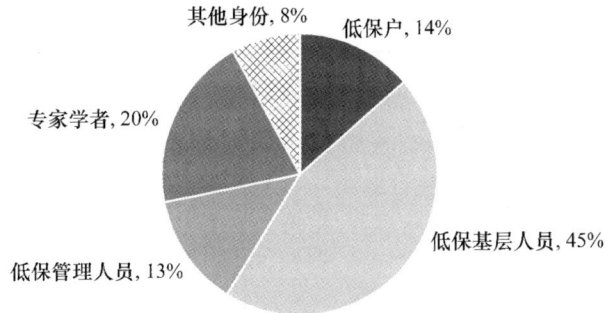

图9-2 内蒙古城镇最低生活保障制度绩效评价受访者身份分布

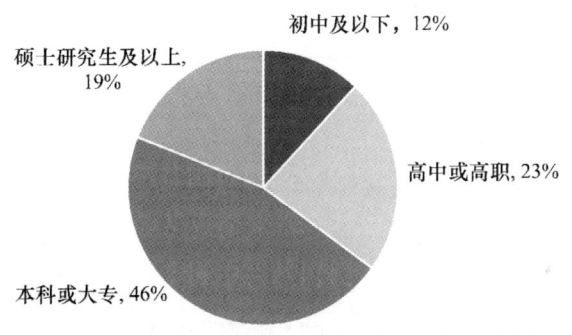

图9-3 内蒙古城镇最低生活保障制度绩效评价受访者受教育程度分布

量化评价集可以直观显示调查对象对最低生活保障制度的绩效评价，统计调查对象的评价结果如表9-15所示。

表9-15 内蒙古城镇最低生活保障制度绩效评价结果统计 （单位:%）

指标层	优秀	良好	一般	较差	差
低保标准制定	44.3	28.1	22.1	3.0	2.6
申请程序设计	42.6	26.8	23.8	4.3	2.6
配套救助设计	42.6	27.2	24.3	3.4	2.6

309

续表

指标层	优秀	良好	一般	较差	差
对象精准识别度	39.6	22.1	28.1	6.8	3.4
低保覆盖程度	43.4	23.4	24.3	5.5	3.4
生活改善程度	38.3	30.2	26.0	3.4	2.1
财政投入水平	41.7	29.8	26.0	0.9	1.7
人员配备水平	37.4	29.8	26.0	5.1	1.7
规范化管理水平	40.4	28.1	26.8	3.0	1.7
政策知晓度	40.4	27.2	25.1	5.1	2.1
服务满意度	40.9	30.6	24.7	2.6	1.3
就业效果	36.6	27.7	28.1	5.1	2.6
脱贫效果	41.7	29.4	25.1	2.1	1.7

三　评估结果分析

模糊综合评价的结果是被评事物对各等级模糊子集的隶属度，它一般是一个模糊向量，而非一个点值。在内蒙古城镇居民最低生活保障制度绩效评价指标体系中有许多子项绩效，为了对子项绩效有直观认识并进行比较，本论文赋予了"优秀、良好、一般、较差、差"五个评语具体的数值，即 $V = [100, 80, 60, 40, 20]$，以方便计算每个评价对象的综合分值。

将235位调查对象赞同指标的比重作为隶属度，依据模糊综合评价法的计算步骤进行计算，计算结果如下。

（一）制度设计层面的评价结果

首先计算制度设计的评价向量，

$$B_1 = (0.5584, 0.122, 0.3196) \times \begin{bmatrix} 0.442553 & 0.280851 & 0.221277 & 0.029787 & 0.025532 \\ 0.425532 & 0.268085 & 0.238298 & 0.042553 & 0.025532 \\ 0.425532 & 0.27234 & 0.242553 & 0.034043 & 0.025532 \end{bmatrix}$$

$= (0.435037, 0.276574, 0.230153, 0.032705, 0.025532)$ 　　　(9.22)

根据结果计算评分值，

第九章　内蒙古社会救助的实证研究

$$F_1 = VB_1^T = \begin{bmatrix} 100 & 80 & 60 & 40 & 20 \end{bmatrix} \begin{bmatrix} 0.435037 \\ 0.276574 \\ 0.230153 \\ 0.032705 \\ 0.025532 \end{bmatrix} = 81.25757 \approx 81$$

(9.23)

内蒙古城镇居民最低生活保障制度制度设计绩效评分为 81 分，处于优秀水平。

（二）执行效果层面的评价结果

首先计算执行效果的评价向量：

$$B_2 = (0.1692, 0.3874, 0.4434) \times \begin{bmatrix} 0.395745 & 0.221277 & 0.280851 & 0.068085 & 0.034043 \\ 0.434043 & 0.234043 & 0.242553 & 0.055319 & 0.034043 \\ 0.382979 & 0.302128 & 0.259574 & 0.034043 & 0.021277 \end{bmatrix}$$

$= (0.404921, 0.262071, 0.25658, 0.048045, 0.028382)$ (9.24)

根据结果计算分值：

$$F_2 = VB_2^T = \begin{bmatrix} 100 & 80 & 60 & 40 & 20 \end{bmatrix} \begin{bmatrix} 0.404921 \\ 0.262071 \\ 0.25658 \\ 0.048045 \\ 0.028382 \end{bmatrix} = 79.34208 \approx 79$$

(9.25)

内蒙古城镇居民最低生活保障制度执行效果绩效评分为 79 分，处于良好水平。

（三）政府参与层面的评价结果

首先计算政府参与的评价向量：

$$B_3 = (0.5954, 0.1283, 0.2764) \times \begin{bmatrix} 0.417021 & 0.297872 & 0.259574 & 0.008511 & 0.017021 \\ 0.374468 & 0.297872 & 0.259574 & 0.051064 & 0.017021 \\ 0.404255 & 0.280851 & 0.268085 & 0.029787 & 0.017021 \end{bmatrix}$$

$= (0.408075, 0.293197, 0.261953, 0.019852, 0.017023)$ (9.26)

311

根据结果计算分值：

$$F_3 = VB_3^T = [100 \quad 80 \quad 60 \quad 40 \quad 20] \begin{bmatrix} 0.408075 \\ 0.293197 \\ 0.261953 \\ 0.019852 \\ 0.017023 \end{bmatrix} = 81.11499 \approx 81$$

(9.27)

内蒙古城镇居民最低生活保障制度政府参与绩效评分为 81 分，处于优秀水平。

（四）社会效益层面的评价结果

首先计算社会效益的评价向量：

$$B_4 = (0.0824, 0.1579, 0.3499, 0.4098) \times \begin{bmatrix} 0.404255 & 0.27234 & 0.251064 & 0.051064 & 0.021277 \\ 0.408511 & 0.306383 & 0.246809 & 0.025532 & 0.012766 \\ 0.365957 & 0.276596 & 0.280851 & 0.051064 & 0.025532 \\ 0.417021 & 0.293617 & 0.251064 & 0.021277 & 0.017021 \end{bmatrix}$$

$= (0.396758, 0.287924, 0.260814, 0.034826, 0.019678)$

(9.28)

根据结果计算分值：

$$F_4 = VB_4^T = [100 \quad 80 \quad 60 \quad 40 \quad 20] \begin{bmatrix} 0.396758 \\ 0.287924 \\ 0.260814 \\ 0.034826 \\ 0.019678 \end{bmatrix} = 80.14518 \approx 80$$

(9.29)

内蒙古城镇居民最低生活保障制度社会效益绩效评分为 80 分，处于良好水平。

（五）整体评价结果

首先计算整体评价向量：

$$B = (0.0969, 0.2863, 0.182, 0.4348) \times \begin{bmatrix} 0.435037 & 0.276574 & 0.230153 & 0.032705 & 0.025532 \\ 0.404921 & 0.262071 & 0.25658 & 0.048045 & 0.028382 \\ 0.408075 & 0.293197 & 0.261953 & 0.019852 & 0.017023 \\ 0.396758 & 0.287924 & 0.260814 & 0.034826 & 0.019678 \end{bmatrix}$$

$$= (0.404864, 0.280382, 0.256838, 0.03568, 0.022254) \tag{9.30}$$

根据结果计算分值：

$$F = VB^T = \begin{bmatrix} 100 & 80 & 60 & 40 & 20 \end{bmatrix} \begin{bmatrix} 0.404864 \\ 0.280382 \\ 0.256838 \\ 0.03568 \\ 0.022254 \end{bmatrix} = 80.1995 \approx 80$$

$$\tag{9.31}$$

评价结果显示，内蒙古城镇居民最低生活保障制度整体绩效评分为80，评分落入"良好"的评价等级，意味着内蒙古城镇居民最低生活保障制度绩效总体水平良好，且仍有可提升空间。

在评价体系的四个层面中，处于"优秀"等级的指标有两个，分别是制度设计与政府参与。这表明内蒙古城镇居民最低生活保障制度运行中，制度设计工作基本符合政策总目标，政府的支持程度、人力投入和管理水平相对较高，二者都得到了大家的认可。但可以从评价分数中看出，制度设计和政府参与的评分都是81，离等级"优秀"的最高评分100差距较大，因此，低保制度的设计工作还需要更加注重科学性、可操作性和合理性，政府部门要运用好权力，为低保制度的发展提供更强的推力。社会效益与执行效果两个指标处于"良好"的水平。这表明内蒙古城镇居民最低生活保障制度执行效果的广度和深度有待提高，尤其对象的精准识别度亟待提高，同时，群众的社会满意度与政策的激励效果也有待加强。执行效果与社会效益的评分分别为79和80，二者处于"良好"等级的较高水平，说明内蒙古城镇居民最低生活保障制度的四个层面绩效水平较为平衡。值得注意的是，基于问卷发放时间与数量的限制，调查对象中基层工作人员的比重较大，考虑到这一群体不想否认自身工作成果的可能性，其评价结果的代表性与全面性有待进一步研究。尽管如此，低保的绩效评价结果仍有一定的借鉴意义，合理利用绩效评价结果可以指导并进一步完善今后的体系建设，以提高低保制度的绩效水平。

内蒙古最低生活保障制度自实施以来成效显著，纳入低保范围的贫困群体基本生活得到了有效保障，但发展型需求尚未得到满足。低保边缘群体和支出型贫困家庭因处于社会救助的"夹心层"，仍然缺乏制度化的救助措施。以收入为单一标准的贫困识别和救助机制存在缺陷，支出型贫困和相对贫困的治理机制尚未形成。

第二节 基于扩展线性支出模型的内蒙古低保标准测算

一 模型构建与指标选取

（一）模型构建

本研究借助扩展线性支出系统（Extend Linear Expenditure System，ELES）模型对维持内蒙古地区城乡贫困家庭最低生活所必需的经济支出进行测算。ELES模型是经济学家路迟（Lunch）在传统线性支出系统（LES）模型基础上改进的计量模型。它能够将居民日常生活的消费性支出通过抽象分析分解为基本消费性支出和超额消费性支出两部分，进而以基本生活性消费支出为标准来测算贫困线或低保线。[①] ELES模型可以表示为：

$$C_i = C_i' + b_i \left(I - \sum_{i=1}^{k} C_i'\right) \quad (i = 1, 2, \cdots, k; \ 0 \leqslant b_i \leqslant 1; \ \sum_{i=1}^{k} b_i \neq 1) \tag{9.32}$$

---

① 孙博、雍岚：《养老保险替代率警戒线测算模型及实证分析——以陕西省为例》，《人口与经济》2008年第5期。

其中，C_i 表示居民对第 i 类商品的消费总支出；C_i' 表示居民对第 i 类商品的基本消费性支出；b_i 表示第 i 类商品的边际消费倾向；I 表示居民可支配收入；$b_i(I - \sum_{i=1}^{k} C_i')$ 表示居民对第 i 类商品的超额消费支出。

因此，保障内蒙古城乡居民最低生活所需的货币性经济支出，即剔除超额消费性支出后的基本性消费支出 C' 可以通过对公式（9.33）的推导得出。将其变形得到：

$$C_i = (C_i' - b_i \sum_{i=1}^{k} C_i') + b_i I \qquad (9.34)$$

令 $a_i = C_i' - b_i \sum_{i=1}^{k} C_i' \qquad (9.35)$

则有：$C_i = a_i + b_i I + \varepsilon_i \qquad (9.36)$

其中，ε_i 表示随机项。

由于城乡居民对第 i 类商品的消费总支出 C_i、城乡居民的可支配收入 I 都是可以从历年《内蒙古统计年鉴》中直接获得的，因此，公式（4）中的参数 a_i 与 b_i 的值可以基于回归分析的最小二乘法进行估计得出。城乡居民对第 i 类商品的基本消费总支出 C' 可以通过与 a_i 和 b_i 有关的表达式推导换算求解。

将城乡居民对 i 类商品的支出加总，公式（3）可表示如下：

$$\sum_{i=1}^{k} a_i = \sum_{i=1}^{k} C_i' - \sum_{i=1}^{k} b_i \sum_{i=1}^{k} C_i' = \sum_{i=1}^{k} C_i' (1 - \sum_{i=1}^{k} b_i)$$

即，$C' = \sum_{i=1}^{k} C_i' = \sum_{i=1}^{k} a_i / (1 - \sum_{i=1}^{k} b_i) \qquad (9.37)$

剔除超额消费支出后的基本消费支出是满足居民基本生计的最低标准，包括了衣、食、住、行等基本生活需求和医疗服务等健康维持需求。因此可以以此为标准，对一个地区的低保线或者贫困线进行测算。并在此基础上，制定低收入家庭和贫困边缘家庭与支出型贫困家庭的认定标准。

（二）指标选取

本模型主要涉及城乡居民基本生活支出、城乡居民可支配收入两类经济指标。其中，城乡居民可支配收入数据可以从各年统计年鉴中直接获得，选取居民可支配收入五等分数据，即低收入、中低收入、中等收入、中高收入和高收入；统计年鉴中城乡居民基本生活消费支出包含食品、衣着、居住、生活用品、交通通信、教育、医疗和其他用品与服务，其中教育属于人力资本投资，不属于维持生计的最低消费支出，其他用品与服务消费支出对于贫困家庭而言涉及较少，所以本书将教育支出和其他用品与服务的消费支出从居民基本的生活消费性支出中剔出，仅考虑食品、衣着、居住、生活用品、交通通信、医疗6项基本生活消费支出，以及为基础测量绝对贫困水平。具体指标如表9-16所示。

表9-16　　　　　　居民生活消费支出指标体系

消费性支出（X）	食品（X_1）
	衣着（X_2）
	居住（X_3）
	生活用品（X_4）
	交通通信（X_5）
	医疗（X_6）

二　实证分析与测算结果

（一）数据来源

根据2015—2017年《内蒙古统计年鉴》，选取各年城镇居民和农村居民人均可支配收入五等分数据和经过调整的城乡居民基本生活支出等数据。同时，把城乡居民分为低收入户、中低收入户、中等收入户、中高收入户和高收入户五个分组，根据各组对应的各类商品的基本生活消费支出数据进行回归分析。

（二）参数估计

把2014—2016年城乡居民可支配收入和基本生活消费性支出数

据代入公式（4），建立回归方程组，用 SPSS22.0 分别计算历年城乡居民各支出项目的 a_i、b_i 的估计值 $\hat{a}_i$、$\hat{b}_i$ 以及回归方程的判定系数 R^2，结果见表 9-17 与表 9-18。

表 9-17　2014—2016 年内蒙古城镇居民消费性支出指标的参数估计值

时间	参数	消费性支出项目					
		X_1	X_2	X_3	X_4	X_5	X_6
2014	$\hat{a}_i$	2402.691	173.1588	1217.212	124.7333	-280.9690	608.0683
	$\hat{b}_i$	0.127420	0.078395	0.084836	0.046319	0.119080	0.030563
	R^2	0.970784	0.996700	0.993570	0.994111	0.976065	0.917781
2015	$\hat{a}_i$	2905.183	405.382	1161.149	25.744	-379.590	466.109
	$\hat{b}_i$	0.108	0.068	0.083	0.046	0.118	0.036
	R^2	0.978	0.973	0.997	0.998	0.980	0.974
2016	$\hat{a}_i$	2732.046	298.308	1295.926	-12.399	-70.955	183.525
	$\hat{b}_i$	0.113	0.068	0.082	0.048	0.094	0.050
	R^2	0.946	0.996	0.993	0.988	0.967	0.957

表 9-18　2014—2016 年内蒙古农村居民消费性支出指标的参数估计值

时间	参数	消费性支出项目					
		X_1	X_2	X_3	X_4	X_5	X_6
2014	$\hat{a}_i$	2382.855	467.8486	1161.133	312.4413	968.9408	952.7694
	$\hat{b}_i$	0.065750	0.026054	0.051518	0.011561	0.049869	0.016159
	R^2	0.952450	0.945104	0.944819	0.943564	0.766445	0.488941
2015	$\hat{a}_i$	2300.626	498.291	1276.733	281.104	1195.723	548.968
	$\hat{b}_i$	0.077	0.025	0.050	0.018	0.042	0.053
	R^2	0.953	0.903	0.929	0.941	0.978	0.917

续表

时间	参数	消费性支出项目					
		X_1	X_2	X_3	X_4	X_5	X_6
2016	$\hat{a}_i$	2425.576	581.426	1162.776	370.674	1205.652	688.671
	$\hat{b}_i$	0.081	0.020	0.072	0.012	0.051	0.043
	R^2	0.913	0.926	0.968	0.819	0.947	0.794

（三）测算结果

把表9-17和表9-18的参数估计值代入公式（9.36），可以分别得到2014—2016年内蒙古城市居民和农村居民的最低生活保障标准，如表9-19所示。

表9-19　2014—2016年内蒙古城乡居民最低生活保障标准测算值

时间	参数求和	城市消费支出	农村消费支出	城市低保标准（元）	农村低保标准（元）	低保标准城乡差额（元）
2014	a_i	4244.8944	6245.9881	689.03	668.09	20.94
	b_i	0.486613	0.220911			
2015	a_i	4583.977	6101.445	706.10	691.77	14.33
	b_i	0.459	0.265			
2016	a_i	4426.451	6434.775	676.83	743.72	-66.89
	b_i	0.455	0.279			

从表9-19可以看出，2014—2016年内蒙古城市低保标准的平均值为690.65元，基本保持平稳，农村低保标准的平均值为701.19元，增速较快。从低保标准的城乡差距来看，2014年城市低保标准比农村高20.94元，2015年城市低保标准比农村低保高14.33元，城乡低保标准的差距成逐年缩小的态势。从测算结果来看，2016年农村低保标准超过了城市低保标准。究其原因，如果排除统计数据误

差和失真的影响，主要是由于农村低保标准增长过快导致的。造成农村低保标准增长过快的原因有如下几个。一是随着国家各项惠农政策的出台，农民的收入水平和生活质量都出现了大幅提高，基本生活消费支出逐年递增。二是农村基本生活消费品的价格提高和物流成本增加，导致基本生活消费支出的增长。三是农村居民基本生活需求之外的超额需求的边际消费倾向逐年提高，改变了农民的消费习惯和消费方式。四是城乡人口流动加快，大量农村剩余劳动力进城就业，导致农村部分基本生活用品和服务供给严重不足，导致农村生活成本上升。因此，随着城乡居民基本生活成本的日趋接近，城乡低保标准应当统一，通过最低生活保障制度的一体化促进基本公共服务的均等化和基本民生保障的底线公平。

采用扩展线性支出模型测算低保标准，能够避免传统的市场菜篮法、生活形态法、国际贫困线比例法和恩格尔系数在数据收集和分析判断中的主观性误差，基于统计数据的回归分析，能够使研究结论更为科学、可靠。通过比较分析，经过模型测算出的低保标准，比内蒙古地区实际采用的低保标准略高一点，表明现行低保标准仍有提升的空间，应建立低保标准的自然增长机制和调整机制，确保低保兜底线功能的发挥。同时，在制定支出型贫困家庭识别与救助政策时，也应该以科学的低保标准为基础，建立支出型贫困救助的收入线标准和支出线标准，推进精准识别与精准管理。

第三节 建立内蒙古支出型贫困家庭社会救助机制的思路

内蒙古地处北部边疆，是典型的西部地区，被称为"模范自治区"。改革开放以来，特别是最近二十年，内蒙古经济快速发展，经济增速在全国名列前茅，经济总量跃居全国平均水平。但由于基础薄弱、经济总量小等原因，内蒙古经济发展还是存在与社会事业发展不平衡的结构性矛盾。在各级财政的大力支持下，内蒙古社会救助事业蓬勃发展，充分发挥了兜底保障功能，促进了社会和谐稳定，为社会主义市场经济的发展保驾护航。特别是最低生活保障制度的建立与完善，在一定程度和一定范围内有效缓解了贫困问题，维护了社会底线公平。然而，传统的收入型贫困救助制度仍然存在一定的缺陷，在贫困对象精准识别和精准救助方面，存在工具理性与制度理念的冲突和矛盾。建立覆盖全民、保障充分、以人为本、精准施策的现代社会救助体系，需要适度扩大社会救助的对象范围，适度提高救助标准，考虑贫困家庭特殊的生活支出需求，将支出型贫困纳入社会救助的体系框架，能够放大整个社会救助体系的效能，通过织密社会安全网，实现应保尽保。

一　摸清支出型贫困救助对象的数量

与传统的以最低生活保障制度为主体的收入型贫困救助制度不同，西部地区支出型贫困救助对象的范围和数量难以准确测量与估算。支出型贫困救助对象的认定标准可以在现行低保标准的基础上进行调整，或者以低保救助标准作为支出型贫困救助的重要参考依据。综合国内外支出型贫困救助的经验，可以将低保标准、贫困线的 1.5 倍或者 2 倍作为收入标准，再辅之以贫困家庭的支出标准，综合确定救助对象的范围，在此基础上进行救助对象规模的测算。

二　准确划分支出型贫困的类型

支出型贫困是基于发展型社会救助的理念对现有社会救助的补充和完善，随着经济社会的发展，支出型贫困的类型也会不断丰富和拓展。作为西部地区的内蒙古，较为普遍的支出型贫困类型有因病支出型贫困、因灾支出型贫困、教育支出型贫困、住房支出型贫困等类型。不同类型支出型贫困在致贫原因和救助方式方面均存在较大的差异，需要差异化的手段精准施策。

三 支出型贫困救助的模式选择

综观国内外解决支出型贫困问题的理论与实践举措，可以归结为两种思路。一种思路是将支出型贫困纳入现有的生活救助范畴，例如扩大现有的低保救助对象范围，为支出型贫困家庭提供基本生活救助，对于支出型贫困家庭的特殊支出需求，通过专项救助、临时救助和救急难政策予以满足。另一种思路是专门建立一套针对支出型贫困家庭社会救助的体系和机制，实行专门的救助。例如上海、浙江、江苏、河北等地的政策，将支出型贫困作为一类救助对象专门进行管理，量身定做救助方案。内蒙古作为西部地区，可以在两种思路中选择一套进行试点，必要时进行调整，在准确评估实施效果和成本收益与投入产出分析后，确定最终的实施方案。支出型贫困的致贫原因具有多样性、复合型的特征，单独制定政策较为复杂。当前，可以先按照第一种思路进行试点，利用现有的社会救助资源和机制，扩大救助范围，将支出型贫困对象纳入基本生活救助和专项救助的范围，实施组合救助。

四 建立支出型贫困救助与收入型贫困救助的衔接机制

支出型贫困作为一种新型的贫困类型，在贫困识别和贫困救助手段方面，与收入型贫困既有区别又有联系，而支出型贫困救助理念和政策的发展与创新必须以收入型贫困救助为基础，只有科学建立二者间的衔接机制，才能确保社会救助的系统性、完整性与精准性。具体而言，二者的衔接体现在如下几个方面。一是救助识别方面，支出型贫困救助对象采用收入和支出双重核贫标准，以收入型贫困线之上的一定范围作为救助的门槛，再辅之以支出核算，最终确定是否纳入救助范畴。二是救助待遇确定方面，支出型贫困救助包含基本生活救助和基于支出型贫困产生原因的专项救助。可以将剔除刚性支出后的家庭人均收入与低保线比较，适时纳入基本生活救助，也可以采取生活救助与专项救助相结合的方式，满足救助对象不同类别和层次的生活需求。

五 建立支出型贫困救助的资金保障机制

现在的社会救助与社会保险最大的区别就是资金来源，社会救助通常由政府财政负担，同时吸纳社会捐赠。但实际中，政府拨款是社会救助筹资的主体。支出型贫困救助机制的建立，将会在一定程度上扩大社会救助的对象范围，提高社会救助的待遇水平，势必需要调整财政收支预算，确保支出型贫困社会救助有稳定和可持续的资金来源和物质支持。对于西部地区而言，经济发展相对滞后，地方财政收入不足，需要中央财政通过一般转移支出和西部地区专项转移支出予以支持，同时也需要发达省份的对口支援。支出型贫困救助带有发展型社会政策的理念，是由绝对贫困救助到相对贫困救助的过渡，是满足西部地区居民对美好生活向往的重要制度保障。

参考文献

中文著作

《2000/2001 年世界发展报告》编写组：《2000/2001 年世界发展报告：与贫困作斗争》，世界发展报告翻译组译，中国财政经济出版社 2001 年版。

本书编写组：《1990 年世界发展报告》，中国财政经济出版社 1990 年版。

范明林：《城市贫困家庭治理政策研究》，广西师范大学出版社 2012 年版。

李瑞华：《贫困与反贫困的经济学研究》，中央编译出版社 2014 年版。

许光：《福利转型：城市贫困的治理实践与范式创新》，浙江大学出版社 2014 年版。

中文论文

陈雪：《"贫困文化"和"文化贫困"》，《中国扶贫》2013 年第 3 期。

成海军：《当前我国医疗救助中的重点和难点问题研究》，《学习与实践》2015 年第 8 期。

陈飞燕：《从"住有所居"到"住有宜居"——广西出台全区首个保障性住房管理办法》，《广西城镇建设》2013 年第 10 期。

代利凤：《社会排斥理论综述》，《当代经理人》2006年第4期。

段培新：《支出型贫困救助———一种新型社会救助模式的探索》，《社会保障研究》2013年第1期。

都芦花：《关于支出型贫困家庭救助的相关思考》，《现代妇女》（下旬）2014年第4期。

王磊、潘敏：《完善辽宁低保边缘群体救助制度的对策建议》，《辽宁经济》2008年第9期。

丁建定：《建立合理的城市居民低保标准调整机制的几个理论问题探讨》，《中南民族大学学报》（人文社会科学版）2009年第6期。

国家统计局《中国城镇居民贫困问题研究》课题组：《中国城镇居民贫困问题研究》，《统计研究》1991年第6期。

何银银、艾楚涵、潘卫民：《阜新市城市低保边缘户社会救助匮乏问题研究——基于低保群体的对比分析》，《科技风》2012年第15期。

韩克庆、刘喜堂：《城市低保制度的研究现状、问题与制度》，《社会科学》2008年第11期。

韩云鹏：《对中职国家助学金政策实施中存在问题的思考》，《职教论坛》2011年第19期。

黄花、陈艳：《国家资助，延续职校学子的梦想》，《中等职业教育》2012年第11期。

柯斌武：《我国城市居民最低生活保障标准实证研究》，《发展研究》2014年第2期。

吕学静：《日本社会救助制度的最新改革及对中国的启示》，《苏州大学学报》2016年第3期。

梁德阔、徐大慰：《上海支出型贫困家庭的救助模式分析》，《人口与发展》2012年第4期。

林闽钢：《在精准扶贫中构建"因病致贫返贫"治理体系》，《中国医疗保险》2016年第2期。

马新文:《阿玛蒂亚·森的权利贫困理论与方法述评》,《国外社会科学》2008年第2期。

梁万福:《阶梯式社会救助制度研究》,《中国民政》2006年第10期。

刘海迅、陈祖华、刘芸:《论对低保户进行分类管理的必要性与可行性》,《社会保障研究》2010年第3期。

刘祖云、刘敏:《香港的贫困及救助:从理论到现实的探讨》,《中南民族大学学报》(人文社会科学版)2009年第4期。

刘海迅、陈祖华、刘芸:《论对低保户进行分类管理的必要性与可行性》,《社会保障研究》2010年第3期。

刘喜堂:《当前我国城市低保存在的突出问题及政策建议》,《社会保障研究》2009年第4期。

刘水莲:《我国支出型贫困社会救助实践及救助路径优化》,《重庆科技学院学报》(社会科学版)2016年第9期。

马秀莲、范翻:《住房福利模式的走向:大众化还是剩余化?——基于40个大城市的实证研究》,《公共管理学报》2020年第1期。

李暖均:《高校学生资助体系的优化与重构》,《广州大学学报》(社会科学版)2010年第9期。

屈锡华、左齐:《贫困与反贫困》,《社会学研究》1997年第3期。

阮雯:《城市贫困家庭社会救助模式创新研究》,《中共杭州市委党校学报》2014年第1期。

沈惠平:《台湾社会救助制度分析》,《台湾研究》2012年第2期。

沈苏燕、李放:《关于城市低保边缘人群生存现状的思考》,《城市问题》2007年第10期。

卫洁:《低保边缘户群体的现状及思考》,《人口与经济》2008年第4期。

王中芳:《美国社会救助体系建设及其启示》,《中国民政》2009年第5期。

王磊、潘敏:《完善辽宁低保边缘群体救助制度的对策建议》,《辽宁经济》2008年第9期。

王伟夙、陈思萌：《大学新生困难生认定及国家助学金评定的探讨》，《智库时代》2020年第14期。

王保真、李琦：《医疗救助在医疗保障体系中的地位和作用》，《中国卫生经济》2006年第1期。

丁建定：《建立合理的城市居民低保标准调整机制的几个理论问题探讨》，《中南民族大学学报》（人文社会科学版）2009年第6期。

徐驰：《美国TANF项目及其对我国的启示》，《胜利油田党校学报》2014年第5期。

杨国涛、周慧杰、李芸霞：《贫困概念的内涵、演进与发展述评》，《宁夏大学学报》（人文社会科学版）2012年第6期。

苑仲达：《英国积极救助制度及其借鉴启示》，《国家行政学院学报》2016年第4期。

杨静慧：《论边缘贫困群体的形成原因及其扶助对策》，《北京电子科技学院学报》2007年第1期。

杨天：《支出型贫困家庭社会救助制度探究》，《学理论》2015年第13期。

杨威、范鑫磊：《支出型贫困家庭救助研究》，《企业研究》2014年第16期。

张海峰：《安徽贫困边缘人群医疗救助机制及问题分析——基于省内五城市的调查研究》，《黄山学院学报》2014年第1期。

张培源、郭景涛：《中央与地方关系视角下精准扶贫困境及对策》，《沈阳大学学报》（社会科学版）2017年第4期。

张珍珠：《我国支出型社会救助模式探析——以上海市和江苏省为例》，《中共珠海市委党校珠海市行政学院学报》2015年第4期。

张丕芳：《西南地区"两免一补"政策的实施成效、问题及对策》，《教育与教学研究》2012年第6期。

中译著作

[印度]阿马蒂亚·森：《以自由看待发展》，任赜等译，中国人民大学出版社2012年版。

[印度]阿玛蒂亚·森:《贫困与饥荒》,王宇等译,商务印书馆2014年版。

外文论文

Booth, C., *Labor and Life of the People*, London: Williams and Norgate, 1989.

Townsend, P., *Poverty in the Kingdom: A Study of the Household Resource and Living Standard*, London: Allen Lane and Penguin Books, 1979.

Oppenheim, C., *Poverty: The Facts*, London: Child Poverty Action Group, 1993.

Hannan, P., "An Investigation of Social Safety Net Programs as Means of Poverty Alleviation in Bangladesh", *Asian Social Science*, Vol. 9, No. 2, 2013.

Mark, S., "Estimating Expenditure-Based Poverty from the Bangladesh Demographic and Health Survey", *Bangladesh Decelopment Studies*, No. 4, 2011.

Zaidi, MA& Vos, K. D., "Trends in consumption-based poverty and inequality in the European Union during the 1980s", *Population Economics*, Vol. 14, No. 2, 2011.

Chack-Kie wong & Hung Wong, "The case for an expenditure-based poverty line for the newly industrialized East Asian societies", *Issues & Studies*, Vol. 40, No. 2, 2004.

Hurd, M. D. & Rohwedder, S., "Economic Well-Being at Older Ages: Income-and Consumption-Based Poverty Measures in the HRS", *Ssrn Electronic Journal*, No. 132, 2006.

Joachim Merz & Thesia Garner & Timothy M. Smeeding & Jürgen Faik & David Johnson, "Two scales, One Methology-Expenditure Based Equivalence Scales for the United States and Germany", *FFB Disscussion Paper*, April 8, 1994.

Peter, S & Jonathan, B. & Michael, H., "Using Household Expenditure to Develop an Income Poverty Line", *Social Policy & Administration*, Vol. 36, No. 3, 2002.

Bavier, R., "Recent Trends in U. S. Income and Expenditure Pocerty", *Journal of Policy Analysis & Management*, Vol. 33, No. 3, 2014.

Khan, M. Mahmud, and D. Hotchkiss, "How Effective are Health Systems Strengthening Programs in Reaching the Poor? A papid Assessments Approach", 2006.

Rowntree Benjamin S., *Poverty: A Study of Town Life*, London: Macmillan, 1901.

Fuchs Victor, "Redefining Poverty and Redistributing Income", *The Public Interest*, Au. 1967.

学位论文

胡晶梵：《社会救助视野下的支出型贫困救助研究——基于山西省万荣县的实地调查》，硕士学位论文，山西财经大学，2015年。

李博：《长春市支出型贫困家庭救助模式研究》，硕士学位论文，长春工业大学，2015年。

王轶洁：《支出型贫困的现行救助政策分析与对策研究——以上海市静安区为例》，硕士学位论文，上海交通大学，2014年。

伍鑫：《城市低保边缘人群的社会救助问题研究——以长株潭地区为例》，硕士学位论文，湖南师范大学，2013年。

徐洪林：《城市低保边缘户社会救助制度研究》，硕士学位论文，南京师范大学，2012年。

许艳艳：《中国城镇低保边缘群体社会救助制度研究》，硕士学位论文，河南大学，2011年。

张翠平：《农村低保边缘群体社会救助研究——以河北邢台赞善村为例》，硕士学位论文，长春工业大学，2013年。

后　　记

在完成这本专著的过程中，经历了许多挑战和困难。从确定选题到完成课题研究，历时五年；从形成专著初稿到最终定稿，历时三年。支出型贫困是贫困和社会救助研究领域的前沿课题，可供参考的文献和可资借鉴的经验十分有限，研究中遇到了诸多困难。但是，通过不懈的努力和团队协作，最终成功地完成了这项艰巨的任务。我的学生葛越、刘志伟、李蔓婷、王子林、房旭平、朱思慧、陈剑、王媛铎、赵云月参与了部分章节的资料收集和初稿写作，在此表示感谢。感谢在课题调研过程中，各级政府民政部门给予的支持和配合。同时，还要感谢我的同事和领导，他们给予了宝贵的意见和建议，帮助不断完善和提高书稿的质量。特别感谢内蒙古大学公共管理学院给予的出版资助。

希望这本书能够对读者有所帮助和启发，为学术研究和实际应用提供有益的参考和借鉴。同时，也期待与同行进行更深入的交流和合作，共同推动学术研究的进步和发展。

尽管作者已经尽最大的努力完成本书，但难免仍存在错误和不足，请读者见谅并批评指正。同时，本书在写作中参考了大量的学界研究成果和实务部门工作报告，在此表示衷心的感谢。

最后，感谢许琳编辑的辛勤付出，感谢中国社会科学出版社的大力支持。

安华

2023年12月25日于内大桃李湖